SEVEN FANCY

In dieser Reihe sind bereits erschienen:

Tanya Carpenter

Cats in High Heels

Roman

SEVEN FANCY
Band 7

Fabylon

Dieser Titel ist ohne Illustrationen als preisgünstiges fabEbook erschienen.

Deutscher Fantasy Preis 2017

© Fabylon Verlag 2019
Herausgeberin: Alisha Bionda
Cover und Illustrationen: Peter Wall
Coverlayout: Atelier Bonzai
Satzlayout: Stefan Friedrich, Garching
ISBN 978-3-946773-06-1
Originalausgabe. Alle Rechte vorbehalten.
www.fabylon-verlag.de

Gewidmet all meinen Zauberwölfen,

die mein Leben alle Tage

mit wahrer Magie erfüllen

INHALT

PROLOG

Misstrauisch verengte ich meine Augen und blickte in das engelsgleiche Gesicht meines Gegenübers. Leonardo saß entspannt in seinem burgunderroten Sessel, leicht nach vorn gebeugt, nippte an seinem Drink und sah mich abwartend an. Was er mir gerade offeriert hatte, klang zu schön, um wahr zu sein, was mich zu der Frage brachte, ob so etwas wirklich erlaubt war.

„Da ist doch sicher ein Haken an der Sache?", entgegnete ich daher skeptisch.

In gespielter Beleidigung schürzte der blonde Beau seine Lippen. „Keineswegs, mein Freund. Sei nicht so misstrauisch. Was ich dir gerade angeboten habe, ist schließlich wie der Goldtopf am Ende des Regenbogens. Überleg nur, welche Möglichkeiten es dir eröffnet! Dagegen ist diese winzige Gefälligkeit ein Witz."

„Mhm." Dem konnte ich schwerlich widersprechen. Dennoch. Das Ganze sah viel zu leicht aus. „Wenn es so ein Witz ist, warum machst du es nicht selbst?"

Das Mienenspiel in dem hübschen Antlitz nahm einen äußerst gequälten Ausdruck an und ein theatralisches Seufzen entfuhr den sinnlich-vollen Lippen. Dass die Frauen Leonardo scharenweise zu Füßen lagen, hatte nicht nur etwas damit zu tun, dass er ihre Modeträume wahr werden ließ. Auch er selbst ließ so manches Herzchen höher schlagen. Gut, da konnte ich mithalten, ich war von uns beiden der dunklere Typ, und es stand ja nicht jede Frau auf Blond.

„Wenn du wüsstest, wie gerne ich das tun würde, Sage", antwortete er mir. „Einmal noch durch diese Hallen wandeln, die so lange mein Zuhause gewesen sind. Aber ... diese Schmach, der Schmerz ..." Er schlug den Handrücken vor die Stirn und ließ sich in einem Anfall von Schwäche in das Polster des Sessels zurückfallen. „Ich könnte es einfach nicht ertragen. All die vertrauten Eindrücke, vermischt mit dem Wissen, wie schmählich man mich von dort fortgejagt hat." Er verharrte einige Sekunden, vielleicht wollte er seine Darbietung ein wenig wirken lassen. Jedenfalls richtete er sich anschließend so ruckartig auf, dass ich mich vor Schreck beinah an meinem Drink verschluckte. „Hätten sie mich mit Anstand und Würde gehen lassen, wäre dieser Einbruch nicht nötig. Schließlich gehören diese Entwürfe mir! Robertico hat sie mir praktisch gestohlen."

„So, so!" Ich glaubte Leonardo zwar kein Wort, aber was machte das schon? Ob er die neue Kollektion gezeichnet hatte oder lediglich daran beteiligt gewesen war, spielte für mich kaum eine Rolle. Ein Diebstahl mehr oder weniger ... Leider eine kleine Schwäche von mir. Ich kann nur schlecht Dinge herumliegen sehen, die jemand anderer gebrauchen könnte. Und dies hier würde mir womöglich einen unschätzbaren Vorteil einbringen. Freie Wahl der Gestalt, es gäbe nichts mehr, was mich aufhalten könnte, wenn ich irgendwo Zutritt haben wollte. Oh, dieser Reiz. Warum konnte ich nur Versuchungen so schwer widerstehen, gleich, welcher Art sie waren? Ich sah mich winzigste Schlupflöcher nutzen, um einsamen hübschen Damen meine Dienste anzubieten. Oder höchste Hindernisse überwinden, um dahinterliegende Schätze zu erreichen. Abtauchen, wörtlich genommen, wenn ich eine Auszeit haben wollte. Und fliegen. Endlich fliegen, die Welt von oben betrachten und mich von der Kraft des Windes durch den Himmel tragen lassen. Sie können sich nicht vorstellen, wie sehr ich mir wünschte zu fliegen. Aber hat man je von einer Flugkatze gehört? Eben!

„Also gut", stimmte ich daher zu.

Es war in Ordnung, wenn ich als Katze die Katzenklappe benutzte. Dazu war das Ding schließlich da. Stand immerhin kein Name drauf, also wer wollte behaupten, dass sie nur für Roberticos Stubentiger zugelassen war? Ich habe mich immer schon gefragt, ob es ein beabsichtigter Nebeneffekt von diesen Dingern ist, dass ebenso andere Tiere sie benutzen können. Zum Beispiel Mäuse und Ratten – netter Zeitvertreib und Futter zugleich für den eigentlichen Hausbewohner. Aber das soll jetzt hier nicht Thema sein. Klar war: Es gab dort eine Katzenklappe und durch die passte ich in meiner Wergestalt wunderbar hindurch. Dann einfach ins Privatbüro von Robertico schlendern, mich zurückverwandeln, die Entwürfe einsammeln, selbige durch die Katzenklappe nach draußen schieben und als Kater hinterherwandern. Vielleicht noch vorher die Katze vernaschen, falls sie gerade anwesend und willig war. Auch auf vier Pfoten kann mir keine widerstehen.

„Wundervoll", triumphierte Leonardo. „Ich wusste, ich kann mich auf dich verlassen."

Mein Lächeln fiel halbherzig aus. Wir würden in diesem Leben keine Freunde werden, aber Geschäft war Geschäft.

„Nun, da wir uns einig sind, darf ich schon mal einen Blick auf deine Entdeckung werfen? Es wäre durchaus interessant zu wissen, was man alles braucht, um die Gestaltgrenze zu überwinden."

Leonardo runzelte die Stirn. „Traust du mir etwa nicht?"

Blöde Frage – *natürlich* traute ich ihm nicht. Ich sollte seinen einst besten Freund und Partner ausrauben.

„Reine Neugierde", sagte ich stattdessen.

Er erhob sich und kam zu mir, um seine Hand beruhigend auf meine Schulter zu legen. „Du kannst völlig entspannt sein. Der Job ist für dich eine Kleinigkeit und danach wird dir ebenso wie mir alles offenstehen."

„Kannst du oder willst du mir nicht wenigstens einen Anhaltspunkt geben?", bohrte ich nach. Noch konnte ich einen Rückzieher machen, obwohl ich wusste, bei Leonardo machte man besser keinen Rückzieher. In seiner Wergestalt war er mir eindeutig überlegen, denn der Kerl trug das ›Leo‹ in seinem Namen nicht von ungefähr.

„Sagen wir, bisher kenne ich das Geheimnis zwar, doch die Lieferung steht noch aus."

Jetzt wurde ich ein bisschen sauer. „Du hast es gar nicht? Das heißt, du kannst es selbst nicht? Weißt nicht mal, ob es wirklich funktioniert? Vergiss es! Der Deal ist geplatzt, ich mach mich doch nicht für nix zum Affen."

Ich wollte aufspringen, aber er holte tief Luft und drückte mich sanft aber bestimmt wieder auf meinen Platz zurück. „Wofür hältst du mich, Sage?" Seine Stimme klang trügerisch schmeichelnd. „Selbstverständlich weiß ich, dass es funktioniert, und auch, wie. Ich habe es selbst getestet, denn ich verlasse mich nicht auf Legenden oder leeres Gerede. Doch es mangelte bisher an der Nachhaltigkeit. Für die wird heute Nacht gesorgt. Ab morgen steht mir … und dir … diese Fähigkeit unbegrenzt zur Verfügung. Sofern du mir diese kleine Gefälligkeit erweist."

Ich sah ihm direkt in seine türkisblauen Augen. Es lag Überzeugung darin. Er meinte, was er sagte.

„Also gut, aber wenn es nicht funktioniert, verbrenn ich deine Designs vor deinen Augen." *Und werde zum Löwenbändiger*, fügte ich gedanklich hinzu.

Er lachte leise. „Dazu wird es nicht kommen. Versprochen."

Bei diesen Worten lief es mir eiskalt über den Rücken, aber die Aussicht auf Freiheit war schlichtweg zu verlockend - und vernünftig war ich nie gewesen.

So kam es, dass ich mich auf den Weg zu Robertico Granada machte. Dem Inhaber eines der derzeit angesagtesten Modelabels, für das Leonardo bis vor Kurzem noch gearbeitet hatte. Jetzt wollte er sich selbstständig machen und mit seinen Kollektionen die Welt erobern. Wohl auch aus Rache an seinem alten Geschäftsfreund, der ihn hochkant rausgeworfen hatte. Worum es bei dem Streit zwischen den beiden gegangen war, wusste niemand so recht, aber wer Leonardo kannte, konnte sich denken, dass es um Machtspielchen und die Überschreitung von Kompetenzen gegangen war.

Aber Moment mal, wo bleibt denn meine gute Kinderstube?

Gestatten, dass ich mich vorstelle: Ich bin Sage. Meines Zeichens Kater – Werkater, um genau zu sein, aber das muss ich nicht gleich jedem auf die Nase binden, also bleibt das bitte unser Geheimnis, okay? Ich kann mich jederzeit von einem Kater in einen unglaublich attraktiven, durchtrainierten, wohlproportionierten Kerl verwandeln und umgekehrt. Immer so, wie es die Situation erfordert.

Sage, das steht für sexy – attraktiv – genial – exzellent. Nein, besser: einzigartig. Neinneinneinneinnein, streichen Sie einzigartig, nehmen sie lieber *exquisit*. Auch Unsinn. Jetzt hab ich's: einfallsreich! Ja genau, das trifft es. Sexy-attraktiv-genial-einfallsreich.

Das bin ich.

Kurz gesagt eben: *Sage*.

Sie finden, das klingt eingebildet? Vertrauen Sie mir, das ist die reine Wahrheit, ohne Übertreibung.

Fußnote Ulanda: Was Sage angeht … Ich gehe noch mit bei sexy und attraktiv, das kann man unserem Schwerenöter in seiner Menschengestalt wirklich nicht absprechen, aber ich würde bei G zu größenwahnsinnig tendieren (allerdings nur leicht, sehr leicht, meistens jedenfalls, außer manchmal, da nimmt es schon bedenkliche Züge an) und bei E zu ,extrem-von-sich-selbst-überzeugt'. Das ist er zweifellos. Dieser Kater raubt mir den letzten Nerv. Wenn er nicht so verdammt gut wäre, sobald er seinen Verstand und sein Herz mal zusammenpackt und beides für den

rechten Zweck einsetzt, hätte ich ihn schon längst in Werstaub verwandelt. Aber er kann so viel Gutes bewirken, wenn er nur will. Man muss ihn eben manchmal wieder auf den Boden der Tatsachen zurückholen und ihn auf den richtigen Weg schubsen. Stoßen. Treten. Prügeln! Rein bildlich gesprochen. Dann ist er in der Tat ein feiner Kerl. Darum werde ich mich jetzt kümmern. Irgendjemand muss ihm ab und zu gehörig auf die Pfoten klopfen und das ist eben mein Job.

Die Zentrale von *Robertico - Mode und Design* lag nicht, wie bei vielen anderen Modelabels, im Stadtzentrum, sondern weit außerhalb. Gesünder für die Katze, denn hier fuhren weniger Autos. Ich parkte meinen silbergrauen Citycruiser in gebührendem Abstand, man sollte ja nicht gleich die Spur zu mir verfolgen können. Ein letzter Blick, ob niemand in der Nähe war. Die Luft war rein. Nur eine vorwitzige Amsel blickte mir vom Zweig einer Tanne entgegen.

„Kleine Vögel gehören um die Uhrzeit ins Bett. Mach lieber die Fliege, bevor ich einen späten Mitternachtssnack in Erwägung ziehe."

Der Vogel gab einen lang gezogenen Laut von sich, als hätte er mich verstanden und verschwand flatternd in der Dunkelheit. Unbeobachtet wechselte ich meine Gestalt und trabte als schwarzer Kater Richtung Roberticos Unternehmen. Meine Fellfarbe war für solche Nachteinsätze perfekt. Die Einfassungsmauer hielt mich nicht auf. Meine Sprungkraft war phänomenal, denn als Mann hielt ich meinen Body gut in Form. Im Handumdrehen hatte ich das Hindernis überwunden und steuerte durch den weitläufigen Garten auf das Gebäude zu. Witternd hob ich die Nase. Außer dem Vogel, der mir keckerweise gefolgt war und augenscheinlich Todessehnsucht hegte, roch ich ein paar Regenwürmer – und eine Großfamilie von Wühlmäusen. Die Katze des Hauses machte offenbar keinen guten Job. Wen wunderte es, vermutlich wurde sie mit feinstem Dosenfutter verwöhnt.

Zur Eingangstür führte eine achtstufige Treppe. An deren Ende lag die Katzenklappe direkt vor mir.

„Hallo, mon amour? Irgendwer zu Hause?"

Bedauerlicherweise deutete nichts darauf hin, dass die Samtpfote anwesend war. Also keine Chance auf einen kurzen Flirt. Auch gut. Vermutlich hätte sie mir ohnehin nur Vorhaltungen gemacht, weil ich ihren Boss bestahl.

Leonardo hatte mir genau gesagt, wo sich Roberticos Büro befand. Für den nächsten Tag war ein Meeting anberaumt, um eine Auswahl für das Modeevent am Wochenende zu treffen. Die gesamte Kollektion sollte dann bei den großen Shows präsentiert werden. Nur die herausragenden Stücke würde man innerhalb dieser Woche fertigen. Alles eine Frage der Zeit.

Ich grinste in mich hinein. Von diesen Entwürfen würde nicht einer verwirklicht und auf dem Event gezeigt werden. Jedenfalls nicht von Robertico. Ob Leonardo sie so schnell umsetzen konnte, wusste ich nicht. Das war nicht mein Problem.

Wer hier wem etwas gestohlen hatte, war mir ebenfalls egal. Sie müssen deswegen nicht geschockt sein, denn ich kann Ihnen nach all den Jahren, in denen ich als Model für diverse Designer gelaufen bin, (oh ja, ich habe einen rechtschaffenen Job nebenher) versichern, dass die Modewelt eine Schlangengrube ist. Jeder beklaut jeden, jeder verleumdet jeden, jeder neidet jedem alles. Bitter, aber wahr. Die Küsschen hier und Küsschen da, ständiges Lächeln und eitel Sonnenschein sind alles nur Show. Der Konkurrenzkampf ist hart. Insofern hielt sich mein schlechtes Gewissen in Grenzen.

Die Tür zu seinem Büro war nur angelehnt, was mir sehr recht war. Nicht auszudenken, wenn ich mir beim Sprung auf die Klinke mein Handgelenk verstaucht hätte. Ich wurde am Wochenende ebenfalls gebraucht. Meine Augen scannten den Raum, der Schreibtisch war aufgeräumt, aber in seiner Mitte lag eine Mappe parat. Das musste es sein. Ich sprang auf den Bürostuhl und von dort auf die Tischplatte. Meine Pfoten verursachten keinen Laut. Bestenfalls ein Bewegungsmelder hätte mich verraten können, doch den hatte ich auf meinem Weg hierher nirgends entdeckt. Dennoch wurde mein Tun unterbrochen, denn das Fenster war nicht fest verschlossen. Wie nachlässig. Da musste Robertico sich nicht wundern, wenn sich Einbrecher hier zu schaffen machten. Im Moment war es nur wieder diese nervige Amsel.

„Hau ab, verdammt noch mal. Ich kann nicht arbeiten, wenn mir einer zuschaut."

„Dann solltest du es vielleicht einfach lassen", kam die ungerührte Antwort. Im ersten Moment dachte ich, der Vogel hätte zu mir gesprochen, aber dann fiel mir der Duft auf, der das Büro flutete. Oh wow! Wie sollte ein Mann da noch einen klaren Gedanken fassen und sich auf den Job konzentrieren können?

Ich drehte mich um und blickte über die Tischkante. Dort unten hockte die grau gestromte, langfellige Waldkatzenschönheit von Robertico. Wie hieß die Lady doch gleich? Ach ja, Chimani!

„Hola, schöne Frau. Dich hab ich ja gar nicht bemerkt. Wie konnte mir solch eine Schönheit nur entgehen?" Ich versuchte, meinen ganzen Charme spielen zu lassen und schritt mit stolzgeschwellter Brust auf dem Rand der Tischplatte entlang.

„Kunststück", erwiderte sie kühl. „Ich war draußen, um mir ein wenig die Beine zu vertreten. Aber ich habe dich hier reinhuschen sehen. Das ist Hausfriedensbruch. Ich wohne hier. Hier ist kein Platz für eine zweite Katze."

„Wuhhh!" Ich setzte mich auf meinen Hintern. Ihr zuckender Schwanz machte mich nervös. Die Lady hatte üble Laune. „Ich will dir dein Heim gar nicht streitig machen, aber von Gastfreundschaft hast du noch nichts gehört, oder?"

Sie hob ihre wunderschönen hellgrauen Augenbrauen. „Nicht bei ungebetenen Gästen."

Elegant ließ ich mich auf meine Vorderpfoten fallen und betrachtete sie aus dieser liegenden Position mit verträumtem Blick. „Ich muss ja nicht ungebeten bleiben", bot ich an. „Wenn du ein wenig nett zu mir bist, kann ich seeeehr nett zu dir sein."

Statt dahinzuschmelzen, drehte sie mir ihre Kehrseite zu und begann sich demonstrativ desinteressiert zu putzen. Mhm. Mit einer Abfuhr hatte ich noch nie umgehen können. Vielleicht stand sie nur auf rote Tiger. Manchen sollen schwarze Katzen ja durchaus Angst machen. Vor allem schwarze Kater.

„Kein Mitleid mit einem Heimatlosen? Ich könnte dir Geschichten erzählen … du glaubst nicht, was für Abenteuer ein Kerl wie ich schon erlebt hat." Das konnte sie ebenfalls nicht beeindrucken. „Ich bin gebildet. Hab sogar mal in einem tibetischen Kloster gewohnt und deren außergewöhnliche Entspannungsmassagen kennengelernt. Chérie, du weißt nicht, was dir entgeht."

Immerhin ließ sie sich dazu herab, einen Blick über ihre Schulter zu werfen und schnurrte einmal kurz. Es konnte auch ein warnendes Knurren sein. Um das herauszufinden, musste ich den Direktangriff wählen. Ich machte mich bereit zum Sprung und überlegte, ob ich eine elegante Schraube einbauen sollte, um sie mit meinen artistischen Fähigkeiten und meiner Körperkontrolle zu beeindrucken. Aber ich wurde abgelenkt. Draußen pfiff die Amsel just in dem Moment, als ich absprang. Meine Schraube missglückte und ich war heilfroh, überhaupt auf meinen Pfoten zu landen. Elegant war anders.

Mit so was beeindruckte man Chimani sicher nicht. Gleich würde ich dem Vogel den Hals umdrehen. Auch die graue Schönheit blickte hinaus, doch sie sah nicht so aus, als hätte sie Appetit auf einen Happen Federvieh. Ich sag ja, zu viel Dosenfutter. Na gut, dann würde ich auf ein Schäferstündchen verzichten. Dosenfutterfetischisten rochen mir zu streng aus dem Maul.

„Also gut, Süße, du hattest deine Chance. Dann eben nicht. Ich habe Besseres zu tun."

Im Handumdrehen verwandelte ich mich wieder in einen Mann, schnappte mir die vor Schreck aufkreischende Katze und beförderte sie vor die Tür. Zeugen waren unerwünscht und als Kerl konnte ich mit einer Katze nichts mehr anfangen. Und seien wir ehrlich, ich bevorzugte sowieso die zweibeinigen Miezen.

„Tschewi!", erklang es von draußen und ich vermeinte Spott in diesem Laut zu vernehmen.

Ich verharrte und schloss für eine Sekunde die Augen, um meine aufwallende Ungeduld mit diesem schwarzen Federvieh zu bezwingen, das sich offenbar in den Kopf gesetzt hatte, auf meinen Nerven herumzutanzen, als wären diese eine Hochstromleitung. Ich könnte ihm versichern, letztere waren ungefährlicher. Leg dich nie mit Sage an, wenn du Flügel oder Nagezähne hast! Kurzerhand ging ich zum Fenster, schloss es und zog den Vorhang zu. Anschließend wandte ich mich wieder dem Schreibtisch zu. Ich dehnte meine Finger in den weichen schwarzen Lederhandschuhen, die mich vor ungewollten Fingerabdrücken bewahrten. Auch bei einem Einbruch sollte man einen gewissen Stil bewahren. Dazu gehörte zum Beispiel der hautenge schwarze Overall, der meine Figur betonte. Selbstverständlich war mein lackschwarzes Fell … ich meine Haar, perfekt frisiert. Was den Rest angeht bin ich gottlob eine Naturschönheit. Dieser dämlichen Katze war nicht zu helfen. Als Kater stehe ich meinem menschlichen Pendant in nichts nach. Ich bin immer eine Augenweide. Fast bedauerlich, dass ich Beweisfotos der Überwachungskameras unbedingt vermeiden musste. Das wäre mal ein Einbrecher gewesen, der sich sehen lassen kann. Sie finden das arrogant? Mitnichten, es ist eher noch untertrieben. Aber zurück zum Einbruch. Ich war nicht zum Spaß hier.

Mit geübtem Griff schnappte ich mir den Umschlag von Roberticos Schreibtisch. Ein Blick hinein bestätigte mir, dass es sich um die Entwürfe handelte und zu meinem Glück hatte er auf der Außenhülle sogar den Dateiordner vermerkt, in dem er die Scans abgelegt hatte. Das war ja mal ein Kinderspiel.

Ich fuhr den Rechner hoch und wurde sogleich aufgefordert, ein Passwort einzugeben.

„CHIMANI!" Zugriff gewährt. Der älteste Fehler der Welt. Ich konnte mir ein Kichern nicht verkneifen. Süße Rache an dem grauen Fellbündel. Dass gerade sie mir die Türen dazu öffnete, Robertico die unrechtmäßig angeeigneten Entwürfe gänzlich wieder zu entreißen.

Ich fand den Dateipfad und öffnete den Ordner. Tatsächlich waren alle Entwürfe dort abgespeichert. Markieren mit der rechten Maustaste und ... *DELETE*.

Noch schnell in den Papierkorb geklickt und auch dort ... *DELETE*.

Job erledigt!

Sobald die Papierentwürfe dieses Büro verlassen hatten, würde Robertico keinerlei Zugriff mehr darauf haben. Dann gehörten sie wieder Leonardo. Im selben Moment, als ich mich dem Ausgang zuwenden wollte, ging der Alarm los. Mist! Hatte diese graue Mieze die Kavallerie informiert? Vermutlich, weil sie eingeschnappt war, dass ich mir nicht mehr Mühe mit ihrer Eroberung gegeben hatte. „Na warte, darauf komme ich zurück."

Blieb mir vorerst nur der Sprung aus dem Fenster. Es war der erste Stock, für einen Kater keine wirkliche Herausforderung. Ich warf den Umschlag hinunter, wechselte meine Gestalt und sprang hinterher – noch im Fall streiften mich schwarze Flügel. Hatte diese Amsel alle Flaumfedern im Gefieder? Sie legte sich allen Ernstes mit einer Katze an? Der würde ich es zeigen. Ich kam am Boden auf, drehte mich um und ... wusste, dass ich in der Scheiße saß.

Zur selben Zeit an einem Ort zwischen den Welten

Die Nacht war tiefschwarz, als hätte jemand den Inhalt eines Tintenfasses über die Welt gegossen. Die Frage war nur: über welche?

In die völlige Finsternis schmolz der Schatten praktisch hinein, der sich zwischen den Ebenen bewegte. Auf dem schmalen Grat der Spiegeltore. Es war eine Kunst, sich dort zu halten, je einen Fuß in beiden Welten zu haben. Aber nur hier konnte man das Wesen finden und fangen, das ihm als Zielobjekt benannt worden war. Genau das war seine Aufgabe. Dafür hatte man ihn ausgewählt. Und er hatte es nicht ablehnen können, selbst wenn er es gewollt hätte.

Wenn er den Blick zum Himmel hob, konnte er nicht einmal Sterne funkeln sehen. Das mochte am Schleier liegen, der beständig zwischen der Welt der Menschen und der Schatten schwebte. Vielleicht aber hatten sich heute Nacht sogar die Himmelslichter zurückgezogen, um nicht Zeuge seiner Freveltat werden zu müssen. Sie hatten sich von ihm abgewandt, weil das, was er tun wollte, nicht richtig war und nicht ein einziges Licht verdiente. Es würde das Machtgefüge aus dem Gleichgewicht bringen. Nachhaltig.

Er zauderte. Was er vorhatte, war ein Verbrechen, das war ihm bewusst. Viele würden dafür büßen müssen, doch er hatte keine Wahl. Manche Dinge konnte man nicht selbst entscheiden. Er hatte einige Male zu oft den leichteren Weg gewählt. Irgendwann bekam man dafür die Quittung. Dieser Job war seine Chance, alte Schulden zu begleichen und nicht länger erpressbar zu sein, selbst wenn er wusste, dass er damit eine neue Schuld auf sich lud, die womöglich schwerer wog. Doch darum musste er sich später Gedanken machen. Es gab Leute, denen man ungern etwas schuldig blieb. Und es gab solche, bei denen es tödlich sein konnte. Er hing nun mal am Leben. Und er kannte die Skrupellosigkeit von Leonardo.

„Es ist nur ein Job. Es wird ihr ja nichts passieren. Das hat er versprochen. Sie ist nur ein Druckmittel. Tot nutzt sie ihm nichts. Schwach auch nicht. Er wird sich gut um sie kümmern, damit sie ihm hilft, sein Ziel zu erreichen." Unabhängig, womit er sein Gewissen beruhigen wollte, es schwieg nicht. Später! Später würde er es betäuben. Nachhaltig und immer wieder. Aber jetzt musste er erst einmal handeln, musste sein Gewissen ignorieren und seinen Auftrag ausführen.

Entführung war in der Welt der Menschen strafbar, in der Schattenwelt nicht minder, doch wenn er es geschickt anstellte, würde nie jemand erfahren, was er getan hatte. Sein Auftraggeber würde schweigen. Schon aus eigenem Interesse. Leonardo gehörte nicht zu der Sorte Leute, die gerne zugaben, dass sie sich für manche Dinge der Hilfe anderer bedienen mussten, auch wenn allgemein bekannt war, dass er sich selten selbst die Finger schmutzig machte. Er schaffte es immer, auf irgendeine Art und Weise unantastbar zu bleiben. Mit diesem Coup würde der gerissene Fuchs es endgültig sein. Ihn schauderte, wenn er darüber nachdachte, was dies bedeutete. Für die Schattenwelt würden womöglich düstere Zeiten anbrechen. Noch viel finsterer als diese tintenschwarze Nacht. Und für die Welt der Menschen ... schwer zu sagen, da er Leonardos Pläne nicht kannte. Was immer der Schönling vorhatte, es würde ohne jeden Zweifel nur einem dienen: ihm selbst.

Allein die Hoffnung, dass Ulanda nicht so leicht zu besiegen war, wie Leonardo es gerne hätte, und sicher einen Weg finden würde, alles ins Reine zu bringen, ließ ihn weiter entschlossen vorgehen. Sie würde es schon wieder richten. Dafür sorgen, dass sein Handeln heute Nacht nicht in einer Katastrophe endete. Irgendwann würde ihn Ulandas Unbill treffen. Damit konnte er leben. Wenn bis dahin alles wieder im Lot war, standen seine Chancen sogar gut, dass ihre Strafe milde ausfiel. Nicht so, wenn er sich gegen seinen Auftraggeber wandte. Leonardo kannte keine Gnade für Versager oder Leute, die sich gegen ihn stellten. Das hatte er ihm deutlich gemacht. Erledigte er den Job, waren seine Schulden erlassen und er bekam noch einen immer vollen Beutel obendrauf. Weigerte er sich ... Er seufzte ein letztes Mal.

Dann griff er in die Tasche, die er mitgebracht hatte. Er war der Lichtung nahe. Die Stunde nicht mehr fern. Es wurde Zeit, die Vorbereitungen zu treffen, die Falle auszulegen. Er wusste, er würde nicht scheitern, denn er war gut. Und er machte so etwas nicht zum ersten Mal. Nur die Schuldgefühle, die fraßen ihn jetzt schon auf.

„Vergib mir, Ulanda. Aber ich weiß, du bringst alles wieder ins Reine. Auch wenn du jetzt nicht hier bist, um mich aufzuhalten. Ich wünschte, du wärst es."

Die Oberfläche des Sees lag wie ein glänzender Opal vor ihm. In der Menschenwelt war dies eine idyllische Waldlichtung, auf der an sonnigen Tagen Familien ein Picknick machten oder ein Liebespärchen in romantischen Gefühlen schwelgte. In der Schattenwelt entsprang hier die Quelle der Magie, die den Schleier nährte, der ein friedvolles Miteinander überhaupt erst ermöglichte. Die Magie, die seine Welt im Gleichgewicht hielt und die Verbindungen zur Menschenwelt aktivierte: Spiegel. Auch der See selbst war ein solcher. Ein Spiegel der besonderen Art, im wahrsten Sinne des Wortes. Es war DER Spiegel. Und bald schon würde seine Kraft für finstere Pläne genutzt werden.

Still! Er konnte sie bereits hören. Ihren lieblichen Gesang. Rasch ließ er die schillernden Tropfen Morgentau vom Ufer aus ins Wasser rieseln und warf das Netz hinterher. Sie würde dieser Süßigkeit nicht widerstehen können – und das sollte ihr Verderben sein.

Schon sah er sie durch das Wasser herangleiten. Ihre Haut schimmerte wie Perlmutt, während sie dicht unter der Oberfläche schwamm und ihre Zunge nach den süßen Tropfen ausstreckte. Seine Hand hielt das Ende des Elysium-Netzes. Gesponnen aus Fäden reiner Glückseligkeit. Man sollte meinen, dass es nichts Unschuldigeres gab als solch ein Gewebe. Doch in den falschen Händen wurde es zu einem unüberwindbaren Gefängnis für ein Wesen, das in seinem Leben kein Arg begangen hatte. Es waren die falschen Hände, die es hielten.

Geduld, ermahnte er sich. *Nur ein wenig Geduld. denk nicht darüber nach. Ab morgen bist du frei. Das Netz wird ihr nicht schaden.*

Nein, es wird sie nur bannen. Und dann liegt ihr Schicksal nicht mehr in deiner Hand.

NICHT VERZAGEN
KATER FRAGEN

Kapitel 1

Der Glitzer trügt

Hatten Sie schon mal einen Traum? Damit meine ich nicht die nächtlichen Auswüchse menschlicher Fantasie, die oftmals ohne Sinn und Verstand über uns hereinbrechen. Ich meine einen richtigen Traum; eine Sehnsucht; ein Ziel, das Ihnen den Weg durch Ihr Leben zu weisen scheint und auf das Sie zustreben, wie die Motte zum Licht. Etwas, das Sie nicht mehr aus dem Kopf bekommen, weil es fast schon eine Besessenheit ist. Kennen Sie dieses Gefühl? An nichts anderes denken zu können, durch nichts im Leben glücklich zu werden, wenn Sie dieses eine Ziel nicht erreichen.

Ich wurde schon so lange von meinem Traum angetrieben, dass ich bereit war, alles dafür zu opfern. Und genau das hatte ich getan. Ich gab mein bisheriges Leben auf, ließ Freunde, Familie und Job hinter mir, setzte mich in ein Flugzeug und machte mich auf den Weg, New York zu erobern. Die Stadt der Mode, des schillernden Prunks, des Reichtums und der unverkennbaren Mischung aus Business, Haute Couture, Glamour und High Society. Nicht, dass ich das Gefühl gehabt hätte, genau hierher zu gehören. Ich bin nicht eitel. Es war nur einfach der vielversprechendste Ort für mein Vorhaben.

So reiste ich mit meinen Ersparnissen in der Tasche und einem kleinen Koffer, der alles enthielt, was ich zu meinen Habseligkeiten zählte, hunderte von Meilen weit – was für eine Landpflanze wie mich an sich schon einem Abenteuer glich – um den Sprung ins kalte Wasser zu wagen. Ähnlich ernüchternd fielen meine Erfahrungen dann allerdings dort auch aus.

Oder anders gesagt, was mir mein Abenteuer einbrachte, war die Erkenntnis, dass es mir jetzt, da ich meinem Traum zum ersten Mal im Leben so richtig nahe war, ebenso erging wie der Motte, die vom Leuchten der Glühbirne oder einer Flamme angezogen wird. Ich konnte mein Ziel fast schon berühren und musste erkennen, dass es mich eher vernichten denn erheben würde. Zumindest waren meine kleinen Mottenflügel inzwischen reichlich angesengt.

Warum nur bin ich nicht in Idaho geblieben? Die Frage stellte ich mir seit einigen Tagen ernsthaft. Fast drei Wochen schon rannte ich mir die Hacken ab, um einem der großen Modelabels in New York meine Entwürfe vorzulegen. Nirgends wurde mir auch nur ein Kaffee angeboten, geschweige denn, dass sich jemand Zeit nahm, einen Blick auf meine Arbeit zu werfen. Muss man wirklich erst Prada tragen, damit Chanel von einem Notiz nimmt? Aber dazu müsste man erst mal so viel Geld verdienen wie Gaultier. Hier biss sich die sprichwörtliche Katze in den Schwanz.

Besser wäre ich Änderungsschneiderin geblieben und hätte mir die Scham, gescheitert nach Hause zurückkehren zu müssen, erspart. Allein die Vorstellung, wie Susan mich mit hämischem Grinsen gönnerhaft wieder einstellte, um mir künftig die ungnädigsten und kompliziertesten Arbeiten aufzudrücken, ließ mich schaudern. Wenn ich nicht unter dieser entsetzlichen Höhenangst leiden würde, hätte ich fast überlegt, eher von der Brücke zu springen als der alten Matrone diesen Triumph zu gönnen.

Nun denn, noch war nicht aller Tage Abend. Meine letzte Hoffnung stand just in Form einer Fashion Show parat, die heute in den Mauern eines exklusiven Clubs stattfinden sollte. Schon von außen wirkte das Gebäude beeindruckend, wenn man auf gotische Bauweise stand. Ob der Herr im Himmel erbaut darüber war, dass man ein Gotteshaus in einen Nachtclub umfunktioniert hatte und diesen für Events aller Art vermietete?

Ich warf einen Blick auf den Flyer. Hätte mich der Rollerblader, der die Dinger in der Stadt verteilte, nicht fast über den Haufen gefahren, wäre mir die Veranstaltung schlicht entgangen und ich säße längst im Greyhound-Bus auf dem Weg nach Hause (ein Rückflug überstieg leider mein Budget). Glück oder Schicksal? Mein schmerzender blauer Zeh signalisierte mir, dass man von Glück im Unglück sprechen sollte. Ich durfte mich zu meiner Entscheidung an diesem Morgen beglückwünschen, die Turnschuhe den offenen Sandalen vorgezogen zu haben, sonst hätten die Blades mir die vordersten Gliedmaßen meines linken Fußes schlicht amputiert und ich läge nun im Krankenhaus, statt mich mit dem Gedanken zu tragen, die einzige geschlossene Gesellschaft, die im *New Light* diesen Monat stattfinden sollte, zu infiltrieren.

Genau genommen waren die Flyer nämlich keine Werbung für die

Modeshow gewesen, sondern für den Club selbst. Lediglich ein kleiner Hinweis auf der Rückseite hatte kundgetan, dass der Club heute für die Öffentlichkeit geschlossen war, weil man ihn einem Zusammenschluss mehrerer Modeschöpfer für eine exklusive Präsentation zur Verfügung stellte.

Ich interessierte mich normalerweise nicht die Bohne für Clubs, gleich welcher Art. Auch nicht, wenn sie mit der modernsten Licht- und Soundanlage von ganz New York City warben und ihren Gästen gläserne Tanzflächen auf mehreren Ebenen boten, die zwischen die hohen Bögen der tragenden Elemente gezogen worden waren. Ich schätzte, dass auf der untersten davon heute der Catwalk aufgebaut worden war, während alle anderen exklusive Plätze boten, von denen man die Models und die vorgeführten Kollektionen bewundern durfte. Sicher waren die Promis oben untergebracht. Unerreichbar für die Presse und die zweite Liga.

Zumindest eines konnte ich schon von außen an den bis hierher zuckenden Lichtern, den wummernden Bässen und vor allem dem geschäftigen Treiben an- und abfahrender Catering-Wagen und Limousinen erkennen. Man hatte keine Kosten und Mühen gescheut, damit das Event ein Knaller wurde.

Bedauerlicherweise galt das nicht nur für die Kulisse und die geladenen Gäste, sondern auch für das Sicherheitspersonal. Mit meinen achtundfünfzig Kilo dürfte ich beim Versuch, diesen Modetempel zu erobern, schwerlich den Ringkampf mit einem der breitschultrigen Bodyguards gewinnen, die auf mich den Eindruck machten, als gehöre Wrestling zu ihrer bevorzugten Freizeitbeschäftigung.

Mit Gewalt konnte ich mir hier keinen Zutritt verschaffen, die höfliche Anfrage nach einer Einladung, die ich an sage und schreibe vierzehn Labels per Fax verschickt hatte, war vermutlich überall direkt im Papierkorb oder Reißwolf gelandet. Zumindest war die Antwort ausgeblieben. Vielleicht lag es an der Kurzfristigkeit, tröstete ich mich, und weniger an meiner Person als solches.

Mein Charme reduzierte sich dennoch zugegebenermaßen nach zwanzig Tagen Asketendasein, um meine Reisekasse zu schonen, auf ein dümmliches Lächeln und einen unauffälligen schwarzen Strickpulli zu verwaschener Bluejeans. Nicht gerade das, was man als Haute Couture bezeichnen konnte. Sollte ich damit irgendwelche Türen öffnen wollen, musste ich hart am Marketing für diesen Look arbeiten.

Verdammt! Wie kam ich trotz dieser diversen Defizite in den Garderobenbereich? Nur dort hatte ich den Hauch einer Chance, direkt mit einem Designer zu sprechen und nicht von dessen Entourage an Assistenten und Sekretärinnen schon an einer der siebzehn vorgelagerten Stationen abgewimmelt zu werden, ehe ich überhaupt das Büro eines Mode-Maestros betreten durfte.

Die Mappe mit meinen Entwürfen fest im Arm, stand ich in sicherer Entfernung, um keine Aufmerksamkeit auf mich zu lenken, solange kein brauchbarer Plan in Reichweite kam. Nervös nagte ich an meiner Unterlippe. Eine schreckliche Angewohnheit von mir, wenn ich nicht so recht weiß, was ich als Nächstes tun soll. Die beiden Türsteher, die den Haupteingang bewachten wie die Bulldogge aus Tom und Jerry, machten auf mich nicht den Eindruck, dass sie sich mit einem koketten Augenaufschlag bezirzen ließen. Weitere potentiell überzeugende Argumente fehlten mir, da ich eine natürliche Aversion gegen Silikonimplantate hege und mir in Schuhen, deren Absätze höher als fünf Zentimeter sind, für gewöhnlich die Knochen breche.

Was sollte ich nur tun? Mich unter die Menge zu mischen war praktisch unmöglich, da ich wegen der Schlichtheit meiner Klamotten zwischen all den Galaroben sofort auffiel. Die Überlegung, mir für diesen Abend etwas Edles zu kaufen oder wenigstens zu leihen, war an meinen Finanzen gescheitert. Das Bisschen, was ich gespart hatte, war inzwischen für die Reise hierher und das schlichte Zimmer in einer Pension draufgegangen. Wenn ich heute keinen Deal landete, musste ich wohl oder übel den Rückweg antreten, sonst konnte ich mir selbst den nicht mehr leisten und würde meiner Höhenangst und der Brücke trotzen müssen.

Es war zum Verrücktwerden. Mir fiel doch sonst immer etwas ein. Es gab bestimmt einen Weg da hinein. Nur welchen? Während ich grübelte und meinen Blick über die vielen Menschen gleiten ließ, bemerkte ich einen untersetzten älteren Herrn, der hektisch mit den Armen wedelte, um die Aufmerksamkeit des linken Türstehers zu erlangen.

„Meine Assistentin wird hier gleich auftauchen. Sie bringt wichtige Unterlagen, die ich im Atelier vergessen habe. Schicken Sie die Kleine sofort zu mir. Können sie gar nicht verfehlen. Graues Mäuschen." Er lachte spöttisch und steckte dem breitschultrigen Typen einen Zwanzig-Dollar-Schein zu.

„Geht in Ordnung, Mister LaRoche", antwortete der menschliche Schrank.

Das war ein Zeichen! Eine Fügung des Schicksals! Ich gehörte geschlagen, wenn ich diesen Wink nicht sofort aufgriff. Auch wenn es mir nicht unbedingt gefiel, als „graue Maus" bezeichnet zu werden. Doch da war Ehrlichkeit zu mir selbst gefragt. Im Augenblick konnte der Vergleich kaum treffender gewählt werden. Vermutlich würde bei einem Wettstreit noch die Maus den Sieg davontragen. Aber wenn ich daraus einen Vorteil gewinnen konnte, sollte es eben so sein.

Entschlossen schritt ich auf den Türsteher zu. „Guten Abend. Ich müsste schnell diese Mappe zu Mister LaRoche bringen."

Der Kerl musterte mich von oben bis unten, verzog den Mund zu einem Grinsen, das ich ihm am liebsten aus dem Gesicht geschlagen hätte. Aber ich beschränkte mich darauf, meine Augen zu schmalen Schlitzen zu verengen, in der Hoffnung, dass das möglichst beeindruckend aussah. „Es ist wichtig! Kann ich also bitte durch?"

Gelangweilt deutete er mit dem Kopf nach hinten. „Dein Chef hat dich schon angekündigt. Den Gang runter, vorletzter Umkleideraum links."

Schwupps, war ich drin. Das ging ja leicht. Natürlich würde ich spätestens dann auffliegen, wenn die echte Assistentin von Mr. LaRoche ankam. Doch in diesem Gewusel, das an einen Bienenstock erinnerte, konnte man prima untertauchen. So schnell fand mich hier keiner. Wenn die überhaupt nach mir suchen würden. Ich durfte mich nicht zu wichtig nehmen. Andererseits erfüllte ich den Tatbestand der uneinschätzbaren Bedrohung. In meiner Mappe könnte eine Bombe versteckt sein. Zwar bestenfalls eine, die zuvor Bekanntschaft mit einer Dampfwalze gemacht hatte, aber man konnte nie wissen. Und bei der Promidichte, die hier herrschte …

Im Laufen erhaschte ich einen Blick auf den einen oder anderen Schauspieler und machte mir eine gedankliche Notiz, später am Laufsteg entlangzuschleichen, um mir ein paar Autogramme zu sichern.

Aber erst die Pflicht!

Zwar hatte ich mich jetzt hier reingemogelt, aber damit war mein Vorhaben längst nicht von Glück gesegnet. Statt einen der Designer ansprechen zu können, wurde ich hierhin und dorthin geschoben, beiseite gestoßen, über den Haufen gerannt und von einer Federboa halb erwürgt. Teile dieser rosa Unzumutbarkeit krallten sich sogar mit kleinen Widerhaken in meinem Strickpullover fest.

Unzählige Male stieß mir jemand Requisiten in die Rippen oder stachen mir halbnackte Models ihre High Heels in die Füße, während sie kichernd zwischen Maskenbildner, Stylist und Garderobenständern hin und her liefen.

Champagnergläser klirrten, hier und da standen Salatreste rum, die meinen Magen knurren ließen und mich daran erinnerten, dass meine Börse heute nicht einmal für den obligatorischen Hot Dog gereicht hatte.

Damit durfte ich mich jetzt nicht aufhalten.

Nach fünf Minuten wusste ich schon nicht mehr, wo mir der Kopf stand. Schwere Düfte benebelten mir das Hirn und brachten mich ins Schwanken. Gleichzeitig haftete einigen Anwesenden ein Schweißgeruch an, gegen den jedes Riechsalz wie edles Eau de Parfum wirkte. Und dann dieser Lärm! Ich kam mir vor wie im Zoo.

Rechts die gackernden und schnatternden Models, zwischendrin zischelnde Zweitbesetzungen, die ihr Gift versprühten. Auf der anderen Seite bellte ein Wichtigtuer Kommandos für den nächsten Walk. Und vorn am Ausgang zur Bühne hin mutete der Assistent eines Designers insbesondere durch seine Gestik, aber auch durch schrille Ausrufe eher wie ein Schimpanse an. Einige der Models glichen mit zentimeterdicker Glitzerschminke und bunten Federn auf Kopf und Schultern in der Tat exotischen Papageien oder seltenen Reptilien. Es schnürte mir zusehends die Luft ab. Der Slogan: Wer schön sein will, muss leiden, bekam hier eine ganz neue Bedeutung. Mit dem Glamour, der für mich die Modewelt ausmachte, hatte das alles wenig zu tun. Ich stellte für mich fest, dass das Atelier mir mehr lag als die Kulisse hinter dem Laufsteg. Aber es gehörte eben beides dazu. Wer nach Gold gräbt, muss damit leben, schmutzig zu werden.

Trotzdem – sowohl der Klangteppich als auch das Gemisch unterschiedlicher Parfums, Körperausdünstungen und Haarspray wirkte erdrückend und desillusionierend.

Ich drehte mich um die eigene Achse, ließ den Blick schweifen, ob ich jemanden entdeckte, der annähernd die Attribute eines Designers besaß, oder mir gar von den Modemagazinen als solcher bekannt war. Aber so schnell wie die Leute hier rein und raus und quer durch den Raum wuselten, konnte ich kaum jemanden länger als ein paar Sekunden ins Auge fassen.

Eine Person knapp zehn Meter entfernt kam mir zumindest bekannt vor. Ich konzentrierte mich auf diesen Mann im schwarzen Frack, bahnte mir einen rutschigen Weg über verschütteten Sekt und verlorene Kleidungsstücke.

Da passierte es.

Kennen Sie das Gefühl, inmitten einer endlosen Wüste am Horizont den ersten Hauch von Wasser zu erahnen und wenn Sie fast da sind, kommt ein Sandsturm und weht die kleine Oase zu? So ungefähr fühlte sich für mich an, was ungefähr fünf Schritte vor meiner Zielperson geschah.

Eines der Models hatte im Geplauder mit dem Visagisten die Zeit vergessen und hechtete durch die Menge, um rechtzeitig auf den Catwalk zu gelangen. Dabei rempelte es mich derart heftig an, dass mir die Mappe entglitt und sich die Entwürfe über dem Boden verteilten.

Für Sekunden war ich vor Schock wie gelähmt. Dann verlieh mir die Erkenntnis, in welcher Gefahr sich meine Zeichnungen befanden, überirdischen Antrieb.

Ich warf mich, die Bedrohung für mein eigenes Wohl ignorierend, schützend über die Entwürfe in nächster Nähe, die womöglich von den vielen emsigen Füßen in Kürze ruiniert sein würden. Ungeachtet des Risikos, selbst verletzt zu werden, rutschte ich auf den Knien im Raum umher und sammelte hastig alles wieder ein. Dabei musste ich mehrfach meine Finger im letzten Moment in Sicherheit bringen. Eine Beschädigung konnte das vorzeitige Ende meiner Designerkarriere bedeuten. Jedes Mal versetzte es mir einen Stich, wenn sich durch diese Vorsicht wieder ein Schuh oder auch nur ein nackter Fuß auf einem meiner Werke verewigte. Meine Zukunft – ruiniert! Das konnte ich nicht mal als gewollten Vintage-Look verkaufen.

Ich schwankte zwischen Wut auf das Model und Verzweiflung ob meines Verlustes. Damit konnte ich meine letzte Chance, in New York Fuß zu fassen, an den Nagel hängen.

Den Tränen nahe, robbte ich zwischen schlanken Waden und strammen Schenkeln, in die ich vor Zorn am liebsten, einem Terrier gleich, gebissen hätte, von einem Blatt zum anderen, als ein Paar elegante schwarze Hosenbeine in mein Blickfeld kam und mir den Weg zu einer meiner wichtigsten Skizzen verbaute. Eine schmale Hand griff nach unten und hob eben diesen Entwurf für ein rotes Seidenkleid mit Bolero auf. Langsam folgte ich den Fingern nach oben, musste mich beherrschen, nicht zu knurren und nach ihnen zu schnappen, um mein Heiligtum zu verteidigen. Als ich wieder aufrecht stand und sah, welch interessierten Betrachter mein Werk gefunden hatte, erstarrte ich vor Ehrfurcht. Mir stockte der Atem. LEONARDO!

Er war *der* Designer momentan in New York, hatte mit seiner Frühjahrskollektion für eine regelrechte Revolution in der Modewelt gesorgt. Ich betete ihn an, auch wenn es auf seinem blütenweißen Rüschenhemd einen kleinen imaginären Fleck gab, nachdem das Modelabel Robertico ihm unterstellt hatte, bei seinem Weggang Entwürfe gestohlen zu haben. Doch die waren sicher nur neidisch auf seinen

Erfolg, seine Kreativität, seinen Flair. Der Mann war ein wahres Wunder – ein Messias der Stoffe und Farben.

Mein Herz klopfte so schnell, dass mir schwindlig wurde und ich kaum Worte fand. Mit seinen blonden, schulterlangen Locken und den strahlend blauen Augen wirkte Leonardo wie ein Fleisch gewordener Engel. Ach was, wie ein gerade dem Olymp entstiegener junger Gott. Ich musste an mich halten, um nicht augenblicklich wieder vor ihm auf die Knie zu sinken und seine Füße zu küssen. Stattdessen starrte ich ihn auf Augenhöhe an, als sei er der erste Mensch, den ich jemals zu Gesicht bekommen hatte, und klappte meinen Mund auf und zu wie ein Fisch auf dem Trockenen. Blamabler konnte man sich kaum verhalten, ich war dennoch machtlos dagegen.

Ich hatte ihn mir größer vorgestellt, aber seine Ausstrahlung machte die fehlenden Zentimeter wett. Er blickte mich über den Rand des Entwurfes an, eine fein geschwungene Augenbraue hob sich leicht, er lächelte und ich schmolz dahin wie Butter in der Pfanne.

„Sind das Ihre?", fragte er mit einer Stimme wie Honig.

„J…ja! Die s…sind v…von mir", stotterte ich und fühlte, wie mir Hitze ins Gesicht stieg und der Schweiß ausbrach. Mein Kopf nahm farblich vermutlich gerade große Ähnlichkeit mit einer Chilischote an, und ich war mir durchaus bewusst, dass ich im Begriff war, mich lächerlich zu machen. Verdammt, ich konnte mit gut aussehenden Männern einfach nicht umgehen. Genau genommen konnte ich überhaupt nicht mit Männern umgehen.

Hey, was sollte das? Hier ging es ums Geschäft, das war etwas ganz anderes. Ich hatte schließlich gehofft, meine Skizzen einem Designer zeigen zu können. Und jetzt verschlug es mir in Gegenwart des großen Leonardos die Sprache? Oder war es nur die Angst, in den nächsten Sekunden von ihm niedergemacht zu werden, weil er meine Zeichnungen mit den ersten Versuchen einer Zweitklässlerin verglich?

„Wundervoll. Sehr talentiert", schwärmte er zu meiner Überraschung und nickte anerkennend. „Wer wird diese Meisterwerke denn verwirklichen?"

Ich glaubte, mich verhört zu haben und blinzelte. Meisterwerke? Doch Leonardo meinte es ernst und lächelte zum Sahneschmelzen. Vor Stolz wurde ich glatt zwei Zentimeter größer. Auch ohne High Heels.

„Sie … sie gefallen Ihnen?", fragte ich hoffnungsvoll wie ein Schulmädchen, das seine erste Mathehausaufgabe abgegeben hat.

In seinen Augen glitzerte es. „Sie sind brillant."

Hoffnung und Erleichterung machten sich gleichzeitig in meiner Brust breit. Vielleicht bekam ich doch meine große Chance. Es musste so sein. Das Schicksal war mir gewogen und belohnte mein Durchhaltevermögen. Wie groß war schon die Wahrscheinlichkeit, Leonardo persönlich gegenüberzustehen? Und jetzt hielt er meine Kreation in Händen und sie gefiel ihm.

„Danke! Vielen Dank", sprudelte ich hervor. „Sie können sich nicht vorstellen, wie viel mir das bedeutet. Dass jemand von Ihrem Format meine Designs lobt … oh, ich weiß überhaupt nicht, was ich sagen soll." Am liebsten hätte ich ihm die Arme um den Hals geschlungen und ihn geküsst, aber das wäre zu vermessen gewesen.

Er richtete seine Aufmerksamkeit von meinem Entwurf auf mich und ließ seinen Blick von Kopf bis Fuß über meinen Körper wandern, was ein merkwürdiges, verwirrendes Gefühl in mir auslöste und meine Umarmungseuphorie dämpfte. Für einen Augenblick war ich verunsichert, fühlte mich in die Enge getrieben. Bis er lächelte und auf die Mappe in meinen Händen deutete. „Ich nehme an, Sie haben noch mehr von diesen Juwelen."

„J…j…ja! Habe ich. Möchten Sie sich … die vielleicht ansehen?"

Meine Wangen glühten vor Aufregung und das komische Gefühl verflüchtigte sich.

„Dann … gibt es noch kein Label, das Sie unter Vertrag hat?", fragte er gedehnt.

Ich schüttelte den Kopf, weil selbiger aus dem Buchstabensalat, der sich darin breitgemacht hatte, keinen vernünftigen Satz formen wollte.

Mit zitternden Händen reichte ich Leonardo den Rest meiner Unterlagen, gespannt, was er dazu sagen würde, aber er hob beschwichtigend die Hände, gab mir das verlorene Blatt zurück und meinte mit verschwörerischer Miene: „Nicht hier. Begleiten Sie mich in meine Privatgarderobe. Da sind wir ungestörter." Er blickte misstrauisch in dem Gewimmel aus Menschen umher. „Man kann nie vorsichtig genug sein. Es gibt zu viele in der Branche, die nur darauf lauern, einem die Ideen zu stehlen. Ich weiß genau, wovon ich spreche."

Sofort gingen in mir die Alarmglocken los. An so etwas hatte ich nicht gedacht. Verunsichert tat ich es meinem Vorbild gleich und witterte in jedem, der mich anstarrte oder rasch zur Seite sah, gleichermaßen einen Spion … nein, einen Gollum, der es auf meinen Schatz abgesehen hatte.

Mein Schaaahaahaaahaaaahaaaatz! Kurzerhand wurde ich selbst zu diesem Wesen und presste die Mappe entsprechend fest an mich, auch wenn sie leider nicht über die Fähigkeit verfügte, mich und sich selbst unsichtbar zu machen, um allen unwürdigen oder bedrohlichen Blicken zu entfliehen.

Leonardo indes bückte sich nach dem letzten meiner Entwürfe, der noch nicht wieder in Sicherheit gebracht worden war, und wischte sorgsam darüber, wenngleich diese Geste mehr dem guten Willen entsprang als irgendeinem Nutzen, denn von der Zeichnung war kaum noch etwas zu erkennen. Ein Stiletto hatte sie unrettbar zerstört.

Leonardo nahm meinen Arm; von seinen Fingerspitzen ging wohlige Wärme aus, während er mich sicher durch das Chaos der Garderobe in ein kleines Séparée führte. Kaum, dass er die Tür geschlossen hatte, verstummte das Summen des Bienenstocks. Ich atmete erleichtert auf.

„Champagner?", fragte er und schenkte ein, ohne meine Antwort abzuwarten.

Da es unhöflich gewesen wäre, abzulehnen, nahm ich das Glas von ihm entgegen, das er geschickt gegen meine Zeichen-Mappe tauschte, und nippte vorsichtig daran. Alkohol war ich nicht gewohnt und zog es vor, einen klaren Kopf zu behalten, wenn ich mit ihm über meine Entwürfe sprach. Dennoch musste ich zugestehen, dass das Getränk ausgesprochen gut schmeckte, wenngleich für meinen Gaumen fremd.

Ich sah mich verstohlen in seinem kleinen Not-Refugium um. Neben einem Ständer mit teuren Designerkleidern, die in mir das Gefühl noch verstärkten, wie Aschenputtel auszusehen, stand ein großer Mahagonitisch. Mit solch einem edlen Möbelstück hätte ich auf einer Fashion Show im Leben nicht gerechnet. Leonardo zog meine Entwürfe hervor und breitete sie nebeneinander auf dem dunklen Holz aus. Er betrachtete jeden einzelnen eingehend, nickte hier, schürzte dort die Lippen und gab zwischendurch zustimmende Laute von sich. Nervös spielte ich mit dem Champagnerglas und nahm immer wieder kleine Schlucke, während ich auf das Urteil des Maestros wartete.

Je länger ich ihn ansah, desto stärker wurde der Eindruck, dass die Fotos in den Illustrierten ihm nicht gerecht wurden. Das blonde schulterlange Haar glänzte wie aus purem Gold gesponnen. Seine Hände – so schmal und feingliedrig – betonten den Künstler in ihm. Ich ertappte mich bei dem Gedanken, dass sie sich weich anfühlen mussten, wenn sie über meine Haut streichen würden. Die Erinnerung an die Wärme, als diese zarten und doch so starken Finger meinen Arm umfasst hatten, kehrte zurück und ließ mich leise seufzen, was mir sofort peinlich war. Aber offenbar hatte er es nicht gehört. Eigentlich war Leonardo viel zu schade, um im Hintergrund zu bleiben. Dieser athletische Körper gehörte ins Rampenlicht. Wie er wohl in einer meiner Kreationen aussehen würde?

Er beendete meine kühnen Gedankengänge, indem er alles wieder zu einem ordentlichen Stapel zusammenschob und diesen in einer ledernen Aktentasche verschwinden ließ, ehe er sich mir zuwandte.

„Ich bin beeindruckt. Und das bin ich nicht oft." Aus seiner Stimme sprach Anerkennung. „Ich bin absolut sicher, dass wir mit dem ein oder anderen dieser Modelle großes Aufsehen in der Herbst-Kollektion erregen werden."

„Meinen Sie wirklich?" Ich konnte mein Glück kaum fassen. Vor meinem inneren Auge sah ich mich am Ende einer Show an seiner Seite über den Catwalk laufen. Vielleicht sogar in einem meiner eigenen Modelle. Aber das war vermutlich zu vermessen.

„Ich bin sogar davon überzeugt", fachte er meine Träume an. „Lassen Sie mich Rücksprache mit meinen Geschäftspartnern halten. Aber die werden sicher genauso begeistert sein wie ich." Er hob sein Glas und stieß es lächelnd gegen meines. „Auf eine erfolgreiche neue Linie."

Wir nahmen beide einen Schluck, wobei mir wieder dieses Funkeln in seinen Augen auffiel. Galt es mir? Oder meinen Entwürfen? Mir wurde heiß und kalt und ein wenig schwindlig. Sicher die Auswirkung des Champagners. Ich stellte vorsichtshalber das Glas beiseite.

„Ich kann das alles noch einmal ins Reine bringen, bevor Sie die Kreationen Ihren Partnern zeigen", bot ich Leonardo an und griff nach der Ledermappe, in der meine Werke verschwunden waren. „Die Entwürfe haben bei dem Unfall vorhin leider etwas gelitten."

Leonardo kam mir zuvor und schob eilig die Mappe außer Reichweite, ehe ich sie ergreifen konnte.

„Das ist nicht tragisch", erklärte er beruhigend und gönnerhaft. „Es sind ja nur Entwürfe. Und ich kann Ihr kleines Missgeschick schließlich erklären."

Irgendwie gefiel mir der Tonfall nicht, den er anschlug. Noch weniger, dass er nicht die Absicht zu haben schien, mich an die Ledertasche zu lassen. Doch meinen zweifelnden Blick quittierte er mit einem entwaffnenden Lächeln.

„Wirklich, meine Liebe. Diese Kleinigkeit ist nicht der Rede wert. Das regel ich schon. Und bevor wir die Muster in die Schneiderei geben, müssen sie ohnehin noch einmal überarbeitet werden. Warum sich also doppelte Arbeit machen? Für den ersten Eindruck erfüllen sie ihren Zweck."

Das klang logisch. Und wenn jemand wie Leonardo das sagte, musste es wohl so sein. Welchen Grund – und welches Recht – hatte ich, an ihm zu zweifeln? Davon abgesehen war ich so schrecklich aufgeregt, dass ich ohnehin keinen Zeichenstift hätte führen können.

„Kommen Sie in den nächsten Tagen in meinem Atelier vorbei", schlug Leonardo vor und legte seinen Arm um meine Schultern, um mich zur Tür zu geleiten. „Bis dahin kann ich Ihnen sicher schon mehr verraten. Aber jetzt, so leid es mir tut, ruft die Pflicht." Er küsste zum Abschied galant meine Hand, was einen wohligen Schauer durch meinen Körper sandte, und entließ mich mit einem zufriedenen Gefühl im Bauch in die New Yorker Nacht.

Auf dem Heimweg hätte ich singen mögen vor Freude, verzichtete aber aus Rücksicht auf die Menschen, die meinen Weg kreuzten, darauf. Die Gefahr, New Yorks Einwohnerzahl ansonsten drastisch zu reduzieren, war durchaus gegeben.

So beschwingt hatte ich mich nicht mehr gefühlt, seit ich Idaho verlassen hatte. All die Unkenrufe meiner Freundinnen und Kolleginnen rückten in weite Ferne. Mit einem Mentor wie Leonardo standen mir alle Wege offen. Auf die blöden Gesichter zu Hause, wenn meine Kollektion die Titelbilder der großen Modemagazine zieren würde, freute ich mich jetzt schon.

Als ich in die kleine Pension zurückkehrte, die derzeit mein Zuhause war, schwebte ich im siebten Himmel. Das würde mein Durchbruch werden. Ich konnte all die Miesmacher aus meiner Heimat Lügen strafen, die mich ausgelacht oder für verrückt erklärt hatten, weil ich mir einbildete, in New York Karriere zu machen. Am Ende ging es sogar leichter als gedacht. Wie gut, dass ich mich nicht so schnell hatte entmutigen lassen! Die Mühe hatte sich auf jeden Fall gelohnt.

In dieser Nacht schlief ich tief und fest und träumte von edlen Stoffen und gewagten Schnitten, die ich gemeinsam mit Leonardo kreierte und zur hohen Kunst der Haute Couture perfektionierte.

Kapitel 2

Seifenblasenträume

„Ich habe Ihnen doch schon gesagt, Leonardo ist in einem wichtigen Meeting und wird heute keine Zeit mehr haben."

Zugegeben, der Designer hatte „in den nächsten Tagen" gesagt, und ich hatte es gerade mal bis zum nächsten Nachmittag ausgehalten. Aber was machte das für einen Unterschied? Ich wollte mich nur erkundigen, ob er schon mit seinen Geschäftspartnern gesprochen hatte. Das war sicher nicht verboten. Schließlich hatte er mich eingeladen und es waren meine Entwürfe. Außerdem war Leonardo so begeistert von den Modellen gewesen, dass es ihm kaum weniger unter den Nägeln brennen konnte als mir, weshalb ich überzeugt war, dass er sofort mit seinen Geschäftspartnern über unsere künftige Zusammenarbeit reden würde. Vielleicht diente das Meeting, von dem seine Sekretärin sprach, ja eben diesem Zweck. Nur, dass diese Megablondine mit der übertriebenen Hochsteckfrisur und dem viel zu grellen Lippenstift keine Ahnung hatte, dass *ich* das neu entdeckte Talent war, von dem er allen in seinem Büro gerade vorschwärmte.

„Ich kann warten. Ich habe heute keine weiteren Termine. Oder Sie sagen mir einfach, wann es günstig ist, dann komme ich später wieder vorbei."

Als Antwort verdrehte der Blondschopf hinter dem Computer nur die Augen, bis man außer knallblauem Lidschatten nichts Farbiges mehr sah. „Ich weiß ja nicht, wo Sie herkommen, aber hier in New York ist die Fashion Week. Da hat Leonardo nie Zeit. Wenn er nicht im Meeting ist, muss er seine Kollektion vor Ort betreuen, und in seiner freien Zeit entwirft er die Modelle für die kommende Saison. Versuchen Sie es in zwei Monaten, wenn es wieder ruhiger bei uns ist."

Mir klappte die Kinnlade herunter. So eine unverschämte Person war mir in meinem ganzen Leben noch nicht begegnet. Ein Minimum an Höflichkeit war wohl nicht zu viel verlangt. Ich war keins von den Groupies, die mit einem Schild „Ich will ein Kind von dir" hier aufliefen, sondern eine seriöse Designerin — wenn auch bisher ohne Anstellung.

Auf keinen Fall wollte ich mich von dieser unqualifizierten Vorzimmerdame abwimmeln lassen, bloß weil die nicht auf dem neuesten

Stand war. Leonardo hatte von sich aus angeboten, meine Entwürfe zu prüfen. Ich hatte mich ihm dafür weder an den Hals geworfen noch sonst irgendetwas getan, das ich hätte bereuen oder wofür ich mich hätte schämen müssen. Somit besaß ich weiterhin Stolz und Selbstachtung sowie eine nicht zu unterschätzende Courage, nachdem er mich gestern Abend so ermutigt hatte. Wenn diese schreckliche Person hinter dem Schreibtisch mich nicht anmelden wollte, musste ich eben ohne Ankündigung in das Büro stürmen.

Entschlossen wandte ich mich statt dem Ausgang der Tür zu Leonardos Büro zu und stieß sie auf, ehe seine Sekretärin mich hätte aufhalten können. Wäre sie nicht so inbrünstig damit beschäftigt gewesen ihre Nägel zu feilen, hätte das anders ausgehen können. Ihr Pech.

Doch die Strafe folgte auf dem Fuß. Der Anblick, der sich mir beim Betreten des Allerheiligsten bot, ließ mich augenblicklich stocken, denn gegen dieses Bild war das Benehmen der Blondine unerheblich.

Das waren meine Entwürfe, die mir da in Übergröße ins Auge sprangen! Okay, nicht ausschließlich meine, aber dennoch zu einem großen Teil. Er schien sie unter seine eigenen Kreationen gemischt zu haben. Auf einer riesigen Leinwand wechselten die Skizzen, die gestern in Leonardos Ledertasche verschwunden waren, mit einigen anderen im gleichmäßigen Takt. Mein erster Impuls war Freude, dass er mir den gleichen Stellenwert zugestand wie seiner eigenen Arbeit, doch diese währte nur Millisekunden, bis ich den Copyrightvermerk bemerkte, der jeweils unten rechts in der Ecke prangte.

Created by Leonardo!

Ich fühlte, wie mir die Farbe aus dem Gesicht wich und sich alles taub und kalt anfühlte. Die Erkenntnis lähmte mich, dass ausgerechnet mein Held mich so offensichtlich betrogen hatte und, mir nichts dir nichts, meine Arbeit als die seine präsentierte! Fassungslos wechselte mein Blick zwischen der Leinwand und Leonardo, der in selbstgefälliger Pose neben dem Projektor stand und bis zu meinem Eindringen die Präsentation kommentiert hatte, hin und her.

„Sie … Sie haben mich bestohlen. Das sind meine Designs!", entfuhr es mir. Dabei wusste ich instinktiv, wie sinnlos der Vorwurf in dieser Runde war. Er war ein Star, ich ein Niemand. Und beweisen konnte ich meinen Vorwurf nicht.

Einen Moment herrschte Stille. Die Sekretärin, die hinter mir hereingestürmt kam, murmelte kleinlaut eine Entschuldigung in Richtung ihres Arbeitgebers, der sie mit einer herrischen Geste hinausschickte. Noch immer schwieg Leonardo ebenso wie alle Übrigen im

Raum. Nur sein Blick, gestern interessiert, voller Zuspruch und Begeisterung, ruhte jetzt kühl und abwartend auf mir. Gab mir das Gefühl, ein Parasit zu sein, der sich an seinen Früchten gütlich tun wollte. Der Schwung seiner Braue verlieh ihm ein zynisches Aussehen, während er mich abschätzend – fast schon herausfordernd – musterte, als wäre ich ein fremdartiges Subjekt, dessen Nutzen sich ihm nicht erschloss.

„Kann ich irgendetwas für Sie tun, Miss?", fragte er mit einer Stimme, die zugleich süß wie Zucker und schneidend wie Stahl war.

Damit erweckte er zumindest meinen Kampfgeist wieder zum Leben. „Ob Sie etwas für mich tun können?", echote ich. „Das haben Sie bereits gestern angeboten. Und ich dumme Gans bin auf Ihr freundliches Gehabe hereingefallen!"

Ich hätte mich ohrfeigen können, in die Falle getappt zu sein, vor der er mich selbst gewarnt hatte.

„Tut mir leid, ich weiß nicht, wovon Sie sprechen. Ich kann mich nicht erinnern, dass wir uns jemals begegnet sind."

Glaubte er allen Ernstes, diese Scharade aufrechterhalten zu können? Da waren Dutzende von Leuten gewesen, die uns zusammen gesehen hatten.

Bei genauerem Überlegen musste ich jedoch eingestehen, dass vermutlich niemand Notiz von mir genommen hatte. Geschweige denn davon, dass ich mit Leonardo in seiner Garderobe verschwunden war.

Großer Gott, mir wurde schlecht, als ich darüber nachdachte, wie man das interpretieren konnte, falls mich doch jemand gesehen hatte. Ich wusste nicht, was schlimmer war. Verloren hatte ich so oder so. Warum war ich bloß so leichtsinnig und unbedacht gewesen? Ein wenig Schmeichelei und mein Verstand ging in den Off-Modus.

Die Erkenntnis trieb mir die Schamesröte ins Gesicht. Trotzdem wollte ich nicht klein beigeben. Ich straffte die Schultern und begegnete seinem Blick trotzig und entschlossen. „Ich habe diese Modelle entworfen, das wissen Sie genau. Sie haben mir gestern versprochen, sie Ihren Partnern zu zeigen."

Er antwortete nicht. Stattdessen zuckte es um seine Mundwinkel. Er stützte eine Hand in die Hüfte und trat langsam näher. Ließ dabei erneut seinen Blick über meine Aufmachung gleiten, die sich seit gestern Abend nicht verändert hatte, weil es die einzigen Sachen waren, die ich derzeit zum Anziehen hatte. Selbst für die Wäscherei reichten meine Finanzen nicht mehr.

Von einer Sekunde zur anderen fing Leonardo schallend zu lachen an. Zu meinem Entsetzen fielen alle anderen im Raum mit ein.

Ich wusste nicht, was mich mehr schmerzte. Von meinem Idol getäuscht worden zu sein oder mit leeren Händen dazustehen. Von der Schmach, hier vor allen Leuten lächerlich gemacht zu werden, ganz zu schweigen.

Vor lauter Verlegenheit wusste ich kaum, wo ich hinsehen sollte. Ich war im Recht, schien jedoch keine Möglichkeit zu haben, dieses zu beanspruchen. Nur langsam beruhigte sich Leonardo wieder und fächelte sich mit der freien Hand Luft zu, ehe er sich imaginäre Lachtränen aus den Augen wischte. Sorgsam darauf bedacht, sein Makeup dabei nicht zu verschmieren.

„Kindchen, Sie sind wirklich das Amüsanteste, was mir je untergekommen ist." Er rang theatralisch nach Atem und ich ertappte mich bei dem Wunsch, er möge auf der Stelle ersticken, dieses Scheusal. Schließlich wurde er wieder ernst, sah ungnädig an mir herab und zeigte mit dem Finger auf mich, während er sich seiner Meeting-Runde zuwandte. Ich wünschte mir sehnlichst ein Mauseloch zum Verkriechen.

„Im Ernst. Selbst wenn ich nicht beweisen könnte – was ich selbstverständlich kann – dass diese grandiosen Modelle hier aus meinem Zeichenstift geflossen sind, wäre es auch nur im Entferntesten denkbar, dass jemand, der so herumläuft …" Er verzog halb spöttisch, halb mitleidig das Gesicht. „… eine derart edle Kollektion erdenken könnte?"

Ich schloss die Augen, um die Tränen zurückzuhalten, die sich unweigerlich ihren Weg bahnen wollten. Etwas derart Erniedrigendes war mir im Leben nicht passiert. Das zustimmende Gemurmel, das mich als Lügnerin und Leonardo als gutmütiges Opfer hinstellte, war mehr als ich ertragen konnte. Da mussten es nicht auch noch die strafenden und abweisenden Blicke sein.

„Ich weiß nicht, wie Sie auch nur auf den Gedanken kommen können, mit so einer Masche Erfolg zu haben. Wer hat Sie geschickt? Robertico? Ein erneuter Versuch, meinen einwandfreien Leumund zu beschmutzen? Wie armselig."

In seinen Augen funkelte es boshaft. „Bei allem Verständnis für Ihre Situation, und die scheint in Anbetracht Ihrer Aufmachung nicht die beste zu sein, muss ich Sie bitten, mein Atelier augenblicklich zu verlassen. Sonst rufe ich die Polizei."

Er wandte sich ab, ohne auf eine Reaktion meinerseits zu warten.

Er wusste so gut wie ich, dass die ausbleiben musste, weil ich hier auf seinem Terrain chancenlos war.

Mit hängenden Schultern drehte ich mich um und verließ den Ort meiner Schande. Wütend auf den verlogenen Designer, die selbstgefällige Modewelt und vor allem mich selbst.

Nachdem ich Leonardo und sein Atelier hinter mir gelassen hatte, lief ich ziellos durch die Straßen der Modemetropole und sah meine Träume in den Tränen der Enttäuschung davonschwimmen. Kurzzeitig überlegte ich, mich nun doch von einer Brücke zu stürzen, verwarf den Gedanken aber wieder wegen meiner besagten Höhenangst. Außerdem, soweit käme es noch, dass ein Schuft wie Leonardo mich in den Tod trieb. Reichte doch, dass er mir mein Gedankengut gestohlen hatte. Es schien unvermeidbar. Ich musste zurück nach Hause und mich geschlagen geben. Immerhin konnte das Schicksal grausamer sein, als den Rest meines Lebens mit Schneiderarbeiten zu verbringen. Zum Beispiel, diese für Leonardo erledigen zu müssen.

Soweit die Stimme der Vernunft, der ich letztendlich folgen musste, mangels einer anderen Wahl. Aber mein Stolz und meine Hoffnung waren aufs Heftigste verletzt, weshalb ich Stunden nach meiner Rückkehr in die Pension immer noch weinte.

Niedergeschlagen sank ich auf den Stufen des Seiteneingangs nieder und beobachtete von dort das Treiben auf der Hauptstraße.

Der Verkehr floss zäh dahin, auf dem Gehweg liefen immer wieder Leute vorbei, die miteinander schwatzten und lachten. Glückliche New Yorker. Ich wäre so gern eine von ihnen geworden. Das war jetzt vorbei. Ich besaß weniger als bei meiner Ankunft. Weniger Geld und nichts mehr, womit ich hier noch Fuß fassen könnte. Mein Ticket in die große Welt der Mode ruhte jetzt in Leonardos Atelier.

Ich schnäuzte mich lautstark in ein Taschentuch und seufzte tief.

„Um Himmels willen, nicht doch. Das kann man ja gar nicht mit ansehen", erklang eine Stimme aus dem Nichts.

Ich zuckte zusammen, wischte hastig die Tränen weg, weil es mir peinlich war, dass mich jemand so sah, und blickte mich um, aber der Eingang war vollkommen leer. Abgesehen von einigen Ratten, die zwischen den Mülleimern umherhuschten und einer Katze.

Letztere näherte sich mit aufgestelltem Schwanz und lässig-geschmeidigen Bewegungen der Treppe und begann, mir um die Beine zu streichen.

„Toll. Jetzt habe ich schon Halluzinationen oder was?", schalt ich mich selbst und kraulte das Tier gedankenverloren hinter den Ohren.

„Oh, so würde ich das nicht nennen."

Als sich das Maul des schwarzen Tieres bewegte, sprang ich vor Schreck auf die Füße und kreuzte schützend die Arme vor der Brust.

„Eine sprechende Katze! Ich drehe wirklich durch." Entgeistert blickte ich auf den Stubentiger, der ein lang gezogenes Seufzen vernehmen ließ.

„Wenn schon, dann bitte Kater, ja? So viel Zeit muss sein. Du darfst Sage sagen, wenn du willst."

„Du ... du redest?!"

Ich traute meinen eigenen Augen und Ohren nicht. War das hier so was wie die versteckte Kamera? Hatte Leonardo mir gestern Drogen in den Champagner getan, damit man mich in die Psychiatrie einwies und er mich sicher aus dem Weg wusste? Das hätte ich ihm mittlerweile durchaus zugetraut. Es konnte nicht sein, dass eine Katze mit mir sprach. Und vor allem sollte *ich* nicht mit ihr – beziehungsweise ihm – sprechen, wenn ich noch bei Trost war.

Der Kater kicherte ob meiner Verwirrung. „Ja, ja, in der magischen Welt der Mode sollte man auf alles gefasst sein. Nein, mal ernsthaft. Tut mir leid, ich weiß, das ist nicht gerade alltäglich, dass ein Kater sprechen kann. Es sei denn, er sitzt auf der Schulter einer buckligen Frau mit Warzen auf der Nase, und das würde ich nie tun. Dafür besitze ich einen zu starken Sinn für Ästhetik. Ich vergesse zuweilen, dass man normalerweise nicht damit rechnet, von fremden Katern angesprochen zu werden. Ich mache das auch wirklich selten. Aber eine hübsche, junge Frau, die so traurig und verzweifelt dreinschaut, weckt sofort meinen Beschützerinstinkt. Schließlich bin ich ein Gentleman ... äh ...-kater."

Seine grünen Augen blitzten schelmisch zu mir empor und ich empfand das taube Gefühl, das für gewöhnlich einer nahenden Ohnmacht vorausging.

„Du sprichst?", wiederholte ich zögerlich. „Ich bin nicht verrückt?"

Was erwartete ich denn? Dass mir ein Kater auf diese Frage eine ehrliche Antwort gab, mit der ich mich versichern konnte, nicht durchzudrehen? Wohl kaum.

„Nun", antwortete er gedehnt, „um Letzteres beurteilen zu können, kenne ich dich zu wenig. Psychologische Gutachten erstelle ich in der Regel erst nach mindestens fünf Sitzungen à sechzig Minuten." Er lachte amüsiert. „Kleiner Scherz. Aber mal im Ernst, Ersteres kann ich bestätigen, so unwahrscheinlich es dir erscheinen mag. Ja, ich rede, wie mir die Schnurrbarthaare gewachsen sind." Er grinste mich breit an und hockte sich auf seine Hinterpfoten. „Also los. Erzähl schon. Was bringt dich zum Weinen, Goldlöckchen? Liebeskummer?"

Weil ich mir noch immer völlig bescheuert vorkam, mit einer Katze – pardon: einem Kater – zu sprechen, stupste er mit seinem Kopf gegen mein Schienbein und fügte hinzu: „Nun komm, gib dir einen Ruck. Ich weiß aus Erfahrung, dass es hilft, sich Kummer von der Seele zu reden. Und wer würde wohl diskreter sein als ein Kater? Du darfst mich sogar dabei kraulen. Das beruhigt die Nerven. Ist sogar wissenschaftlich erwiesen."

Es konnte nicht schaden, entschied ich. Ob Einbildung oder nicht, andere Leute sprachen auch mit Tieren. Selbst wenn die keine Antwort gaben. Also setzte ich mich wieder auf die Stufen und erzählte Sage, mit welchen Träumen ich nach New York gekommen, wie schnell ich desillusioniert worden und schließlich auf den Designer Leonardo hereingefallen war, der jetzt meine Entwürfe geklaut hatte und mir somit jede Hoffnung raubte, jemals in New York als Designerin Fuß zu fassen.

„Ach, der!" Der Kater winkte mit der Pfote ab, was für seine Gestalt ausgesprochen drollig wirkte und mich trotz meines Kummers schmunzeln ließ. „Mach dir nichts draus, so eine Nummer hat er schon mit vielen abgezogen. Sogar mit Robertico, für den er vorher gearbeitet hat, und der ist im Gegensatz zu dir schon ein Großer im Modegeschäft. Aber ohne Beweise keine Anklage. Und Beweise gibt es so gut wie nie. Dafür hat Leonardo Talent. Meiner bescheidenen Meinung nach steht der mit irgendwelchen finsteren Mächten im Bunde oder hat ein richtig krummes Ding gedreht, sonst hätte man ihn längst drankriegen müssen. Aber der ist wie ein Aal und schlüpft immer wieder durch das Netz des Gesetzes. Dabei hat der Kerl vor nichts und niemandem Respekt. Glaub mir, der würde selbst unserem Präsidenten das Weiße Haus unterm Hintern wegklauen, wenn sich die Gelegenheit böte, und niemand könnte ihm nachweisen, dass ihm das Ding nicht eh schon immer gehört hat." Er nickte bekräftigend. „Aber in deinem Fall sollte das Problem lösbar sein", fuhr er enthusiastisch fort. „Du hast doch sicher noch die Originale."

„Originale? Was meinst du mit Originalen?"

Der Kater verdrehte die Augen. „Na, die Dateien auf deinem Laptop. Die werden ihn im Handumdrehen überführen." Er grinste zufrieden.

„Ich … ich habe keinen Laptop."

Jetzt bekam Sage große Augen, was bei dem Kater aussah, als würde er gleich in Ohnmacht fallen. „Keinen Laptop?"

Ich schüttelte den Kopf. „Das könnte ich mir nicht leisten. Und davon abgesehen komme ich mit den Dingern sowieso nicht zurecht. Ich zeichne alle meine Entwürfe von Hand. Es sind Unikate. Genau wie die Kleider selbst."

Ich stand mit diesen neumodischen Geräten auf Kriegsfuß und meine Kreativität war unweigerlich an den Kohlestift in meiner Hand gekoppelt. Mit einer PC-Maus, wie anatomisch geformt sie auch sein mochte, wäre ich nie in der Lage gewesen, nur einen Strich zu zeichnen. Nicht mal mit den Grafiktabletts, die man inzwischen anschließen konnte. Sie reagierten entweder zu sensibel oder gar nicht auf meine Bemühungen. Da blieb ich lieber dinosaurisch.

Der Kater machte ein Geräusch, als käme ihm die Maus vom Vorabend hoch. „Gut. Nein, nicht gut. Aber nicht zu ändern. Bleibt Plan B."

Ich verstand nur Bahnhof, aber Sage strich mir schon wieder schmeichelnd um die Beine.

„Komm, lass uns nach oben gehen. Da sind wir ungestört. Du hast sicher ein Schälchen Milch für einen armen heimatlosen Kater", bettelte er und machte ein erwartungsvolles Gesicht.

Leider musste ich ihn enttäuschen. „Ich fürchte, ich werde außer Leitungswasser und alten Keksen nichts zu bieten haben. Immerhin können wir gemeinsam hungern. Geteiltes Leid ist halbes Leid."

Die Schnurrbarthaare des Katers zuckten, ehe sie nach unten sanken. „Das ist ja alles noch viel schlimmer als ich dachte. Allmählich begreife ich, warum du dir die Augen aus dem Kopf heulst. Könnte glatt selbst damit anfangen."

Trotzdem bezeichnete er die Wohnung als gemütlicheren Ort zum Pläneschmieden. In meinem kleinen Pensionszimmer sprang er zunächst aufs Bett und streckte sich genüsslich, ehe er meine wenigen Habseligkeiten inspizierte. Ich bezweifelte, dass er darin etwas finden würde, womit ein Kater etwas anzufangen wusste.

„Was machst du?"

„Ich lasse mich inspirieren", antwortete er geheimnisvoll.

„Na, viel Erfolg. Ich finde den Inhalt ziemlich ernüchternd."

„Papperlapapp!"', widersprach der Kater. „Es gibt immer einen Weg. Gerade kreative Geister können selbst aus einer Niederlage einen Sieg machen. Sie müssen nur ihr Köpfchen anstrengen. Sag mal, wie heißt du eigentlich?"

Erst jetzt fiel mir auf, dass ich ihm noch nicht meinen Namen genannt hatte. Wie unhöflich. Aber ich wäre nicht auf den Gedanken gekommen, dass Namen für Katzen eine höhere Bedeutung hatten. Obwohl ... er hatte sich mir immerhin sofort vorgestellt.

„Ich heiße Leonie. Leonie Fellon."

Interessiert zog er den Kopf aus meinen Habseligkeiten hervor und betrachtete mich mit sichtlicher Begeisterung.

„Na, wenn das nicht ein Wink des Schicksals ist, dass wir uns über den Weg laufen mussten. Leonie – die Löwenstarke. Dann sind wir ja sozusagen artverwandt."

Er grinste, ich musste lachen. „Ja, wenn man so will."

„Das überzeugt mich noch mehr davon, dass wir gemeinsam einen Weg finden werden, dir zu deinem Recht zu verhelfen."

Daran wollte ich gerne glauben. Allein mein Realitätssinn ließ es nicht zu, woraus ich keinen Hehl machte.

„Papperlapapp", wies mich Sage zurecht. „Dein Name weist dich als mutige Kämpferin aus. Also wirst du gefälligst nicht den Kopf in den Sand stecken. Du bist ein Löwe, kein Vogel Strauß."

Zwei Stunden später und mit einem großen Keks im Bauch war Sage trotzdem nicht weitergekommen. Nicht, dass ich damit gerechnet hätte. Aber ich genoss seine Gesellschaft, die tröstlich wirkte, wenngleich sie an meinem Scheitern nichts änderte.

Gähnend kam ich aus dem Badezimmer und kuschelte mich unter die Decke. Für heute hatte ich genug von New York und dem verlogenen Teil seiner Bevölkerung.

„Lass es gut sein, Sage. Es ist spät und mir brennen die Augen."

„Kein Wunder, bei so viel Salz, wie die heute bewältigen mussten."

Ich ignorierte seine Spitze und hob stattdessen die Decke an. Auffordernd klopfte ich auf die Matratze. „Du darfst bei mir schlafen. Als Dankeschön fürs Zuhören. Und das ist eine Ehre. Normalerweise nehme ich einen Kerl nicht gleich am ersten Abend mit ins Bett."

Dass ich meinen Humor zurückgewonnen hatte, gefiel ihm. Seine Schnurrbarthaare zuckten entzückt. Er sprang elegant aufs Laken, wo er es sich mit wohligem Schnurren an meiner Seite gemütlich machte.

„Aber ich bin kein Kater für eine Nacht", stellte er klar.

Ich musste grinsen und kraulte ihn hinter den Ohren. „Natürlich nicht." Ob ich ihn nach Idaho mitnehmen konnte? Aber was wollte ein Stadtkater auf dem Land?

Müde schaltete ich das Licht aus und versuchte zu schlafen. Die Nähe des kuschligen kleinen Körpers, der sich an meinen schmiegte, war tröstlich. Trotz meines Kummers fiel ich rasch in tiefen Schlaf.

Kapitel 3

Bei meinem Schnurrbarthaar

Naaaaa? Schlief sie? Gleichmäßiger Herzschlag, tiefe Atmung, völlige Entspannung – ja, ich konnte wohl davon ausgehen, dass Goldlöckchen im Land der Träume weilte und ich ungestört in ihren Sachen herumschnüffeln konnte.

Normalerweise habe ich ja Besseres zu tun, wenn eine hübsche Blondine neben mir im Bett liegt, aber derzeit war ich nun mal leider ein wenig gehandicapt. Alles aufgrund eines kleinen Missverständnisses, äußerst ärgerlich. Aber ich arbeitete daran, das wieder in Ordnung zu bringen und dafür brauchte ich dieses zuckersüße blonde Wesen, das so ahnungslos vor sich hinträumte, während es mit mir im selben Zimmer war. Was hatte sie für ein Glück, dass ich gerade nicht konnte, wie ich wollte. Oder nein, eigentlich hatte sie Pech, dass ich … ach, das gehört hier nicht hin. Um diese Zeit könnten Kinder mitlesen. Dazu kommen wir später. Hoffe ich doch.

Erst mal hatte Goldlöckchen auf jeden Fall Glück, dass wir uns über den Weg gelaufen sind. Eigentlich war es Glück für uns beide. Sie brauchte mich und ich brauchte sie. Also genau genommen brauchten wir uns. Tja, das war dann wohl Schicksal. Ohhhh, ich liebe diese esoterischen Floskeln. Aber es ist meist was Wahres dran.

Unsere kleine Leonie hätte keinen größeren Glückstreffer landen können, als mir zu begegnen. Ich war der strahlende Held, der sie aus ihrer Misere retten würde. Wenn sie wüsste, was alles in mir steckt. Als Mann bin ich, wie Sie ja schon wissen, ein ganzer Kerl, dem sich Frauen schmachtend zu Füßen werfen, was ich aber niemals ausnutze! Na ja, nur manchmal ein bisschen.

Wir beide würden ein super Team werden. Vor allem, wenn ich erst mal wieder Mensch werden konnte. Dann würde sie nicht mehr ohne mich leben wollen. Das wäre Liebe auf den ersten Blick. Damit habe ich Erfahrung, denn das passiert mir ständig. Okay, außer bei Roberticos grauer Mieze. Aber die war sowieso nicht mein Typ gewesen, da war Leonie eine andere Klasse.

Warum ich mich nicht sofort verwandle, sondern stattdessen urplötzlich nur noch als schwarzer Kater in dieser Geschichte herumlaufe, fragen Sie? Wo Sie im Prolog einen Blick auf meinen anbetungswürdigen Dreamboy-Körper werfen durften? Autsch! Nein, das war jetzt wirklich gemein von Ihnen, derart Salz in meine Wunden zu streuen, denn es gab da derzeit ein winziges Problemchen. Erinnern Sie sich an den Moment, als mich diese dämliche Amsel attackiert hat und ich feststellen musste, dass ich echt in Schwierigkeiten steckte? Damit hatte ich recht, und zwar mehr als Sie ahnen, denn seit dieser Nacht stecke ich in meinem schwarzen Pelz fest.

Sagen wir mal so, ich hatte den Bogen ein klein wenig überspannt, als ich Leonardo den Gefallen mit den Skizzen tun wollte. Der Job ist letztlich nicht so gelaufen, wie ich es mir vorgestellt hatte. Dafür wurde ich bestraft. Sehr unfair, finden Sie nicht auch? Da ich ja praktisch gegen meinen Willen zu dieser Tat verführt wurde. Sogar betrogen, wenn man es genau nimmt. Aber Leonardo ging straffrei aus, weil er geschafft hatte, was er mir in Aussicht stellte, nämlich sich dem Einfluss von Ulanda – der Herrin aller Gestaltwandler – zu entziehen. Und ich? Ich musste für ein Bagatellvergehen büßen. Die Welt ist so ungerecht.

Es ist schon immer eine Schwäche von mir gewesen, Dinge mitgehen zu lassen, die jemand zufällig herumliegen lässt und die jemand anderer gut gebrauchen kann. Dabei waren es diesmal nur einige Blätter bemaltes Papier, wenn man es genau nehmen wollte. Aber anscheinend genug, dass sich Ulanda – die den Beinamen Vollstreckerin trägt – genötigt sah, mich auf unbestimmte Zeit (so zwanzig oder dreißig Äonen) in meinen Katzenkörper zu verbannen, bis ich den Schaden wiedergutgemacht hätte, den ich da angerichtet hatte. In meinen Katzenkörper deshalb, weil ich mir durch selbigen Zutritt in Bereiche verschafft hatte, in denen ich nichts zu suchen hatte und in die ich sonst nicht gekommen wäre. Das genügte der Vollstreckerin, um mir einen Denkzettel zu verpassen. Womöglich auch deshalb, weil es ein Jubiläum gewesen war. So das zwanzigste oder fünfundzwanzigste Mal.

Fußnote Ulanda: Wenn man noch eine Null anfügt, kommen die Diebstähle von Sage vielleicht hin. Der Kerl hätte Elster werden sollen statt Kater. Ich bin allerdings froh, dass ich ihn seinerzeit nicht in eine Maus verwandelt habe, denn dann wäre vermutlich selbst Fort Knox nicht sicher vor diesem Langfinger gewesen.

Wobei die langen Finger in seiner menschlichen Gestalt durchaus ansprechend sind, solange sie nicht auf fremdem Eigentum kleben.

Hoffentlich hatte sie das jetzt nicht gehört, dass ich sie schon wieder Vollstreckerin nannte, denn das mochte sie überhaupt nicht. Dabei war das die reine Wahrheit. Sie ist Richter und Henker in einer Person, wenn sich irgendwer von uns Gestaltwandlern daneben benimmt. Mit einer Ausnahme: Leonardo. Ja, Sie haben das schon richtig in Erinnerung, dass auch er ein Gestaltwandler ist. Der große, mächtige Löwe. König der Savanne. Das war ihm wohl zu Kopf gestiegen, und irgendwie hatte es dieser Kerl geschafft, sich Ulandas Zugriff zu entziehen. Genau darin lag mein Problem. Ich war da hineingeraten. Natürlich völlig unverschuldet, das will ich mal betonen. Sie können das doch bezeugen, Sie waren dabei. Hätten Sie dieser Verlockung etwa widerstehen können?

Jede Gestalt anzunehmen, die man gerade haben wollte, wäre schon eine feine Sache. Dafür entwendet man schon mal ein paar Blätter bemaltes Papier. Zumal sie ja sowieso Leonardo gehört hatten. Oder er sie dort vergessen hatte. Oder sie ihm unterschlagen worden waren. Was weiß denn ich. Ob ich ihm die rührselige Story geglaubt habe? Nun, sagen wir, ich wollte es, weil es einfacher war. Nur blöd, dass ich mich dabei von einer Amsel habe beobachten lassen, ohne zu bemerken, dass dieser Vogel nicht mein Abendessen werden würde, sondern eine Henkersmahlzeit in völlig anderem Sinn. Ulanda kann eben, wie sie will, und sie hatte mich auf frischer Tat ertappt. Während sie mich durch die Straßen jagte – nicht als Amsel, sondern urplötzlich als Netz schwingende Tierfängerin, machte sich Leonardo in aller Seelenruhe mit der Beute aus dem Staub, die ich im Garten liegen lassen musste. Und da er sich den Umschlag letztlich selbst aus dem Garten geholt und nicht ich ihn zu ihm gebracht hatte, sah er keine Notwendigkeit, mich in sein Geheimnis einzuweihen, das er nach eigener Aussage an sich gebracht hatte. Ich musste ausbaden, was er mir einbrockt hatte. Dass ich nicht gut auf ihn zu sprechen war, dürfte somit verständlich sein.

Ob er mir sein Geheimnis anvertraut hätte, wenn ich ihm die Skizzen überbracht hätte? Ich weiß es nicht, aber rückblickend glaube ich nicht mehr daran. Sie sehen jedenfalls: Ich war genauso Opfer seiner Blendung geworden wie Leonie. Gerade deshalb war es ja so ein Glücksfall für das Täubchen, dass es mir begegnet war. Wir hatten beide eine Rechnung mit dem Burschen offen und es würde mir ein Vergnügen sein, Leonie zu helfen, sich gegen diese durchtriebene Schmeißfliege zur Wehr zu setzen. Vielleicht gewährte Ulanda mir dafür vorzeitig Gnade. Das wäre doch mal was.

Fußnote Ulanda: Sages Überzeugung, ich sei Richterin und Henkerin in einer Person, werde ich ihm persönlich übel nehmen. Er hat keine Ahnung. Schon gar nicht von den Problemen, vor denen ich derzeit stehe. Aber das ist ein anderes Thema. Wenn Sage hält, was ich mir von ihm verspreche, wird das am Ende keine Rolle mehr spielen. Wir werden sehen.

So, nun habe ich aber genug nebenher geplaudert, kommen wir zur eigentlichen Geschichte: Ich hatte lange genug faul auf der Matratze gelegen, es wurde Zeit, sich an die Arbeit zu machen. Natürlich wäre es verlockend gewesen, einfach unter der Decke liegen zu bleiben. Goldlöckchen war zum Anbeißen süß und so leicht wie als Kater kam man nie ins Bett einer Lady. Aber es brachte weder sie noch mich weiter, wenn ich länger vor mich hinträumte und ihren lieblichen Duft durch mein sensibles Näschen atmete.

Also steckte ich selbiges in etwas, das uns weiterbrachte. In ihre Habseligkeiten und zwar gründlicher als zuvor unter ihrer strengen Beobachtung. Nein, keine Sorge, beklauen wollte ich sie nicht. Haha, es wäre ja nichts zum Klauen da gewesen. Das hatte sie schon ausführlich und glaubhaft geschildert. Aber es gab eine Menge interessanter Dinge. Ihre Stifte zum Beispiel … der Geruch war inspirierend. Hatte so was von *neu und gewagt* an sich. Dass sie definitiv neue Entwürfe erstellen musste, lag für mich auf der Hand, die alten waren sozusagen verbrannt, seitdem Leonardo sie in seinen Klauen hatte. Während ich so an der Wachsmalkreide und den Kohlestiften schnupperte, wurde mir klar, dass es nicht bloß neue Entwürfe werden durften. Nein, es musste etwas Besonderes, etwas Großes, etwas Außergewöhnliches sein. Roch ich da etwa mich? Vielleicht. Der Eigengeruch eines Katers staut sich in der Enge einer Umhängetasche. Ach was, Inspiration war Inspiration, egal woher sie rührte. Auf einem Skizzenblock sah ich verschwommen die Umrisse ihres letzten Entwurfes. Ich war kurz versucht, ob wir Leonardo nicht damit überführen könnten, aber das wäre doch etwas zu schwierig gewesen. Kaum denkbar, dass sich die Polizei damit beschäftigen würde, und womöglich war es nicht einmal eine der Zeichnungen, die sich dieser Kerl geklaut hatte. Nein, die Idee mit den neuen Entwürfen war schon besser. Nur würden die allein nicht reichen, denn wir hatten ein kleines Zeitproblem. Wenn es Leonardo erst einmal gelang, sich in den Olymp des Modehimmels aufzuschwingen, wäre er unangreifbar. Das wusste ich aus sicherer Quelle. Also mussten wir genau das verhindern. Dafür brauchte ich Leonie – und sie mich. Ach ja, das hatte ich schon erwähnt. Sie musste mir die Kollektion erschaffen, mit der wir Leonardo an die Wand spielen konnten. Und ich würde ihr das Parkett ebnen, diese Kollektion vorzuführen. Statt sie als Designerin bei einem Label unterzubringen – wobei hier ohnehin nur Robertico infrage käme – und gerade der fiel aufgrund der jüngsten Differenzen und Skandale mit Leonardo aus – musste sie ein eigenes Label auf die Beine stellen. Eines, das wir so kreieren konnten, dass es zu Leonardos Grab wurde. Mein Schwanz zuckte vor boshafter Schadenfreude. Ein bisschen quälte mich ja das schlechte Gewissen, dass ich Leonie dafür missbrauchen musste, aber ich tröstete mich mit dem Gedanken, dass sie unterm Strich etwas davon haben würde. Wenn alles gut lief, sogar mich – als Sahnehäubchen obendrauf. Wer könnte dazu schon nein sagen? Tjaaa, wie verkaufte ich der Süßen nur, dass sie sich von Gala-Roben und edlen bodenlangen Gewändern verabschieden musste? Ihre Kollektion brauchte eindeutig den maskulinen Touch. Konnte sie das überhaupt? Ich hoffte. Damit stand und fiel der Plan, der in mir reifte. Und mit meiner Überzeugungskraft gegenüber der Vollstreckerin. Welche der beiden Hürden die größere sein würde, vermochte ich nicht zu sagen. Aber ich musste es drauf ankommen lassen.

Beschwingt eilte Leonardo die Stufen seiner Villa hinab. Sehr tief hinab in einen Bereich, der sogar für seine engsten Mitarbeiter tabu war. Er würde jedem den Hals umdrehen, der es auch nur wagen sollte, sich hierher zu verirren. Ihn wie einen Wurm zertreten, ehe er es ausplaudern könnte, denn niemand – absolut niemand – durfte dahinterkommen, was ihm gelungen war. Dieses Geheimnis würde er hüten. So lange, bis ihm niemand mehr den Erfolg wegnehmen konnte.

Noch immer musste sich Leonardo selbst dazu beglückwünschen, dass ihm dieser Coup gelungen war. Es war so unwahrscheinlich gewesen und doch hatte er es geschafft. Man musste nur den richtigen Köder auslegen und sich die richtigen Leute für solch einen Job kaufen. Er hatte es geschafft. In manchem Schneider steckte eben weit mehr als eine flinke Nadel. Genauso genial war er bei diesem blonden Dummchen gewesen. Sich ihre brillanten Entwürfe unter den Nagel zu reißen war eine weitere Meisterleistung, für die er sich auf die Schulter klopfen durfte. Wie konnte man so dämlich sein, ihm ohne einen wasserdichten Vertrag Originale zu überlassen? Ein solcher Fehler musste ja bestraft werden. Es freute ihn insgeheim, dass sich sein Ruf offenbar noch nicht so nachhaltig herumgesprochen hatte, wie er befürchtet hatte. Da konnte Robertico tun und lassen, was er wollte, es gab immer welche, die zu Leonardo aufblickten und ihn für das bedauernswerte Opfer einer Rufmordkampagne hielten. Er lachte still in sich hinein. Blondchen würde das sicher nicht mehr, aber das kümmerte ihn nicht. Für diese Saison hatte sie ihm ausreichend weitergeholfen, für die nächste würde sich ein anderer Trottel finden, der sich bestehlen ließ. Falls er einen solchen dann überhaupt noch brauchte.

Er war vor der großen Eisentür angekommen, die er sorgsam verschlossen hielt. Verstohlen blickte Leonardo über seine Schulter, dass ihm keiner seiner Kobolde gefolgt war. Dieses geschwätzige Pack war ein Risiko, aber leider unentbehrlich, da flexibel und überall einsetzbar. Erst als er sich sicher war, dass er vollkommen allein in diesem unterirdischen Gang stand, drehte er den Schlüssel im Schloss und stieß die Tür zu seinem privaten Atelier auf.

Neben einem riesigen Zeichentisch und Dutzenden von Kleiderpuppen, die in sündhaft teure Garderobe aus magischen Materialien gekleidet waren, beherrschte vor allem ein großer, runder Käfig, der an einer dicken Kette von der Decke hing, den Raum.

„Einen wunderschönen guten Abend, Verehrteste. Ich sehe, Ihr erfreut Euch bester Gesundheit." Was sicher daran lag, dass der Käfig in regelmäßigen Abständen in das große Becken getaucht wurde, das darunter lag.

Ein drohendes Zischen wallte als Antwort zu ihm herunter. „Ja, ja." Er winkte ab. Das leere Drohen dieser Schlange kümmerte ihn nicht. Solange sie sicher hier bei ihm verwahrt war, konnte ihm nichts passieren. Das seltene Metall beraubte sie ihrer Fähigkeiten und er konnte es sich erlauben, ein wenig über die Stränge zu schlagen. Sie war sein Pfand, dass ihn niemand zur Rechenschaft zog, und gleichzeitig die Quelle der Macht, die er sich angeeignet hatte. Welch eine Ironie, sie schützte ihn sogar davor, dass man ihm ihren Raub zur Last legte. Auf so etwas musste man erst einmal kommen.

„Vielleicht interessiert es dich, dass dein Verschwinden nicht gänzlich ungesühnt geblieben ist", erklärte er, während er sich seinem Skizzenbrett zuwandte. Schön und gut, wenn man sich einige Entwürfe zusammenklaute, die besonders vielversprechend waren, aber er besaß ein zu großes Ego, als dass er sie nicht mit seiner eigenen Handschrift hätte perfektionieren wollen.

„Nichts wird ungesühnt bleiben", grollte sie.

Leonardo schürzte die Lippen. „Genau. Aus diesem Grund sitzt du da oben in der Patsche. Es bleibt eben auch nicht ungesühnt, mein Genie beschneiden zu wollen."

„Meine Macht ist nicht für dich gedacht. Du wirst den Preis dafür bezahlen. Man sollte sich nie mit den falschen Leuten einlassen."

Ihre Worte waren erbärmliche Versuche, ihn aus der Ruhe zu bringen. Verschwendete Energie. Schwungvoll drehte er sich auf seinem Stuhl, bis er ihr direkt entgegensah.

„Weißt du, genau genommen habe ich mich nur deswegen mit dir eingelassen. Ich gebe zu, nicht freiwillig – von deiner Seite aus. Aber sehr effektiv. Hätte mir schon früher jemand gesagt, wie einfach die Sache werden würde, hätte ich das längst in Angriff genommen und könnte einige Schritte weiter sein. Aber manchmal braucht es eben Geduld. Die wirst du nun auch haben müssen. Für eine lange, lange, lange Zeit."

Er kehrte zu seiner Arbeit zurück. Ihr Pech, wenn sie sofort das Diskutieren anfing. Dann würde er ihr eben nicht erzählen, dass Sage für ihn über die Klinge gesprungen war. Zu dumm, dass der Kater sich bei seinem Ablenkungsmanöver hatte erwischen lassen. Doch das sollte nicht sein Problem sein. Wenn er klüger gewesen wäre, könnte Sage jetzt eine lukrative Stellung an seiner Seite innehaben. So aber … für Katzen hatte er keine Verwendung.

Bald schon. Bald würde er der größte Modeschöpfer des Planeten sein und seine Mode würde mehr bewirken als Menschen einzukleiden. Und die Menschen würden keine andere Wahl mehr haben, als seine Mode zu kaufen. Besondere Mode. Einmalige Mode. Designerstücke der speziellen Art. Ein boshaftes Lachen hallte von den Wänden der Kammer wider. Oh ja, wahrliche Designerstücke. Sie würden schon sehen. Solche Stücke gab es kein zweites Mal auf dieser Welt.

Fußnote Ulanda: Ich bedaure zutiefst, dass Leonardo mir so entglitten ist, dass ich derzeit weder weiß, wo er ist und was er tut — noch, wie er es geschafft hat, sich gänzlich von mir zu lösen. Er war einer meiner Höchsten. Ein Engel, wohl wahr, der seinesgleichen suchte. Doch es kam, wie es immer kommt — je höher sie sich aufschwingen wollen, umso tiefer ist der Fall. Leonardo fand den Wandel in eine dunkle Seele offensichtlich reizvoller. Leider muss ich ihn enttäuschen, falls er dies für einen besonders großen Coup hält, denn Luzifer hatte diesen Trick schon ein paar tausend Jahre früher drauf, und ich weiß nicht, wie empfindlich der Herr der Finsternis bei einer Copyrightverletzung ist.

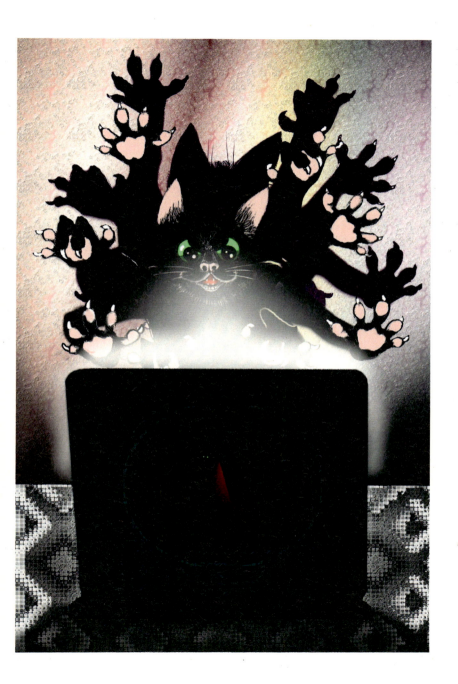

GUT GEPLANT IST HALB GEWONNEN

Kapitel 4

Mit Drang zur Tat

„Aufstehen! Los, nicht so müde. Kommst du immer so langsam in die Puschen?"

Das unsanfte Wecken ließ mich verwirrt blinzeln. Beim Blick in ein grünes Augenpaar erschrak ich im ersten Moment, bis mir wieder einfiel, dass ich vierbeinigen Besuch mit aufs Zimmer genommen hatte.

„Guten Morgen. Was hat man dir denn in die Frühstücksmilch getan?" Ich streckte mich ausgiebig und schlug die Decke zurück. „Tststs, Milch ist gut. Als ob es hier welche gäbe", meinte Sage schnippisch, sprang aber hinter mir her ins Badezimmer.

Das ging zu weit! Schließlich war er ein Kerl. Egal, ob Kater oder Mensch.

Entschieden nahm ich ihn hoch und platzierte ihn, seinen Protesten zum Trotz, vor der Tür. „Ich dusche allein", stellte ich klar.

„Man wird ja wohl noch schauen dürfen." Widerwillig fügte er sich und setzte die Unterhaltung durch die Abtrennung fort. „Ich habe einen Plan", offenbarte er mir. „Denkst du, du kannst in ein paar Tagen neue Entwürfe anfertigen?"

„Das sollte kein Problem sein. Block und Stifte habe ich."

„Ich weiß, das war der Auslöser für meine Idee. Die Essenz von Wachs und Talkum aus deiner Zeichentasche hat mich inspiriert."

„Aha! Aber was soll das bringen? Ich hab schon alle Labels abgeklappert. Die lassen mich nirgends vorsprechen."

Sage gab einen undefinierbaren Laut von sich.

„Das überlass mal mir. Wenn mein Plan funktioniert, werden sie sich bald schon darum reißen, einen Termin mit dir vereinbaren zu dürfen. Wie viel Geld hast du?", wollte er wissen.

Ich überschlug im Kopf meine Finanzen. „Mhm. Das Geld für die Rückfahrt nach Hause nicht mitgerechnet, etwa vier Dollar."

„Perfekt. Das Rückfahrticket wirst du eh nicht brauchen. Wie gesagt, ich habe einen Plan."

Verdutzt schaute ich durch den Türspalt hinaus. Sages grüne Augen leuchteten wie geschliffene Smaragde. Wäre er kein Kater gewesen, ich wäre vor Scham im Boden versunken, so von ihm angestarrt zu werden. „Sobald du wieder in vorzeigbarem Zustand bist, gehen wir in ein Internetcafé. In Ermangelung eines Laptops bleibt uns nichts anderes übrig. Das am Bahnhof. Da gibt es einzelne Kabinen."

Ich sah ihn verständnislos an und er verdrehte die Augen. „Na ja, so wie du dich gestern Abend über einen sprechenden Kater gewundert hast, was denkst du, wie die Leute auf einen reagieren, der im Internet surft?"

„Sage, ich kann so ein Ding kaum bedienen", wandte ich ein.

„Dann lernst du es eben", blieb er ungnädig. „Ich zeig dir schon, wie. Wer von uns beiden will denn groß rauskommen?" Als er meinen zweifelnden Gesichtsausdruck bemerkte, schnaubte er unwirsch. „Also gut. Im Notfall springe ich eben ein. Mit der Zwei-Pfoten-Technik."

Die Blicke der Leute im Internetcafé waren unbezahlbar, als ich mit meinem Kater im Schlepptau dort ankam, um eine der Kabinen für eine Stunde zu mieten. Länger würden wir nicht brauchen, meinte Sage. Der hatte ja keine Ahnung, was für ein Loser ich sein konnte, wenn es um Computer ging.

Kaum hatte ich den Laden betreten, der weder Esprit noch Haute Couture verströmte, fiel dem erstbesten User der Coffee-to-go aus der Hand, während ein Teenie-Mädchen mit mehr Metall als Stoff am Körper die Augen so weit aufriss, dass man fast schon den buchstäblichen Blick in ihre Seele werfen konnte. Okay, ich sah vermutlich aus wie eine Hexe, da Sage es sich auf meiner Schulter bequem gemacht hatte. Netterweise behielt er die Krallen eingefahren und balancierte äußerst geschickt, um nicht herunterzufallen.

„Guten Tag, ich würde gerne einmal ins Internet", sagte ich zu dem pickligen jungen Mann, der hinter einer Art Tresen saß und die Kabinen zuteilte. Er blickte von seinem Rechner auf, als ob er gerade aus einer anderen Welt hergebeamt worden wäre. Seine Augen waren klein, ich war mir nicht sicher, ob es an den großen Brillengläsern lag oder an dem fortwährenden Blick in diesen viereckigen Kasten.

„Was denn sonst?", fragte er und klang dabei wie eine Bandansage. Ich wusste schon, warum ich mit diesen Typen nichts am Hut hatte. Es hätte ja auch die Möglichkeit bestanden, dass ich nach dem Weg fragen wollte. Oder dem neuesten Videospiel. Nein, Letzteres war wohl doch zu abwegig.

„Kabine 3."

Ehe ich antworten konnte, war er schon wieder entschwunden. Zumindest geistig. Ich sparte mir den Versuch, erneutl Kontakt aufzunehmen. Ich hätte gern gewusst, wie ich den PC überhaupt starten sollte, hoffte aber, dass das genauso funktionierte wie zu Hause. Das Problem war nur, dass ich praktisch keine Erfahrung mit diesem Zeug hatte. Technik war nicht meine Welt. Ich fühlte mich wohl mit Stiften und Papier. Aber nun denn, zur Not hatte ich ja immer noch Sage.

„Das Ding ist ja an", stellte ich überrascht fest.

„Natürlich ist es an." Ich konnte Sage zwar nicht sehen, war mir aber sicher, dass er erneut die Augen verdrehte, weshalb ich mir schrecklich dumm vorkam.

„Ich habe doch gesagt, dass ich mich mit so etwas nicht auskenne."

Er ließ ein lang gezogenes Seufzen hören. Seufzende Katzen – Pardon: Kater – verwirrten mich.

„Was machen wir jetzt?"

„Wir kreieren dir ein Label."

„Ach so. Ja klar. Dumme Frage." Ich legte meine Finger auf die Tastatur und wollte mich ein weiteres Mal für meine Unwissenheit schämen, als seine Worte erst richtig in meinen Verstand sickerten. „Wir machen *was?*"

„Pscht!", zischte Sage. Wissen Sie, wie komisch das aussieht, wenn ein Kater "pscht" macht? „Nicht so laut, es muss ja keiner mitbekommen! Jetzt mal flott, wir haben nur eine Stunde Zeit."

Flott sagte der. Ich war schon froh, wenn ich überhaupt irgendeine Taste auf dem Ding fand. Wie kam ich gleich ins Internet? Gott, die Bildchen und der Pfeil … überhaupt alles verwirrte mich.

„Das kann ja wohl nicht wahr sein", stellte Sage fest. „Du hast wirklich keine Ahnung von den Dingern."

„Sag ich doch." Etwas anderes zu behaupten käme mir nicht in den Sinn.

„Mach mal Platz!"

Er sprang von meiner Schulter auf die Tastatur. „Ach! Nein! Mist!", schimpfte er, als der Computer protestierende Laute von sich gab.

„Du machst noch was kaputt!"

„Musst du gerade sagen", wies er mich zurecht. „Nimm mich auf deinen Schoß."

„Aber nur, weil du ein Kater bist."

Er schnurrte vielsagend. „Keine Sorge, wir hätten jetzt sowieso keine Zeit für so einen Quatsch."

Ich musste mich erinnern, dass ich hier mit einem Kater sprach und diese Anzüglichkeiten nicht ernst nehmen durfte. Dennoch bekam ich rote Ohren.

Sage hämmerte derweil mit seinen beiden Vorderpfoten schneller auf die Tasten, als ich blinzeln konnte. Schon öffnete sich eine Seite mit einem Formular, in das man tausend Daten eintragen musste.

„Gut", meinte Sage. „Dann mal los. Name: Leonie Fellon. Geburtsdatum? Adresse? Familienstand?"

Ich nannte ihm brav, was er wissen wollte.

„Irgendwelche Altlasten?"

„Altlasten?"

„Schulden, Vorstrafen, vielleicht ein toter Ehemann?"

„Sage!"

„Was denn? Das steht hier."

„Das mit dem Ehemann?"

Er kicherte. Ein kichernder Kater. Unmöglicher Kerl. Ich beobachtete, was er da tat und kraulte ihm gedankenverloren die Ohren, was ihm wohlige Laute entlockte. Dennoch wehrte er mich ab.

„Nicht! Da kann sich doch kein Mann konzentrieren, wenn du so was machst."

„Entschuldige. Hab nicht so viel Erfahrung damit."

Er hielt kurz inne. „Mit Männern?"

Ich druckste herum. Aber er war schließlich nur ein Kater und würde es keinem weitererzählen.

„Auch das."

Ein Räuspern erklang.

„Was?"

„Mhm", kam es gedehnt von ihm. „Ich will jetzt nicht näher darauf eingehen, aber wenn du meinst, was ich denke, dass du es meinst, dann wundert es mich nicht mehr, dass du Leonardo auf den Leim gegangen bist."

Mich überkam das Bedürfnis, mich zu rechtfertigen, aber ich wusste nicht wie. Und warum überhaupt. Es war ja nicht meine Schuld, dass es in Sachen Liebe nicht allzu rosig bei mir lief. Na ja, vielleicht war es doch meine Schuld. Man musste eben Prioritäten setzen und ich hatte der Mode und meinem Traum von der großen Designer-Karriere klar den Vorzug gegeben. Nicht Hochzeit – Hausfrau – Mutter.

Erneut erklang ein Räuspern von meinem Schoß. Für einen Moment hatte ich das Gefühl, dass Sage noch etwas dazu sagen wollte, aber ich hatte ja nur gedacht, nichts gesagt. Und er tippte weiter Buchstaben und Zahlen in den Computer. Oder ins Internet. Was auch immer. Mir war das alles einerlei. Ich war froh, dass er mir das abnahm.

„Was wäre ein guter Name für dich? Er muss reinhauen, so viel steht fest. Aber er muss auch passen. Zu dir. Zu uns."

Uns?! Wie er das sagte, klang es so … so … verschwörerisch.

„Ich hab's." Okay, wenn Kater mit der Pfote schnipsen, ist das noch komischer, als wenn sie *pscht* machen. „Leo Felice. Na, wie findest du das? Klingt das nicht nach ganz großer Bühne? Nach Katze? Großer Katze? Und es beinhaltet dennoch deinen bürgerlichen Namen. Ja, das ist genau das, was wir brauchen."

Seine Frage nach meiner Zustimmung musste rhetorisch gewesen sein, denn entweder hatte er meine Gedanken schneller gelesen, als ich mir ihrer bewusst werden konnte, oder er setzte sich darüber hinweg, egal, was ich sagen würde. Er hatte auf *Speichern* gedrückt, ehe ich hätte protestieren können.

„Jetzt fehlt nur noch ein Lebenslauf."

„Ähm. So wie bei einer Bewerbung? Warte, ich habe, glaube ich, einen in meiner Tasche …"

Er drehte den Kopf und funkelte mich mit seinen grünen Augen an. Wirkte ein bisschen ärgerlich. „Meine Güte, wie hast du es nur geschafft, bis hierher zu kommen? Lass mich raten, es war Zufall! Oder du bist auf dem Weg nach Paris einmal falsch abgebogen?"

„Was?"

Er seufzte noch einmal laut und vernehmlich.

„Wir brauchen einen Lebenslauf, der es so richtig krachen lässt. Der dich ins rechte Licht rückt. Nicht die ‚ich war Näherin in Idaho'-Nummer. Himmel, sei doch nicht so schwer von Begriff."

„Und was war das mit Paris?"

„Vergiss es."

„Aber ich möchte nicht lügen."

Er ignorierte mich und tippte irgendetwas, das ich auf dem Bildschirm mühsam mitzuverfolgen versuchte. Dummerweise flogen die Zeilen nur so dahin. Er tippte auf jeden Fall schneller als ich lesen konnte. Ich erwischte nur Brocken.

Fünf Monate Styleberatung bei Cartier.

Cartier?! „Findest du das nicht arg dick aufgetragen?"

Er rollte die Augen. „Wie kann man nur so ekelhaft ehrlich und bescheiden sein?"

Diesmal war ich es, die ihm einen skeptischen Blick mit hochgezogenen Augenbrauen zuwarf.

„Sei mir nicht böse, aber mit deinem echten Lebenslauf fängst du nicht mal eine Makrele, geschweige denn die großen Fische."

Ich blieb hart und schürzte die Lippen. Missmutig löschte Sage einen Buchstaben wieder. „Also gut, dann schreib ich ein Jahr Designassistenz bei Catier. Den meisten wird das fehlende R nicht auffallen, oder sie halten es für einen Tippfehler. Das öffnet dir immer noch jede Menge Türen."

„Ich will aber nicht mit Betrug ..."

Nun drehte sich Sage vollständig zu mir um, setzte sich auf seine Hinterpfoten und blickte mit zuckendem Schwanz zu mir auf. „Schätzchen, jetzt hör mir mal zu. Du willst in die Modebranche. Und du willst Rache nehmen an dem größten Verbrecher, der in ihr herumläuft. Ein bisschen schwindeln ist nichts weiter als ein Kavaliersdelikt. Nein ... sogar nichts weiter als ein Kinderstreich. Also reg dich ab. Willst du deinen Weg gehen oder nicht? Wenn nicht, sag es gleich, dann such ich mir jemand anderen, für den ich den Helden spielen kann."

Ich war perplex. Meinte er das ernst? Eine Spur Enttäuschung machte sich in mir breit, da sah er mich umso eindringlicher an. „Schnucki, das hier ist nicht Idaho. Das ist auch kein Spiel. Die Modebranche ist ein Haifischbecken und offen gestanden hast du dich mit dem großen Weißen angelegt, indem du Leonardos Weg gekreuzt hast. Entweder du ziehst das jetzt durch und holst dir zurück, was dir gehört. Oder aber ich lösche diese ganzen Eingaben hier wieder, du setzt dich in dein Flugzeug oder einen Bus und wir vergessen, dass wir uns je begegnet sind."

Mir lief ein kühler Schauder über den Rücken. Sage hatte so einen Blick drauf ...

„Und? Willst du es ihm heimzahlen oder nicht? Gestern Abend dachte ich, du würdest ihn am liebsten an ein Kreuz nageln oder so."

Ich runzelte die Stirn, innerlich war ich hin- und hergerissen. „Ich weiß nicht. Dann bin ich nicht besser als er. Lügen, betrügen."

„Du schadest aber niemandem", stellte Sage klar. „Außer vielleicht diesem eingebildeten Paradiesvogel. Dem ich liebend gern ein paar Federn rupfen würde. Ein paar sehr wichtige Federn."

Darüber musste ich lachen, was zumindest den Anflug von Kälte vertrieb. „Das ist trotzdem nicht legal."

„Na und? Darauf kommt es momentan nicht an. Außerdem, sieh es mal so: Du flunkerst nur ein kleines Bisschen. Nein, eigentlich gar nicht, du … nimmst die Dinge nur vorweg. In einigen Wochen – wenn mein Plan aufgeht – *bist* du die gefeierte Designerin. Da kannst du jetzt guten Gewissens so tun. Wird ja ohnehin wahr."

Katzenlogik!

„Also gut. Weil ich dir vertraue."

„Braves Mädchen. Du wirst es nicht bereuen, darauf gebe ich dir mein Katzenehrenwort."

„Es gibt da nur ein Problem."

„Ja?"

„Ich spreche kein Wort Französisch. Wie soll mir da einer abnehmen, dass ich in Paris gearbeitet habe?"

Sage seufzte enerviert. „Okay, auch dafür überlege ich mir was. Ich sehe schon, das wird ein Großprojekt. Wie gut, dass ich in der nächsten Zeit nichts Besseres vorhabe."

Mit einem letzten Pfotenschlag ließ er seine soeben erschaffene Kreation in den Drucker fließen. Zerknirscht nahm ich zur Kenntnis, dass dies ein zusätzlicher Anschlag auf mein Budget war, das zusehends dahinschmolz. Was sollte ich bloß tun, wenn Sages Plan nicht funktionierte? Nach Hause laufen? Oder trampen und Opfer eines zwielichtigen Fernfahrers werden, der in Wahrheit die Wiedergeburt von Jack the Ripper war und mich erst vergewaltigen und dann mit aufgeschlitzter Kehle irgendwo neben dem Highway entsorgen würde? Mich schüttelte es bei dieser Vorstellung.

„So, dann müssen wir jetzt nur noch zur Registrierungsbehörde", eröffnete mir mein schwarzfelliger Begleiter.

„Welche Registrierungsbehörde?"

„Na die, bei der du dein Label registrieren lässt."

„Haben wir das denn nicht gerade getan?" Ich verstand nur Bahnhof.

Sage blickte kurz nach oben, als hoffte er auf göttliche Hilfe, entschied sich dann aber offenbar anders und schüttelte seufzend den

Kopf, ehe er mich streng ins Auge fasste. „Goldlöckchen, wir haben dir eine Identität verschafft, aber Urkundenfälschung ist nicht mein Metier. Registrieren lassen müssen wir dich ordnungsgemäß, sonst darfst du nicht als Designerin arbeiten und schon gar nicht auf die Modenschauen gehen, um dort deine Modelle zu präsentieren." Die ich ja nicht einmal vorweisen konnte. „Sobald wir den Papierkram hinter uns gebracht haben, gehörst du zum gehobenen Kreis der angesagten Designer für diese Saison. Der Rest wird ein Kinderspiel."

Seinem Optimismus war nichts entgegenzusetzen. Ich klammerte meine Hoffnung daran, etwas anderes blieb mir sowieso nicht übrig, zumal der Inhalt meiner Geldbörse weiter kontinuierlich schrumpfte. Ich beglückwünschte mich auf der staatlichen Behörde für Unternehmensgründung, auf der ich mich offiziell als Designerin registrierte, dazu, dass ich den Weg dorthin zu Fuß zurückgelegt hatte, denn wenn ich den Bus genommen hätte, wäre ich nicht mehr in der Lage gewesen, die fällige Gebühr zu entrichten und diese musste sofort und bar bezahlt werden. Das hätte Sage mir wirklich vorher sagen können. Er wunderte sich, dass ich die Behörde wütend wieder verließ, obwohl die Miss am Schalter doch so nett gewesen war. Immerhin blieb er einige Meter hinter mir, weil er wohl merkte, dass er sonst Gefahr lief, meinen Frust abzubekommen. Aber selbstverständlich war ich frustriert, dass ich seit fünf Minuten nicht mehr in der Lage war, mir etwas zu essen zu kaufen, geschweige denn das Zimmer in der Pension zu bezahlen. Ich war ab sofort obdachlos. Die kommende Nacht würden wir auf der Parkbank schlafen müssen und ich hatte nicht einmal mehr drei Dimes übrig, um mir eine Zeitung zum Zudecken zu organisieren.

Jedenfalls erübrigte sich damit die Frage, ob ich legal oder illegal an mein Ziel kommen wollte, ich hatte keine Wahl mehr. Am besten suchte ich den nächstbesten Weg zu irgendeiner Brücke.

„Du weißt nicht zufällig, wo ich mich schnellstmöglich zu Tode stürzen kann, bevor ich ein erbärmliches Ende nehme?", wandte ich mich in Ermangelung von Alternativen an Sage. Eigentlich wollte ich gar nicht mehr mit ihm reden, aber jeder andere hätte mich vermutlich in eine Nervenheilanstalt einweisen lassen, um mein Vorhaben zu boykottieren.

„Findest du ein solches Ende etwa nicht erbärmlich?", fragte er ungerührt. Himmel, ich hätte losheulen können vor Verzweiflung.

„Immer noch besser als zu verhungern, zu verdursten, zu erfrieren oder von einem Triebtäter um die Ecke gebracht zu werden."

Sage blieb stehen und blickte mich mit gerunzelter Katzenstirn an. „Warum sollte etwas davon passieren?"

Hilflos warf ich die Hände gen Himmel und sandte ein Stoßgebet hinauf. Und das, obwohl ich nicht gläubig war. „Sage, ich habe keinen Penny mehr in der Tasche. Ich bin jetzt eine echte Designerin, super. Mit einem gefälschten Background, toll. Aber es nutzt mir rein gar nichts. Ich weiß nicht einmal, wo ich heute Nacht schlafen soll. Hoffentlich darf ich überhaupt meine Sachen aus der Pension holen. Genau genommen könnten sie die als Pfand einbehalten, weil ich meine heutige Miete nicht mehr zahlen kann."

Er machte große Augen, was mich schon wieder ein wenig besänftigte. Offenbar war ihm das Ausmaß meiner Tragödie nicht bewusst gewesen.

„Kann ich dich mit einer Entschädigung versöhnen?"

„Die müsste es schon in sich haben. Mit einem Keks ist es jedenfalls nicht getan."

Mein kleiner schwarzer Schatten legte seinen Kopf von einer Seite zur anderen und schien zu grinsen. Warum nur musste ich plötzlich an Alice im Wunderland und die Grinsekatze denken?

„Ich glaube, ich könnte dir aushelfen. Mit einer Bleibe."

Meine Augenbrauen schossen so hoch, dass ich sie quasi am Haaransatz kribbeln fühlte.

„Wie meinst du das?"

Er kam auf mich zu und strich mir um die Beine. „Na ja, ich kenne da jemanden, der von einem weiß, der seine Wohnung gerade nicht braucht und ... wenn du lieb Bitte sagst, könnte ich ihn fragen, ob er sie uns überlässt. In seinem Kühlschrank findet sich bestimmt auch noch was Besseres als ein Keks."

Kapitel 5

Home, sweet Home

Puh! Leonie war schon eine harte Nuss, das muss ich an dieser Stelle sagen. Da riss man sich den A... pardon: den Katzenpopo für sie auf und wie dankte sie es mir? Machte einen auf beleidigt. Als ob Geld alles wäre im Leben. Hatte sie allen Ernstes gedacht, man bekäme ein Modelabel umsonst? Okay, ihre verspäteten Argumente, es hätte gereicht, als Designerin aufzutreten, man müsse ja nicht gleich ein eigenes Label haben, war schon nicht von der Hand zu weisen. Aber darüber hatte ich nachgedacht und es verworfen. Wie sollte ich sie unterbringen? Und vor allem, bei welchem anderen Label? In der kurzen Zeit? Unmöglich. Außerdem hielt ich mich nun mal nicht gerne mit Kleinigkeiten auf. Wenn schon, denn schon. Aber ich hatte auch noch nie Geldprobleme. Meine Probleme waren ganz anderer Natur und um die zu lösen musste man eben Opfer bringen. Es war schließlich nicht so, dass sie nichts davon gehabt hätte. Aber immerhin, ich glaubte, sie mit meiner bescheidenen Bleibe vorläufig versöhnen zu können. Ich brauchte sie derzeit nur bedingt, dennoch würde es schön sein, wieder dort zu wohnen. Viel anfangen konnte ich damit nicht. Das Ding war zwar edel und riesig, aber das entscheidende Accessoire fehlte: die Katzenklappe. Darüber hatte ich mir bis vor wenigen Wochen keine Gedanken machen müssen, da wechselte ich meine menschliche und tierische Gestalt, wie es mir beliebte. Aber jetzt ...

Vielleicht konnte ich Leonie überreden, dass sie eine einbauen ließ. Ich würde sie natürlich bezahlen. War ja meine Bude. Ich hätte selbst längst darauf kommen sollen, aber an so etwas dachte man eben immer erst zuletzt. Derzeit konnte ich solche Dinge nur leider schlecht organisieren. Stellen Sie sich mal vor, es kommt eine Katze in den Baumarkt und sagt: „Ich hätte gerne eine Katzenklappe. Können Sie die bitte gleich montieren? Ich bin nicht so geschickt mit den Pfoten." Die würden mich hochkant rausschmeißen.

Egal, um das Problem des Zugangs musste ich mich später kümmern. Bis dahin tat es ein offenes Fenster. Hauptsache, Goldlöckchen war erst mal wieder besänftigt, denn ich brauchte sie genauso wie sie mich, nur dass ich das schon besser kapiert hatte als sie. Aber ich war auch wissensmäßig klar im Vorteil.

Auf dem Weg zu meinem Zuhause erwies es sich als Glück, dass Leonies Hab und Gut überschaubar war, denn wir hatten nicht einmal genug Geld für ein Taxi oder die U-Bahn. Es hieß laufen! Und da die Pension und meine Residenz an den gefühlt am entferntesten voneinander liegenden Punkten von New York City lagen, war es nicht das Schlechteste, mit wenig Gepäck zu reisen. Außerdem beglückwünschte ich Leonie zu ihrem guten Schuhwerk. Ihre Stiefel waren für den langen Marsch deutlich besser geeignet als die High Heels, mit denen viele ihrer Geschlechtsgenossinnen sich freiwillig abquälten, weil der Modezirkus behauptet, dass es sexy ist. Leonie löcherte mich auf dem Weg mit Fragen, was das für ein Haus sei und wie gut ich den Besitzer kennen würde. Nicht, dass sie am Ende in die vier Wände eines Verbrechers zog. Na, die hatte Sorgen. Unbescholten war ich derzeit zwar nicht, aber ich hatte sowieso nicht die Absicht, ihr auf die Nase zu binden, dass wir in mein eigenes Zuhause ziehen würden. Welcher Kater kann schon ein eigenes Haus vorweisen? Und dann müsste ich ihr die Bilder dieses verdammt gut aussehenden Kerls erklären, die da überall herumhingen. Okay, ich hätte behaupten können, dass ich sein Haustier bin, aber es missfällt mir, mich als mein eigenes Haustier zu verkaufen. Ein wenig Stolz muss mir zugestanden werden. Es reicht schon, wenn ich mein „Home, sweet Home" als Residenz eines guten Freundes verkaufen muss, der gerade auf den Laufstegen von Mailand und Paris unterwegs ist.

Hach ja. Erlauben Sie mir, dass ich einen kurzen Moment in Erinnerungen schwelge. Ich habe nichts anderes zu tun und es lenkt mich ein wenig von diesen enervierenden Fragen ab. Katern sieht man es nach, wenn sie geistig mal kurz abwesend sind.

Paris – die Stadt der Liebe. Also dort wüsste ich etwas anderes mit unserem kleinen Felice-Kätzchen anzufangen. Aber wir sind nicht in Paris und ich nicht das meistgefragte Männermodel der Saison, sondern wir sind in New York und ich bin nur ein streunender schwarzer Kater. Dabei gehörten die Laufstege buchstäblich mir. Oder die große Treppe von Mailand. Ich will ja nicht eitel klingen, aber da gab es keine Lady, die sich nicht den Hals nach mir verrenkt hatte. Doch ich war immer Gentleman. Das will ich hier mal betonen. Ich meinte das ernst, was ich zu Leonie gesagt habe. Ich bin kein Kater für eine Nacht. Flirten ist okay, aber wenn's ernst wird … da muss schon das Herz dabei sein. Bin halt ein unverbesserlicher Romantiker. Nur erzählen Sie das bitte nicht weiter, das versaut meinen Ruf. Sollen ruhig alle glauben, dass es stimmt, wenn das eine oder andere Mädel von heißen Nächten mit mir schwärmt, die es aber nur in seinen Träumen erlebt hat. Ganz ehrlich, meine wirklichen Eroberungen halten sich im Rahmen und an alle habe ich die besten Erinnerungen. Wir hatten immer eine schöne Zeit.

Kennen Sie diese Bilder mit den zwei Katzen auf der Mauer vor dem Vollmond, deren Schwänze ein Herz bilden? Ich bin eine davon. Also: einer! Das ist sozusagen mein Sinnbild, wenn Sie so wollen. Es geht nichts über ein romantisches Rendezvous im Mondschein mit lieblicher Musik und einem kleinen mitternächtlichen Picknick.

Fußnote Ulanda: Oh ja, Sage ist wahrlich ein Romantiker. Wenn er könnte, würde er den Vollmond mit einer Luftpumpe aufblasen, nur damit sein hypnotisches Licht den Damen noch mehr den Kopf verdreht. Er hat sogar mal eine Zikadenfamilie bestochen, damit sie ihm die passende Geigenmusik zu einem Rendezvous lieferte, und der Pizzabäcker von Susi und Strolch musste ihm die Urheberrechte für die berühmte Nudelszene abkaufen. Sage ist Romantik pur, ich würde mir nur wünschen, dass er sie nicht ständig zur Suche, sondern endlich mal zum Finden seiner großen Liebe benutzte. Vielleicht sollte ich ihm ein Navigationsgerät schenken, sonst wird das nichts mehr.

So, nun habe ich aber leider keine Zeit mehr zum Plaudern, denn es muss ja weitergehen. Wir waren da! Leonie stand an meiner Seite vor dem Tor zu meinem großen Garten, an den sich meine hübsche Stadtvilla anschloss. Sie wirkte beeindruckt, was mich zugegebenermaßen freute.

„Hier?", fragte sie noch mal nach.

„Ja, hier!" Es gelang mir nicht, den Stolz aus meiner Stimme zu verdrängen. Den Wergöttern sei Dank, fiel ihr das aber derzeit nicht auf. Sie war viel zu sehr damit beschäftigt, die Details in sich aufzusaugen. Vermutlich hatte sie noch nie so nobel gewohnt. Hach ja, meine Süße. Wenn alles so lief, wie ich mir das vorstellte, bestand durchaus die Möglichkeit, dass sie bis ans Ende ihrer Tage hierbleiben durfte, wenn sie denn wollte. - Hatte ich das wirklich gerade gedacht? Sollte ich mich so schnell verliebt haben? Ein kleines Bisschen vielleicht. Oder auch ein bisschen mehr. Sie hatte irgendwie mein Herz berührt und süß war sie ja sowieso.

Zögernd folgte sie mir, nachdem ich ihr den Code für das Tor gegeben hatte und dieses ordnungsgemäß vor uns aufschwang.

„Erschreck dich nicht, es könnte etwas unordentlich aussehen. Ich glaube, es war eine Weile keiner mehr im Haus."

Eine Weile war gut. Einige Wochen. Aber dafür war niemand dort gewesen, der Dreck hätte machen können. Die größte Hürde war sicher der Kühlschrank. Ich konnte mir nicht vorstellen, dass noch etwas Genießbares darin war. Wieder nichts mit der Milch. Und Katzenfutter gab es ebenfalls nicht, obwohl dies eine Beleidigung für meinen Gaumen gewesen wäre, aber im Augenblick hätte ich fast alles gegessen, was keine Maus oder Ratte war. Vielleicht fand sich eine Tiefkühlpizza im Gefrierfach. Die konnte man zumindest kameradschaftlich teilen.

Gut, dass ich immer einen Reserveschlüssel unter der Goblin-Figur versteckte, sonst wären wir nicht ins Haus gekommen. An meinen Schlüsselbund hatte ich nicht gedacht. Der lag dummerweise in Roberticos Villa. Es sei denn, Ulanda hatte ihn zusammen mit meinen anderen Sachen mitgenommen, als sie mich von dort entführt und vor Gericht gestellt hatte. Aber ich will nicht vorgreifen. Zurück zu Leonie. Die Haustür schwang lautlos nach innen auf und ich huschte vor meiner Freundin hinein. Ah, es tat so gut, wieder zu Hause zu sein. Der vertraute Duft, die heimelige Atmosphäre. Es war ein wunderbares Gefühl, durch meine eigenen Räume zu wandern, ein Gefühl der Sicherheit. Auch wenn es erst mal nur die kleine Empfangshalle und das angrenzende Wohnzimmer waren. Eine Hausführung konnten wir später vornehmen, jetzt wollte ich in die Küche. Leonies Magen knurrte vernehmlich.

„Stell dein Zeug einfach ab. Ich zeig dir nachher dein Zimmer. Lass uns nachsehen, ob wir was Essbares auftreiben."

Sie folgte mir zögernd. Ungeduldig scharrte ich an der Tür zum Gefrierschrank, die sie daraufhin öffnete.

„Bingo!" Es lag Pizza im Fach. Leonie bekam glasige Augen und ich sah, wie ihr buchstäblich das Wasser im Mund zusammenlief. Weitere Erklärungen waren unnötig und eine halbe Stunde später genossen wir die Mafiatorte, als wäre sie ein Fünfsternemenü.

Die Rückkehr in mein Haus hatte für mich aber weitere als nur kulinarische Vorzüge. Ich verfügte hier über wichtige Utensilien. Wie zum Beispiel den nicht unwesentlichen Zugang zur Schattenwelt. Nein, nein, keine Sorge. Das ist weder eine finstere Kaschemme noch die Heimat irgendwelcher Zombies und Dämonen, obwohl so mancher hier schon recht schräg daherkommt. Die Schattenwelt ist praktisch unsere Heimat, wo alle Geschöpfe der Nacht herkommen. Vampire, Geister, Gestaltwandler, Kobolde und so weiter. Und wir sind alle nett! Das will ich hier mal verdeutlichen. Ihr Menschen wärt ohne uns ganz schön aufgeschmissen. Okay, das eine oder andere schwarze Schaf gibt es, aber wo ist das nicht der Fall? In der Schattenwelt residiert jedenfalls Ulanda. Und ich musste dringend zu ihr, sonst würden mir bald die Ideen ausgehen. Für fast alles brauchte man heutzutage nämlich Bares, also das, was wir gerade am wenigsten besaßen. Nachdem Leonie ihr Restguthaben für ihr Label abgedrückt hatte und ich ihr leider nicht die Vollmacht für mein Konto erteilen konnte, saßen wir beide finanziell ein wenig auf dem Trockenen. Mein Bankberater würde sich nicht von einem Pfotenabdruck auf dem Auszahlungsformular überzeugen lassen und als Kater hatte ich eine bescheidene, unleserliche Handschrift. Zum ersten Mal in meinem Leben verfluchte ich meine Aversion gegen die digitale Abwicklung von Bankgeschäften. Damit wäre vieles einfacher gewesen, aber ich traute den Firewalls und Sicherheitssystemen dieser Welt einfach nicht. Dafür hatte ich sie zu oft selbst gehackt.

Es war kluge Verhandlungstechnik gefragt. Immerhin – so fand ich – bewies ich gerade, dass ich die besten Absichten hatte, wiedergutzumachen, was durch meine Schuld aus dem Ruder gelaufen war.

Wohl war mir nicht, in die Wohnung eines wildfremden Menschen einzuziehen, auch wenn Sage sagte, es sei ein Freund von ihm. Aber Sage war ein Kater! Hatten Kater menschliche Freunde, die ihnen ihre Wohnung überließen? Der Mangel an Alternativen ließ mir keine Wahl. Außerdem war die Pizza, die wir uns gleich zum Einzug schmecken ließen, ein Argument, dem ich in meinem derzeitigen Zustand schwerlich widerstehen konnte. Meine Güte, war die lecker. Dabei war es nicht einmal meine bevorzugte Sorte.

Nach dem Essen führte mich Sage im Erdgeschoss herum, was mir zeigte, dass er schon öfter hier gewesen sein musste. Ein Indiz, das mich beruhigte. Dann war das mit dem Freund nicht gelogen, sonst hätte er sich hier nicht so gut ausgekannt. Es konnte natürlich auch sein, dass er hier bloß regelmäßig gefüttert wurde. Das untere Stockwerk beherbergte die Küche, ein Gästebad, Wohnzimmer, Wintergarten, eine kleine Bibliothek und die Empfangshalle. „Flur" wurde dem Eingangsbereich nicht gerecht.

Das Haus war unglaublich. Edel, modern, luxuriös und sehr männlich. An den Wänden im Wohnzimmer und in der Bibliothek hingen Bilder von einem nahezu göttlichen Kerl – ein Bild von einem Mann im doppelten Sinn. Ein Model. Vermutlich der Besitzer der Villa. Einerseits mochte es eitel sein, das eigene Konterfei überall aufzuhängen, aber wenn man so aussah, durfte man das. Ich konnte mir kaum vorstellen, dass der Inhaber des Hauses Bilder von einem anderen Mann aufhängen würde, es sei denn, er wäre schwul. Ich fragte Sage nach der Identität dieses Frauentraums, in der Hoffnung, dass er es wusste. Wenn so jemand meine Mode zeigen würde!

„Gefällt ... er dir?", fragte Sage. War mein Kater etwa eifersüchtig?

„Er sieht schon verboten gut aus."

Sages Ohren zuckten. „Ja, das ist S...lade. Er wohnt hier. Normalerweise."

„Und er ist Model?"

„Mhm. Eines der besten."

Ich drehte mich um. Er klang ja richtig verträumt. Offenbar mochte er den Dressman, was ihn mir sympathisch machte. Wenn der Hausbesitzer zurückkam, würde ich mich auf jeden Fall bei ihm bedanken, dass wir hier wohnen durften. Der Gedanke, diesem Mann leibhaftig gegenüberzustehen, machte mich schon jetzt nervös. Ob er in natura auch so gut aussah?

„Schon komisch, dass er als Model ausgerechnet jetzt während der Modewochen nicht hier ist."

Sage tat es gleichmütig ab. „Er hatte schon immer seinen eigenen Kopf. Und Italien ist um diese Jahreszeit echt eine Reise wert."

Ich musste schmunzeln. „Du klingst, als wärst du schon dort gewesen."

„Vielleicht", antwortete er versonnen.

„Ah, verstehe. Kater von Welt."

„Hast du was anderes erwartet?"

An Selbstbewusstsein mangelte es meinem neuen Gefährten nicht. Ich konnte ihm jedenfalls im Augenblick nicht mehr böse sein, dass er mich heute verleitet hatte, ein kleines Vermögen auszugeben.

Mein eigenes Modelabel.

Es fühlte sich immer noch unwirklich und fremd an, aber es war eine Tatsache.

„Hast du eigentlich ein Konto?", fragte mich Sage. Sein Schwanz zuckte, was ein Indiz dafür war, dass er irgendeine Idee hatte. Soviel hatte ich inzwischen schon kapiert.

„Klar hab ich ein Konto." Nur brauchen konnte ich es derzeit nicht, da nichts mehr vorhanden war, was sich darauf einzahlen ließ. „Warum fragst du?"

„Och, nur so. Vielleicht lässt sich dann zumindest unser finanzieller Engpass ein wenig mildern."

Misstrauisch hob ich die Augenbrauen. „Sage, ich will bei niemandem mehr als unbedingt nötig in der Schuld stehen. Ich kann unmöglich Geld annehmen, mir ist es schon unangenehm, hier wohnen zu müssen." Hoffentlich wusste dieser Slade tatsächlich Bescheid, sonst dürfte es peinlich werden, wenn er zurückkam und mich hier fand. Die Schuld auf den Kater zu schieben, wäre, gelinde gesagt, lächerlich.

Sages Miene zeigte deutlich, was er von meinen Argumenten hielt. „Sieh es doch mal so, Goldlöckchen. Du machst hier sauber und passt auf die Bude auf. Hast du eine Ahnung, wie schnell leer stehende Villen wie diese hier ausgeraubt werden, während die Besitzer durch die Welt jetten? Normalerweise holen sie sich dafür einen teuren Housesitter. Du wirst regelrecht günstig sein. Ich rede mal mit Sam."

„Sam? Ich dachte, der Kerl, der hier wohnt, heißt Slade?" Mein Misstrauen wurde neu entfacht.

Sage drehte sich einmal um die eigene Achse. „Ja, ja, ja, meine ich doch. Er heißt ja auch Slade. Und Sam. Slade Sam. Du heißt Leonie Fellon. Meine Güte, bist du kompliziert."

Warum nur sagte mir eine leise Stimme, dass hier irgendetwas nicht stimmte? Auf dem Türschild hatte kein Name gestanden. Am Ende stand das Anwesen zu Verkauf und ich wurde früher oder später von einem Makler wegen Hausfriedensbruch angezeigt. Doch Sage ignorierte meine Zweifel und blieb entspannt, was mein Vertrauen in ihn wieder festigte. Vermutlich lag es daran, dass ich keine Alternative hatte und ihm daher glauben wollte.

„Komm mit, lass uns deinen Koffer nach oben bringen, damit du auspacken kannst. Ich bin gespannt, ob dir dein Zimmer gefällt. Oben gibt es eine Menge zu sehen. Ich glaube, ich weiß genau, welchen Raum du besonders lieben wirst."

Seufzend schnappte ich mir meine Sachen und folgte ihm die Treppe hinauf.

Sage wartete vor einer Tür, die links von der Treppe abging. Als ich sie öffnete, fand ich mich im Paradies. Ein riesiges Himmelbett mit nachtblauem Baldachin. Ein begehbarer Kleiderschrank – der momentan nur Männermode enthielt, aber darüber konnte ich hinwegsehen. Ein Sekretär, an dem ich arbeiten konnte. Und unter meinen Füßen ein hochfloriger Teppich, auf dem ich wie auf Wolken lief.

„Wow! Ja, absolut. Diesen Raum liebe ich", entfuhr es mir.

Mein Kater lachte leise. „Dabei meinte ich den hier gar nicht. Aber schön, wenn du mit unserem Schlafzimmer einverstanden bist."

Verdutzt blickte ich Sage an. Das war nicht das Sahnestückchen dieses Hauses? Neugierig folgte ich ihm, was es sonst noch zu bieten hatte. Mir fielen auch hier oben überall die Bilder dieses Beaus auf. Eines ansprechender als das andere. Zu schade, dass ich es mir kaum leisten konnte, ihn zu buchen. Aber wofür denn? Ich hatte ja keine Mode. Nicht einmal Entwürfe, auch wenn Sage mich ermutigt hatte, neue zu zeichnen.

Die nächste Tür, die ich öffnen durfte, war ein Badezimmer, das schon mehr einer Bäderlandschaft glich. Die Badewanne weckte Fantasien, was man außer zu baden außerdem darin machen könnte. Zum Beispiel mit dem Kerl, der hier wohnte. Ob er häufiger mit weiblicher Gesellschaft ... Du liebe Güte, was dachte ich denn da? Das ging mich nichts an. Ich bekam heiße Ohren und hoffte, dass Sage es nicht bemerkte. Er war zwar nur ein Kater, aber er war ein Mann.

Die Dusche war ebenfalls groß und nobel. Dazu gab es eine halbrunde Spiegellaube – ich wusste nicht, wie ich es sonst beschreiben sollte. Alles war hell gefliest und mit silbrigen Ornamenten versehen. Schlicht zum Wohlfühlen. Gott, musste der Kerl reich sein.

„Okay, ich gebe zu, das Bad ist fast besser als das Schlafzimmer. Aber nur fast."

Sage setzte seine Sahnetopf-Miene auf. „Das Bad meinte ich nicht. Komm mit."

Der dritte Raum, den er mir zeigte, lag vor Kopf des Flurs und hatte zwei Türen, die wie Flügel nach innen aufschwangen. Beim Betreten raubte es mir den Atem!

Es war später Nachmittag, fast schon Abend, und das warme Licht des Sonnenuntergangs flutete dieses Zimmer, tauchte es regelrecht in flüssiges Rot und Gold. Ein grandioser Anblick. Am Tag wäre es hier lichtdurchflutet und in der Nacht konnte man sicher alle Sterne sehen. Rundum reichten die Fenster vom Boden bis zur Decke, während in der Mitte eine große Fläche Platz für alles bot, was man hier aufstellen wollte. Eine Staffelei zum Beispiel. Einen Skizzentisch. Eine Schneiderwerkstatt. Der Fantasie waren keine Grenzen gesetzt. Tief beeindruckt blieb ich stehen und ließ den Blick schweifen. Musste mir die Hand vor den Mund halten, um nicht zu schreien vor unbändiger Freude. Was man hier alles machen konnte ... Hier könnte man sogar die Models in den neuen Kreationen Probe laufen lassen, um zu sehen, wie sie wirkten.

„Gefällt es dir?", wollte Sage wissen.

„Es ist ... unbeschreiblich." Meine Stimme klang piepsig. Ich konnte mein Glück kaum fassen. Die Ernüchterung setzte jedoch schnell ein. Was nutzte mir dieser Raum, wenn alle anderen Komponenten fehlten? Es war zum Haare raufen.

„Ich wusste, dass du ihn lieben würdest. Am Rest arbeite ich." Anscheinend konnte er Gedanken lesen. „Eine Staffelei steht hinten in der Ecke. Damit musst du leider auskommen. Ich schlage vor, du machst dich jetzt an die Arbeit für neue Entwürfe, und ich kümmere mich darum, dass die vom Papier ans Model kommen."

„Es hat sowieso keinen Zweck", stellte ich enttäuscht fest.

„Wieso?" Sage setzte sich auf seine Hinterpfoten und blickte mich verständnislos an. „Ist doch alles top geplant und du hast hier, was immer du brauchst."

Ich seufzte. „Du meinst es gut, aber es fängt schon bei den simpelsten Dingen an. Was nutzen meine Zeichnungen, wenn wir sie nicht umsetzen können?"

Er zuckte mit den Schultern, ich runzelte irritiert die Stirn. Konnten Katzen mit den Achseln zucken oder hatte er einfach nur Flöhe?

„Dann setzen wir sie in die Tat um. Das gehört zu meinem Plan. Aber immer einen Schritt nach dem anderen."

Ich war von dem Flohgedanken so beherrscht, dass ich einige Sekunden brauchte, um ihm zu folgen. „Ja, wie denn? Ohne Stoffe? Ohne Nähmaschinen? Ohne Models, die meine Kollektion tragen?"

Er öffnete sein Katzenmäulchen zu einer Erwiderung, hielt dann aber inne und drehte den Kopf zur Seite, als müsse er nachdenken. Es wäre ja auch zu schön gewesen. Ich wusste schon, warum ich meine Entwürfe einem Designer hatte zeigen wollen. Vielleicht war das immer noch die beste Lösung, doch nach meinem Auftritt bei Leonardo, der sich vermutlich schon herumgesprochen hatte, war es fraglich, ob ich überhaupt am Pförtner eines Modelabels vorbeikäme.

„Ich gebe zu, der letzte Punkt könnte problematisch sein, weil uns das Geld für die Gage fehlt", gestand Sage ein.

„Nur der letzte Punkt? Sage, ich habe keinen Cent mehr. Es scheitert bereits an den ersten beiden."

Er winkte lässig mit der rechten Pfote ab. Jemand anderer hätte vermutet, dass er nach einer Fliege fischte. „Blödsinn. Stoffe und Nähmaschinen kann man klauen. Bei einem Model wird das schon schwieriger. Kidnapping ist nicht so mein Fall."

Ich schnappte entsetzt nach Luft, aber Sage sprang auf das Fensterbrett und visierte den Garten an. „Nicht! Du brichst dir den Hals!", rief ich aus.

Er lachte spöttisch. „Deine Sorge um mein Wohlergehen rührt mich, aber bitte denk daran, ich bin eine Katze. So schnell breche ich mir nichts. Ich bin in einer Stunde zurück. Fang du schon mal an zu zeichnen, den Rest überlass mir."

Ehe ich antworten konnte, war er verschwunden. Ich trat ans Fenster und sah ihm nach, wie er einem schwarzen Schatten gleich in der Nacht verschwand. „Hol die Staffelei und mach dich an die Arbeit", rief er mit völlig deplatziert gut gelaunter Stimme. „Der Lichtschalter ist rechts neben der Tür. Und ich würde Männermode bevorzugen …"

Den letzten Satz sang er fast. Ich seufzte. Bevor ich hier vor Langeweile starb oder die Verzweiflung mich dazu trieb, es Sage gleichzutun und aus dem Fenster zu springen (vermutlich mit nicht so elegantem und schadlosem Aufkommen am Boden) tat ich wie geheißen und holte die Staffelei hervor. Nachdem ich das Licht angeschaltet hatte, stellte ich mich vor die blütenweiße Fläche. Der Moment, in dem aus Leere etwas Wundervolles zu entstehen begann, sobald man den ersten Kohlestrich zog. Ich liebte ihn. Er besaß etwas Magisches und nahm mich jedes Mal gefangen. Ich setzte die schwarze Kohlekreide an und … die Welt war erst mal weit weg.

Kapitel 6

Zu Kreuze kriechen

Leonie war zwar noch immer etwas verhalten in ihrer Begeisterung (oder ihrem Glauben daran, dass mein Plan funktionieren könnte, aber sie kannte erst die Ansätze davon, also sah ich ihr dies nach), doch nachdem ich mich heimlich durch ein Kellerfenster wieder ins Haus geschlichen hatte und einen letzten Blick durch den Türspalt in mein Atelier warf, war sie schlicht bezaubernd. Wie sie dastand mit ihrer Wachsmalkreide, Kohlestiften und der Staffelei, einen verklärten, weltentrückten Ausdruck im Gesicht, während sie ein sagenhaftes Design auf den weißen Papierbogen zeichnete. Ich wusste, ich hatte das Richtige getan. Endlich mal wieder. Es fühlte sich gut an. In den nächsten drei bis vier Stunden musste ich mir keine Sorgen machen, dass sie mich vermissen oder unbefugt gewisse Bereiche dieses Hauses betreten würde. Wie eben den Raum, in den ich mich begab und sorgsam die Tür hinter mir schloss.

Endlich! Da war er wieder. Mein Spiegel – mein Tor in die andere Welt. Auf gar keinen Fall durfte Leonie diesen Spiegel entdecken. Ich hatte mir schon mein Köpfchen über entsprechende Argumente zermartert, aber die Lösung war eine andere. Denn wie verhindert man, dass eine Frau ein Zimmer betritt, in dem sie nichts zu suchen hat? Genau: Unter Garantie nicht damit, dass man ihr sagt, sie solle es nicht betreten. Deshalb schwieg ich mich über das Zimmer aus (wie über ein Dutzend andere) und zeigte ihr nur diejenigen, die sie während unseres Aufenthaltes hier brauchte. Damit würde sie dank der Größe des Hauses genug beschäftigt sein und in Kürze würde sie ohnehin alle Hände voll zu tun haben, wenn wir meinen Plan rechtzeitig auf die Beine stellen wollten. Somit sah ich die Gefahr, dass sie sich ungewollt hier einschlich, als relativ gering an. Vor allem da ich sie mit ihrer Lieblingsbeschäftigung in ihrem absoluten Traumzimmer zurückgelassen hatte. Die schwebte in anderen Sphären.

Ein wenig zauderte ich, durch die Spiegelfläche zu treten. Unentschlossen schritt ich davor auf und ab und betrachtete mein tierisches Konterfei in der leuchtenden Oberfläche, die wie das Wasser eines Sees immerzu in Bewegung zu sein schien. Es war nicht ohne, jetzt zu Ulanda zu gehen. Ich war mir bewusst, dass mein Verhalten in den letzten vierundzwanzig Stunden nicht ausschließlich korrekt und rechtschaffen gewesen war. Aber geschadet hatte ich niemandem. Also war es okay. Und meine Pläne … ja, meine Pläne. Das war eine andere Sache. Schaden, im wörtlichen Sinne, würden sie höchstens Leonardo. Ich baute darauf, dass Ulanda eine gewisse Strafe für ihn nicht unangebracht fand. Aber ich musste mich weiterer Vergehen strafbar machen und Bestandteil meiner derzeitigen Strafe war nun mal, dass ich keine weiteren Aktivitäten abseits des Erlaubten vornehmen durfte. Haarspalterei. Ich konnte es drehen und wenden, wie ich wollte, ich musste die Vollstreckerin um ein bisschen mehr Handlungsspielraum bitten. Und um die Möglichkeit, wieder in menschliche Gestalt zu wechseln. Wenigstens ab und zu. Das würde der schwierigste Teil werden.

Ich seufzte. Es half nichts. Je länger ich es aufschob, umso mehr Zeit lief uns davon. Da musste ich jetzt durch. Um meinetwillen, aber auch für mein Goldlöckchen.

Mit einem beherzten Sprung – glauben Sie mir, für eine Katze ist es eine enorme Überwindung, in eine wasserähnliche Oberfläche einzutauchen – begab ich mich in die Schattenwelt, um dort nach Ulanda zu suchen und ihr meine Absichten zu erklären. Je aufrichtiger ich dabei sein würde, umso größer meine Chance, dass sie mir bei meinem Vorhaben half.

Gottlob ist eine Reise durch das Portal kurz und nicht halb so unangenehm wie man befürchten könnte. Aber es ist auch nicht einfach so, als ginge man durch eine Tür. Eher wie ein Sprung durch einen elektrostatisch geladenen Tunnel. Oder wie die wilde Fahrt durch eine Wasserrutsche. Genau genommen eine Kombination aus diesen beiden Dingen. Fühlt sich jedenfalls gruselig und gleichzeitig total geil an. Aber das nur am Rande.

Fußnote Ulanda: Eigentlich ist ein Spiegel nur ein Portal. Wie eine Tür. Die meisten meiner Gestaltwandler und Märchenfiguren benutzen ihren Spiegel klassisch. Aber Sage musste natürlich eine große Nummer daraus machen. Einfach kann ja jeder. Alles ist ein Abenteuer. Alles ist ein Rausch. So ist Sage nun mal, und da sich die Spiegel in der Regel ihren Besitzern anpassen, wurde Sages Spiegel zu einer Aquarutschenelektroachterbahn. Tja, gegen manche Dinge bin sogar ich machtlos.

Oh, es tat so gut, wieder zu Hause zu sein. Ich konnte nicht widerstehen, einen tiefen Atemzug zu nehmen. Die Luft riecht auf der anderen Seite des Spiegels völlig anders. Unvergleichlich. Die Schattenwelt hat den enormen Vorteil, dass es dort weder Abgase noch Elektrosmog gibt. Solch einen neumodischen Mumpitz gibt es nicht, weil er völlig unnötig für uns ist. Was nicht heißt, dass wir die Vorzüge und technischen Möglichkeiten in der menschlichen Welt nicht zu schätzen wüssten. All das hat aber auch seine Nachteile und lädt die Atmosphäre des Planeten zunehmend mit Müll voll. Müll, den man nicht sieht, der aber deshalb nicht minder dramatisch ist. Aber ich will hier nicht den Weltverbesserer spielen. Bestenfalls Ihre Sensibilität ein wenig erhöhen. Denken Sie bei Gelegenheit drüber nach.

Die Schattenwelt ist dahingehend jedenfalls so rein wie frisch gefallener Schnee. Oder wie eine Kinderseele. Na gut, die von einem Neugeborenen. Da mittlerweile ja schon Zweijährige mit Smartphones und Spielekonsolen bestückt werden, sollte man mit dem Begriff der reinen Kinderseele vorsichtiger umgehen. Das relativiert sich leider schnell. Alles hat eben seinen Preis. Und damit sind wir schon bei den Schattenseiten der Schattenwelt (toller Wortwitz, finden Sie nicht?). Die Schattenwelt mag nicht mit Abgasen und Elektronik verseucht sein, dafür haben wir mit anderen Dingen zu kämpfen. Monstern, Schreckgestalten, Schwarzer Magie und ... dem Vergessen. Tja, das ist unser größtes Problem. Die Menschenwelt vergisst uns. Seien Sie ehrlich, wer hat denn heutzutage noch Angst vor Kobolden? Und wer hat nicht für jeden Poltergeist eine physikalische Erklärung parat? Wen lockt man mit Märchen hinterm Ofen hervor? Eben. Wir existieren inkognito. Manchmal recht hilfreich, manchmal aber deprimierend. Sensible Gemüter könnte so was durchaus in den Suizid treiben. Aber wir sind ja entbehrlich. Wer braucht schon Traumgestalten, wenn er blinkende, piepende und ballernde Pixelwesen haben kann, die nach Belieben übern Jordan gehen und wieder auferstehen? Sofern man das Feature für die Unsterblichkeit entdeckt hat. Aber ich schweife ab. Im doppelten Sinne, denn ich war nach dem Durchschreiten des Spiegels erst einmal so gefangen in der wehmütigen Zufriedenheit, Heimatluft zu schnuppern, dass ich fast die Zeit vergaß. Ich hatte bestimmt schon eine Stunde still dagesessen, den riesigen

Mond und die funkelnden Sterne am Nachthimmel bewundert, die klare Luft geatmet und den Geräuschen der Nachtschwärmer gelauscht, als mir wieder einfiel, weshalb ich hier war.

In einem Punkt musste ich Leonie bedauerlicherweise recht geben. Das mit dem Model war momentan ein kleines Problem. Aus schlichter Macht der Gewohnheit war es für mich selbstverständlich gewesen, dass ich ihre Mode vorführen würde, aber als Kater war das nicht besonders effektiv, geschweige denn ausdrucksstark. Es sei denn, man wollte Mode für Vierbeiner verkaufen, und das hatten wir beide nicht im Sinn. Es würde keinem von uns dabei helfen, Leonardo zu zeigen, was eine Harke ist. Ich war mir nicht sicher, ob mein Vorhaben von Erfolg gekrönt sein würde, aber einen Versuch war es wert, denn sonst würden mir die Ideen ausgehen. Als in Ungnade gefallener Werkater konnte ich auf Unterstützung meiner nicht eingeschränkten Artgenossen kaum hoffen. Niemand legte sich freiwillig mit der Vollstreckerin an. Und jene, die ebenso unter Strafe standen wie ich, nutzten uns nichts. Ein Affe oder eine Kröte machten auf dem Laufsteg nicht mehr her als ein Kater. Was wir brauchten, war einen kleinen Gnadenvorschuss. Ich würde mir nachhaltig überzeugende Argumente überlegen müssen, denn Ulanda war stets eine harte Nuss.

Anzutreffen war sie meist in ihrem Club. Ja, Sie haben richtig gehört, auch bei uns gibt es so etwas wie Amüsement und Ulandas Nachtclub war schon recht speziell, die angesagteste Adresse in der Schattenwelt.

Der Laden war wie immer brechend voll. Was sich hier alles herumtrieb, hätte manchen Menschen in eine Sinnkrise gestürzt. Die netten und possierlichen Vierbeiner waren das Harmloseste, Elfen und Gnome schon eine Nummer härter. Aber erst die Feen, Trolle und Vampire. Da konnte einem bange werden. Die wirklich schlimmen Gesellen waren die Märchengestalten, und da rede ich nicht vom bösen Wolf im roten Cape, sondern von der frustrierten Königin, die ihren Spiegel zerbrochen hat oder dem Gold spinnenden Zwerg mit Sinnkrise, weil keiner mehr seine edlen Stoffe kaufen will. Noch schlimmer traf es die Prinzessin mit Rücken, weil die Staubflusen unter der Matratze zum Ärgernis wurden. Oder die goldgelockte Maid, die ihre Friseurrechnung nicht mehr bezahlen konnte. Das sind echte Sorgen. Da würde ich mein Leid auch in Alkohol ertränken. Aber vergessen wir mal für einen Moment diese gescheiterten Existenzen, schließlich bin ich nicht zum Spaß hier.

Im Gegensatz zur Menschenwelt wundert sich hier niemand, wenn ein schwarzer Kater auf den Bartresen springt und sich einen Scotch bestellt.

Wortlos schob mir Igor, der Barmann, mein Glas hin. Ein Blick in seine Augen wies ihn als Weralligator aus. Mit diesen Kerlen war nicht zu spaßen. Besser, wenn man hier nicht die Zeche prellte, sonst fand man sich womöglich in seinem Magen wieder. Für den Moment gab ich mich gleichmütig und prostete meinem Tresennachbarn zu.

„Na, Snyder! Alles klar?"

Die Frage war rhetorisch. Er konnte sich kaum auf dem Hocker halten, so betrunken war er. Das machte er wohl kaum, weil er im Lotto gewonnen oder die Liebe seines Lebens getroffen hatte. So antwortete er mir mit einem Hickser.

„Verstehe!" Ich gab Igor ein Zeichen, Snyders Glas nachzufüllen. „Willst du darüber reden?" Mein Interesse an Snyders Befinden war keineswegs vorgetäuscht. Nur ein wenig berechnend. Wir haben schon einige Dinger zusammen gedreht. Er ist mit Nadel und Faden geschickt wie kein anderer, manchmal hat man den Eindruck, es mit einem Tausendfüßler … äh …Tausendhänder zu tun zu haben, dessen Finger allesamt unabhängig voneinander arbeiten können. Jedenfalls ist er auf vielen Modeschauen unentbehrlich, obwohl ihn kaum einer bemerkt. Die Leute im Hintergrund werden halt immer so schnell vergessen.

Er wandte sich mir mit einer Miene zu, als wäre er kurz davor, in Tränen auszubrechen. Vielleicht hatte auch der Alkoholpegel inzwischen seinen Höchststand erreicht und suchte einen Überlauf.

Snyder schwankte hin und her, als versuche er, mich genauer ins Auge zu fassen. Keine Ahnung, in wievielfacher Ausführung er mich vor sich sah. Letztlich gab er auf und winkte ab.

„Hat doch sowieso alles keinen Sinn", lallte er und schüttete den nächsten Whisky in sich hinein. „Mistkerl."

„Ich hoffe, du meinst nicht mich."

Er schüttelte so heftig den Kopf, dass er beinah das Gleichgewicht verlor. Gerade noch konnte er sich an der Tresenkante festhalten.

„Quatsch!", meinte er. „Ich rede von Leonardo."

Hatte ich es mir doch gedacht.

„Sobald man diesem Teufel über den Weg läuft, hat man todsicher Scheiße am Karren."

Ich seufzte tief. Dem musste ich beipflichten. „Klingt, als seien wir Leidensgenossen. Aber du bist in deiner menschlichen Gestalt. Sieh mich an."

Er versuchte es, gab sich redlich Mühe – und schaffte es dennoch nicht.

„Sagst du mir, wie er dich aufs Kreuz gelegt hat?"

Jetzt wurde Snyder wacher. Seine Augen weiteten sich, er blickte sich ängstlich um. Dann beugte er sich dicht zu mir und legte den Finger an seine Lippen. „Pscht", machte er. Seine Alkoholfahne schickte mich fast ins Koma. Du liebe Güte, wie lange saß der Kerl schon hier und soff? Eine Woche? „Nicht hier!"

Ah! Jetzt dämmerte es mir. Sein Vergehen war noch nicht aufgefallen. Alles klar, ich konnte schweigen.

„Egal. Diesem schleimigen Wurm würd ich es gern mal so richtig heimzahlen. So was Durchtriebenes gibt es kein zweites Mal auf der Welt. Auf keiner Welt." Er machte eine große Geste mit der Hand, die ihn dezent aus dem Gleichgewicht und den Hocker zum Schwanken brachte, doch er schaffte es, nicht umzufallen.

„Mhm! Darf ich bei Gelegenheit auf dich zurückkommen?"

Snyder lachte humorlos. „Jederzeit, Kumpel. Jederzeit."

Diese Zusicherung konnte in naher Zukunft ungemein nützlich werden. Sofern er sich nach Ausschlafen seines Rausches daran erinnern konnte und sofern Leonie meine Abwesenheit sinnvoll nutzte.

„Mein Freund, ich muss leider weiter. Aber ich glaube, ich kann dir demnächst zur Hand gehen, was deine Rachegelüste angeht. Warte nur ab."

Er sah mich mit hoffnungsvollen Augen an – ehe ihn der Alkohol besiegte und er mit einem lauten Plumps vom Barhocker fiel. Aua! Doch anscheinend hielt sich der Schmerz in Grenzen, denn Snyder schnarchte sogleich laut und vernehmlich. Ich gönnte es ihm.

„Ist Ulanda da?", fragte ich Igor betont beiläufig. Irgendwann musste ich es ja hinter mich bringen, und wenn ich noch lange vor mich hin grübelte, landete ich womöglich im Laufe der Nacht direkt neben Snyder auf dem Boden. Für diesen Quatsch hatte ich keine Zeit.

Ich erhielt vom Kroko nicht sofort eine Antwort. Stattdessen marschierte Igor wortlos von dannen. Als er nach fünf Minuten wiederkam, deutete er kaum merklich mit dem Kopf in Richtung Hinterzimmer. Puh! Glück gehabt. Ulanda war zumindest geneigt, mich zu empfangen.

Bei unserem letzten Aufeinandertreffen hatte die Vollstreckerin die Gestalt einer Hundefängerin innegehabt, auch wenn sie eine Katze einfangen wollte. Heute trug sie eine hauteng Corsage und Overkneestiefel. Was sie wohl vorhatte? Ich fragte lieber nicht. Vermutlich irgendeinen in Ungnade gefallenen Werwolf züchtigen oder so was. Mir rann es eiskalt über den Rücken. Vielleicht hatte ich mir einen schlechten Tag ausgesucht, um mein Anliegen vorzutragen, aber jetzt war es zu spät für eine Umkehr.

„Sage", begrüßte sie mich mit honigsüßer Stimme. „Verzeih meinen Aufzug, ich war unterwegs. So bald hätte ich dich nicht erwartet. Ich dachte, du wärst eine Weile froh, mich nicht sehen zu müssen."

Fußnote Ulanda: Das war gelogen. Ehrlich gesagt war ich sogar überrascht, wie lange er diesmal durchgehalten hatte. Für Sages Verhältnisse extrem lange, bis er vorbeischaute. Normalerweise kam er schneller betteln. So nach ein oder zwei Tagen. Ich hatte ihn nicht erwartet, darum musste Igor ihn ein wenig hinhalten, bis ich in die passende Aufmachung geschlüpft war. Ein bisschen einschüchtern konnte nicht schaden, dann blieb der Bursche bescheidener. Er sollte es nicht allzu leicht haben, denn Strafe musste sein. Aber seien wir doch mal ehrlich, es war schon irgendwie süß, wie er sich um die liebe Leonie bemühte. Das würde ich ihm natürlich unter keinen Umständen zeigen, sonst wäre dieser unbequeme Dress ja umsonst gewesen. Also: Strenge Miene, gepaart mit überzogenem Liebreiz. Das verwirrte ihn jedes Mal und so was liebe ich.

Ihre Stimme und ihr Blick besaßen in etwa den Liebreiz der Medusa. Hätte mein Leben nicht so vollkommen in Ulandas Hand gelegen, ich hätte in der Tat eine Weile auf sie verzichten können. Doch ich würde den Teufel tun, etwas Derartiges von mir zu geben.

„Tja, man soll die Gelegenheiten ergreifen, wie sie kommen, nicht wahr?", meinte ich lapidar.

„Soso."

Warum nur wurde ich das Gefühl nicht los, dass sie genauestens über alles im Bilde war?

„Ja", bestätigte ich dennoch. „Mir ist die perfekte Möglichkeit über den Weg gelaufen, meinen Fehler wiedergutzumachen."

„Welchen von den vielen?"

Jetzt wurde sie aber kleinlich.

„Den, der mich in diese Misere gebracht hat", ergänzte ich schmeichelnd. Es brachte nichts, sie zu verärgern, indem ich ebenso haarspalterisch wurde wie sie.

„Ach! Und was hat in diesem Zusammenhang deinen Weg gekreuzt?"

Ich ließ mir Zeit mit der Antwort, nahm auf meinen Hinterpfoten Platz und setzte eine möglichst ernste und gewichtige Miene auf.

„Ein überaus großes modisches Talent. Nun ja, bei genauerem Überlegen modisch-kreatives Talent. Jedenfalls halte ich selbiges für befähigt, Leonardo die Stirn zu bieten und ihn auf seinen Platz zu verweisen. Sofern …" Ich machte eine Pause. Pausen waren immer wichtig, wenn man etwas von Bedeutung mitteilen wollte. Ulanda war ganz Ohr.

„… sofern wir für sie eine entsprechende Modelinie auf die Beine stellen."

„Das sollte zu machen sein. Wenn sie gut ist."

„Jaaaa …", begann ich und drehte mich einmal um mich selbst, gab den skeptisch-verzweifelten Hoffnungsschimmer. „Es ist nur so, dass uns da das eine oder andere fehlt."

„Soso."

Da war es wieder. Ich hasste, dieses *Soso*. Natürlich wusste sie alles. Warum musste ich es ihr dann haarklein vorkauen? Mir war nach Fauchen, aber das wäre taktisch unklug gewesen.

„Leonardo hat ihre Skizzen gestohlen. Jetzt muss sie neue machen."

„Das ist aber nicht das Problem, denke ich."

Innerlich seufzte ich. „Nein. Das nicht. Aber wir müssen die Entwürfe in tragbare Mode verwandeln und wir brauchen jemanden, der sie trägt."

„Ach!"

Fehlte nur noch, dass sie sagte: *Daher weht der Wind.*

Mist!

„Ulanda, bitte", schnurrte ich und strich der Herrin aller Gestaltwandler schmeichelnd um die Füße. „Du weißt, ich bin gut. Der Laufsteg ist mein Revier. Ich wurde dafür geboren, ihn zu erobern. Aber als Kater …"

„Vergiss es!" Sie blieb hart.

Verdammt! Wenn sie sich wenigstens ein klein wenig verhandlungswillig geben würde. „Aber, Ulanda. Es ist doch für einen guten Zweck."

Sie warf mir einen kritischen Blick mit hochgezogenen Augenbrauen zu und schürzte die Lippen. Klar, dass sie mir kein Wort glaubte. Sie kannte mich schließlich und ich musste zugeben, dass der gute Zweck in der Vergangenheit meist allein zu meinem Vorteil gereicht hatte.

„Das hast du letztes Mal auch gesagt, mein Lieber", erklärte sie. „Und was ist dabei herausgekommen? Du denkst immer nur an deinen eigenen Vorteil. Daher nein, nein und nochmals nein. Ich werde deine Strafe nicht mildern."

Seufzend setzte ich mich auf die Hinterpfoten und schob schmollend meine kleine Unterlippe vor, was bei einem Kater reichlich drollig aussieht, und ich hasse es, drollig auszusehen. Aber was tut man nicht alles, um Ulanda zu erweichen. Sie war schließlich eine Frau und drollig aussehende kleine Tiere erweichen in der Regel jedes Frauenherz. Meine Masche zog. Die Vollstreckerin mühte sich vergebens, ein Grinsen zu verbergen. Ich hatte sie durchschaut. Ihre betont strenge Miene ging gründlich daneben. Sie fluchte leise, als sie es bemerkte, weil sie wusste, dass mir so was nicht entging. Energisch stemmte sie die Hände in ihre Corsage-geschmälerte Taille. Eins zu null für mich, triumphierte ich innerlich, mimte nach außen aber weiterhin den deprimierten Kater, denn sie bloßzustellen, indem ich mich über ihr weiches Herz allzu offensichtlich freute, hätte einen Rückschlag bedeutet.

„Diesmal ist es was anderes", versuchte ich zu erklären. „Ich möchte dem Mädchen wirklich helfen. Aber dazu brauche ich jemanden, der ihre Mode präsentiert."

„Es gibt genug arbeitslose Models", warf Ulanda ein.

Wäre ich in menschlicher Gestalt gewesen, hätte ich die Hände in die Hüften gestemmt und energisch darauf hingewiesen, dass andere Models im Vergleich zu mir keine Alternative waren – was Ulanda sicher nicht sonderlich amüsiert hätte. Insofern war es gut, Kater zu sein. Wie konnte ich es ihr nur verkaufen, ohne dabei eitel zu wirken? Nicht, dass ich es nicht wäre, das gebe ich zu. Doch Eitelkeit war momentan kontraproduktiv, wenn man Ulanda Honig um den Mund schmieren und eine klitzekleine Lockerung der Strafe aus ihr herauskitzeln wollte. Also versuchte ich es mit dem Finanzproblem.

„Nun ja, Leonie hat nicht gerade eine fette Börse. Und wir müssen eine Kollektion auf die Beine stellen. Da zählt jeder Cent, den wir sparen können. Und … ich würde gratis für sie modeln." Völlig selbstlos.

Ulanda holte tief Luft. „Mode, ja?"

„Natürlich Mode. Wenn ich jemandem helfe, dann bitte mit meiner Stärke. Hey, komm schon, du willst genau wie ich, dass Leonardo eine Lektion erhält. Du weißt, dass er hinter der Scheiße steckt, für die du mich bestraft hast."

Sie warf mir einen Blick mit hochgezogenen Brauen zu. „Zu Recht", beeilte ich mich daher hinzuzufügen. „Das ist die Gelegenheit."

Ich sah es ihrem Gesicht an, dass sie einknickte, aber ich musste mich gedulden.

„Du vergisst deine Lektion, mein Lieber."

Mist! Konnte sie meinen klitzekleinen Fehltritt nicht mal für fünf Minuten aus den Augen verlieren? Auch daran war doch bloß dieser Mistkerl schuld.

„Kann man die nicht verschieben?"

„Nein!"

„Pausieren?"

„Nein!"

„Modifizieren?"

„N…" Sie stoppte abrupt, ehe sie ein weiteres Nein aussprach. Einen Moment schürzte sie die Lippen und legte die Stirn in Falten. Ich konnte die Rädchen in ihrem Kopf beinah rattern hören. „Also gut", sagte sie schließlich. Ich wollte schon triumphieren, als mir in letzter Sekunde dieser merkwürdige Unterton in ihrer Stimme auffiel. Ich war noch damit beschäftigt, Luft zu holen, um meinen Plan sicherheitshalber genauer zu definieren, ehe sie mich falsch verstehen würde, als es *Schnapp* um meinen Hals machte und ich einen unangenehmen Druck, gepaart mit einem seltsamen Kribbeln, verspürte.

„Argh! Was ist das?", wollte ich wissen, obwohl mir ein beängstigender Verdacht kam. Panisch kratzte ich an dem Ding, das Ulanda mir angelegt hatte, obwohl mir bewusst war, wie albern das aussehen musste. Darauf konnte ich im Moment jedoch keine Rücksicht nehmen. Vor Ulanda tat es nicht not, den Coolen raushängen zu lassen und dieser vermaledeite Halsschmuck war einfach nur unangenehm.

„Du sprachst von Modifikation", erklärte sie mit wölfischem Lächeln. Wölfe und Katzen, das geht nie gut aus – für die Katze. „Das, mein Lieber, ist ein Halsband", bestätigte Ulanda denn auch meine schlimmsten Befürchtungen.

„Ein Halsband?! Ich bin ein freier Kater – ein Freigeist – ich ...
nimm es weg, Ulanda, bitte!"

Die Vollstreckerin hob ungerührt ihre Augenbrauen. „Du willst ein
wenig Magie zurück, bitte schön. In diesem Halsband steckt welche.
Du kannst sie nur anwenden, solange du es trägst. Aber sei vorsichtig, sie ist pro Tag auf eine gewisse Datenmenge begrenzt. Sobald
diese über den Äther geschickt wurde, hast du keine Magie mehr, bis
der Mond einmal auf- und einmal untergegangen ist. Eine Flatrate
gibt es nicht."

„Pfft!", entfuhr es mir. „Flatrate. So ein Scheiß. Was mache ich,
wenn wir Neumond haben?"

Sie schüttelte tadelnd den Kopf. „Man muss nicht alles sehen, damit es da ist. Natürlich gilt an Neumond dasselbe. Ist deine Magie
aufgebraucht, muss sich das Halsband neu aufladen. Dies passiert bei
Sonnenaufgang."

Ich schnaubte entrüstet. „Und was kann das Ding?"

Ein zuckersüßes Lächeln umspielte ihre Lippen. „Praktisch alles,
was du willst. Aber nutze es sorgsam. Versuche, so wenig Magie wie
möglich einzusetzen und so viel, wie du kannst auf ... nun ... sagen
wir alternativem Weg zu regeln. Ich weiß, du bist da sehr kreativ.
Denn mit diesem Halsband kannst du vor allem das, was du dir gewünscht hast. Du kannst Mensch werden."

Jetzt horchte ich auf. Für diese Möglichkeit lohnte es sich sogar, so
ein Sklavenhalsband zu tragen. „Echt jetzt?"

Sie nickte bestätigend. „Ja, du kannst wieder zwischen deinen Gestalten wandeln. Somit dürfte das Model-Problem gelöst sein. Aber
leider verbraucht das Gestaltwandeln die meiste Energie, also sei
sparsam! Und ..." Die Art, wie sie *und* sagte, machte deutlich, dass
jetzt der Haken an der Sache kam. „Leonie Fellon darf nicht von dir
erfahren, dass der schwarze Kater und ihr neues Laufstegmodel ein
und dieselbe Person sind."

„Was?", entfuhr es mir. „Wieso das denn?" Damit hatte ich punkten wollen.

„Sage, ich diskutiere nicht darüber. Trenne den Werkater und das
Model. Das Model macht nur seinen Job. Helfen musst du ihr als Kater. Punkt! Nur, wenn du als Werkater deine Schuld wiedergutmachen
kannst, werde ich deine Strafe aufheben. Alles andere wäre nicht
fair."

Mist! Immer dieser Pferdefuß. So oft, wie sich Ulanda einen solchen für ihre Verträge auslieh, musste damit gerechnet werden, dass der Teufel permanent eine Prothese brauchte, um nicht umzufallen. Missmutig trat ich den Rückzug an. Noch im Türrahmen überlegte ich, es auf einen weiteren Versuch ankommen zu lassen. Vielleicht nach und nach, Stück für Stück. Als Mann würde ich andere Möglichkeiten für und mit Leonie haben. Aber als ich mich umdrehte, nahm Ulanda mich schon nicht mehr wahr. Sie sah abwesend aus und besorgt. Sogar alt … extrem alt. Ich hatte nicht gewusst, dass Ulanda so viele Ewigkeiten ihre Aufgabe erfüllte. Mit einem Mal wurde mir das Herz schwer und ich fühlte mich mies, dass ich sie mit meinen Problemen behelligte, wo sie offenbar eigene hatte. Ob ich sie fragen sollte? Manchmal half es, wenn man sein Herz ausschütten konnte. Doch würde sich die Vollstreckerin einem gewöhnlichen Kater öffnen? Ich schüttelte den Kopf und ging. Was auch immer ihr Problem war, sie würde es sicher besser geregelt bekommen als ich. Im Gegensatz zu ihr war ich nur ein kleines Licht.

„Gib mir endlich die Macht über die Spiegel!" Leonardo verlor nur selten die Contenance, aber die Resistenz der Naga gegen jeden Zauber, den er um sie zu weben versuchte, machte ihn langsam aggressiv. Ein Glück, dass wenigstens die Sache mit dem Elysium-Käfig geklappt hatte. So war sie zumindest sicher gebannt und er hatte ein wenig Zeit, sie für den großen Abend vorzubereiten. Aber allmählich lief ihm die Zeit davon. Die Tage auf dem Kalender wurden weniger und weniger. Wenn er sie in der Nacht seines geplanten Triumphes noch immer nicht unter Kontrolle hatte und die Spiegel beherrschte, drohte sein Plan den Bach runterzugehen. Ade, ihr wundervollen Designerstücke. Ade Modehimmel. Nein, auf keinen Fall, das würde er nicht akzeptieren.

„Du wirst mich nicht bezwingen. Meine Schwester wird mich retten. Und bis dahin bleibe ich stark."

Zornig funkelte er sie an. „Mach nur so weiter, dann lass ich dich austrocknen und verkaufe dich in Streifen geschnitten als chinesische Delikatesse."

Aber die Naga drehte ihm den Rücken zu und begann schon wieder mit ihrem lieblichen Singsang. Dass Seeleute dafür freiwillig gegen ein Riff fuhren, würde ihm ewig ein Rätsel bleiben. Oder waren das die Sirenen gewesen? Egal, ein Gesang war so scheußlich wie der andere. Er hasste Musik. Eine Band für seinen Siegeszug aussuchen zu müssen, war ihm wie eine Strafe erschienen. Er hoffte immer noch, dass er alles reibungslos über die Bühne brachte, bevor diese Flachpfeifen sie enterten. Dann blieb ihm das Gejaule erspart.

„Gejaule! Das ist die Idee. Ich werde sie in ein Rudel Wölfe verwandeln. Haha, das wäre mal eine sinnvolle Option."

Mit einem letzten Blick auf die Naga wandte er sich wieder seinen Büchern zu.

„Gut. Die Aufzeichnungen des Diogenes bringen mich also auch nicht weiter. Versuchen wir es mit den Ägyptischen Beschwörungen. Na, was brauchen wir? Salz aus dem Toten Meer – gibt es in jeder Apotheke. Kerne des Granatapfels – mal sehen, ob von der letzten Lieferung aus dem Bioladen was übrig ist. Rosenblütenessenz – äh … Moment mal. Rosenblüten?"

Er schlug das Buch zu und prüfte den Einband. „LIEBESZAUBER! Dieser Trottel!"

Herrgott noch mal, man konnte sich auf das Personal nicht mehr verlassen. Er würde sich selbst nach der richtigen Lektüre umsehen müssen. In weniger als einer Woche musste er die Macht der Spiegel in Händen halten. Komme, was da wolle. Daran würde ihn auch dieses dämliche Fischmädchen nicht hindern.

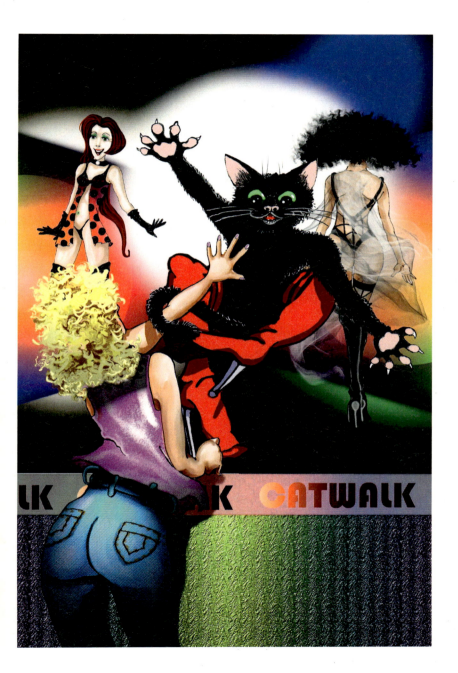

WENN DIE SÜNDE LOCKT

Kapitel 7

Verlockende Aussichten

Ich war so in meine Arbeit vertieft, dass ich rein gar nichts mehr um mich herum wahrnahm, ja nicht einmal bemerkte, wie lange Sage schon fort war. Ich fühlte mich hier wohl, obwohl ich fremd war. Aber dieses Haus war wie eine Zuflucht, die mich schützend umfing und mir die Sicherheit gab, dass mir nichts passieren und ich völlig sorglos meine Seele fliegen lassen konnte. Das Ergebnis war entsprechend. So fleißig war ich lange nicht gewesen, dieses Anwesen schien mich wahrhaft zu inspirieren. Okay, ich musste zugeben, dass das Model, dem ich meine neuen Kreationen auf den Leib zeichnete, eine unverkennbare Ähnlichkeit mit dem Inhaber dieses Hauses besaß, aber er würde es mir hoffentlich nicht übel nehmen. Falls er meine Werke überhaupt je zu sehen bekam. Jedenfalls beflügelte mich der Kerl und das war gut so. Ich zeichnete ihn in immer gewagteren Outfits, in immer mystischeren Szenenbildern. Das war beinah schon beängstigend, weil meine Bilder eine Lebendigkeit verströmten wie nie zuvor. Tief in meinem Inneren bekam ich eine Ahnung, was mit dem Wahnsinn mancher Maler gemeint sein mochte. Ich war besessen von meiner neuen Muse, obwohl ich ihr noch nie begegnet war. Der Kerl sah einfach verboten gut aus. Langes, schwarzes Haar, das seine Schultern umwallte. Stechendgrüne Augen wie geschliffene Smaragde – nein, besser wie unergründliche Turmaline. Dazu Wimpern, von denen manche Frau nur träumen konnte.

Ein ebenmäßiges Gesicht, das kantig, aber nicht hart wirkte und dessen hohe Wangenknochen einen geradezu aristokratischen Flair verströmten. Und neben diesem wunderschönen Antlitz hatte Slade Sam oder wie er heißen mochte, weitere Attribute zu bieten. Sein Körper war trainiert und athletisch. Nicht aufgepumpt, wie man es zuweilen auf den Magazinen sah. Der Kerl war sportlich, sicher befand sich im Haus ein eigenes Fitnessstudio. Ich machte mir im Geiste eine Notiz, dass es nicht schaden könnte, wenn ich mich dort auch mal betätigte. Fit machen für den Kampf auf der großen Bühne der

Modewelt. Aber im Augenblick hatte ich für solch banale Dinge keine Zeit. Ich musste meinem kreativen Fluss folgen – und dabei aufpassen, dass der nicht in unanständige Gefilde mündete. Ich brauchte momentan gewiss keine Sauna, die sicher ebenfalls zum Inventar dieser Residenz gehörte. Mir war ohne schon heiß. Ich war derart abgelenkt, dass ich mich sogar nur vage darüber wunderte, dass die Tür hinter mir ins Schloss fiel. Wie Sage wohl hereingekommen war? Geräusche an der Haustür hatte ich nicht gehört. Ein Kater konnte schlecht den Schlüssel im Schloss drehen. Vermutlich war er durch irgendein Fenster hereingekommen, so wie er verschwunden war. Seufzend entschied ich, dass es Zeit wurde, für eine Weile aus meiner Parallelwelt aufzutauchen. Mein Katerfreund hatte in den letzten beiden Tagen so viel für mich getan, dass es unhöflich gewesen wäre, ihn jetzt zu ignorieren, bloß weil meine Zeichenhand ein Eigenleben entwickelt hatte.

„Ich war fleißig", erklärte ich nicht ohne Stolz und wollte mich zu Sage umdrehen, um ihm mein Tag- oder besser gesagt, Nachtwerk zu zeigen. Doch statt eines Katers stand die fleischgewordene Ausführung meiner neu erkorenen Muse vor mir. Oder nennt man eine männliche Muse Muserich? Mir blieb fast das Herz stehen, dann begann es zu rasen. Es konnte sich ebenso wenig auf ein Tempo festlegen, wie ich mich entscheiden konnte, ob ich in einen Teenie-Kreisch-Alarm verfallen oder eine Ohnmacht einleiten sollte.

Slade Sam ignorierte meine Unpässlichkeit und mein völlig unangemessenes Benehmen, beugte sich vertraulich und mit ernstem Gesicht über meine Schulter und warf einen Blick auf meine letzte Kreation. *Du musst ihm erklären, warum du in seinem Haus bist. Er hält dich womöglich für einen Einbrecher. Wieso fragt der Kerl nicht, was du hier machst? Ach ja, er weiß, dass ich hier wohne, während er in Mailand ist. Aber warum ist er dann hier und nicht in Italien? Oder hat Sage doch gelogen?* Bei diesem eindringlichen Blick kamen mir ernste Zweifel, ob unser Gastgeber tatsächlich über seine Untermieter informiert gewesen war.

„Mhm", entfuhr es dem Schönling. Allein dieser Laut klang dunkel und sinnlich, dass mir ein Schauer über den Rücken floss.

„W…was?", wollte ich wissen. Ich klang vor Aufregung piepsig wie eine Maus.

„Die sind wirklich gut", lobte mich der Adonis. „Aber … irgendwas fehlt mir."

Er griff nach dem Kohlestift in meiner Hand. „Darf ich?", fragte er. Seine grünen Augen hypnotisierten mich. Sie blickten mir so tief in meine eigenen, dass ich das Gefühl hatte, er würde bis auf den Grund meiner Seele sehen. Die erschreckend wenig zu bieten hatte, wie ich fürchten musste. Im Augenblick nicht einmal einen klaren Gedanken geschweige denn ein zusammenhängendes Wort.

„Bitte sehr", antwortete ich. Ziemlich dämlich, wie ich fand. Aber ich war froh, überhaupt etwas in meiner Muttersprache geäußert zu haben.

„Danke", hauchte er. Ein Lächeln kräuselte seine sinnlichen Lippen, enthüllte makellose weiße Zähne. Ich konnte ihn nur anstarren, in diesen ebenmäßigen, markanten Gesichtszügen versinken – schlimmer als bei Leonardo. Himmel, Leonardo war kein Vergleich mit diesem Mann, der groß, dunkel und gefährlich schön war. Ich hörte den Kohlestift über das Papier kratzen, hatte keine Ahnung, was er tat. Normalerweise bin ich eigen mit meinen Kreationen. Niemand darf Hand an sie legen. Er hingegen hätte alles mit ihnen machen dürfen. Und mit mir auch. „Fertig!"

Er wandte seinen Blick wieder dem meinen zu. Als er meine Schulter berührte, um mich zur Leinwand zu drehen, fühlte es sich an wie ein Stromschlag. Ich konnte mich nur mit Mühe auf die Zeichnung konzentrieren. Was ich sah, machte mich dann aber sprachlos. Nicht, weil ich empört gewesen wäre, sondern weil es auf eine provokante Art perfekt war.

„Stiefel?!"

„Ja. Ich liebe … Stiefel."

So wie er das sagte, klang es fast unanständig. Ich schluckte.

„Sie wären ein perfektes Markenzeichen." Seine Augen leuchteten auf unheimliche Art und Weise. Ich gewann den Eindruck, als ob ein teuflisches Grinsen um seine Mundwinkel spielte. Einem Mund, der mir so nahe war, dass ich … die Sinne verlor.

Fußnote Ulanda: War ja klar. Sage und seine Stiefel. Es muss mit seiner Vergangenheit zu tun haben, anders kann ich es mir nicht erklären. In irgendeinem vorherigen Leben muss er ein Musketier gewesen sein. Oder so was in der Art. Stiefel sind für ihn wie ein Aphrodisiakum. Die Frauenwelt kann von Glück reden, dass er sie im Bett zumindest auszieht. Aber sein Ego scheint zuweilen in direktem Bezug zur Höhe seiner Stiefelstulpen zu stehen. Seine Libido sowieso.

Ich weiß nicht, ob es eine gute Idee ist, dass er Leonies Mode in Stiefeln präsentiert, aber vielleicht verschafft ihm das ja eine zusätzliche Motivation. Ich hoffe nur, es lenkt ihn nicht ab. Er sollte seine sieben Sinne beisammenhaben, wenn das mit ihm und Leonie was werden soll – und mit ihren Träumen. Allen Träumen!

Etwas tätschelte meine Wange. Es war mir unmöglich zu sagen, ob zwischen den Stiefeln und dem Tätscheln eine Minute oder ein Jahr vergangen war. Ich blinzelte, schlug irritiert die Augen auf und blickte der Ursache meiner geistigen Auszeit ins bildschöne Antlitz. Gott, ich musste träumen! Gott? Wohl eher Satan. Nur ein Dämon konnte derart perfekt sein. Und es musste mit dem Teufel persönlich zugehen, dass dieser Kerl auf einmal hier auftauchte. Okay, es war sein Haus, aber er war doch gestern noch in Mailand gewesen. Oder hatte ich das missverstanden? Sage sich getäuscht? War ich gar am Ende derart besessen von meiner Kunst gewesen, dass ich Stunden mit Tagen verwechselt hatte und im Fieberwahn gearbeitet hatte?

Meine Muse neigte den Kopf zur Seite und sah besorgt auf mich herab, weil ich noch immer kein Wort über meine Lippen brachte. Mir wurde schlagartig klar, wie nah er mir war. Dass sein Körper halb auf meinem lag, weil wir uns beide auf dem Boden befanden. Ich und dieser fremde Mann. Solch ein Prachtexemplar. Ich konnte nicht verhindern, dass ich meinen Blick über seinen Körper schweifen ließ. Durchtrainierte Arme, die mich hielten, als wäre er Casanova und ich seine Eroberung. Ein Sixpack wie von einem Bildhauer gemeißelt. Sinnliche Lippen, die sich zu einem spöttischen Lächeln kräuselten, und funkelnde Augen, die das sonnengebräunte Gesicht dominierten, umrahmt von schulterlangem, seidig schwarzem Haar, das den gleichen bläulichen Schimmer zeigte wie das Fell meines Katers. Welch krauser Vergleich. Aber Moment mal – ich konnte sein Sixpack sehen? Er war nackt?

Mit einem schrillen Aufschrei robbte ich unter ihm hervor. Tatsächlich war sein Oberkörper entblößt, lediglich schwarze Pluderhosen verbargen das Wichtigste. Ihm schien dieser Umstand nichts auszumachen, er benahm sich völlig ungezwungen. Aber klar, warum auch nicht? Er war hier zu Hause. Ich war der Eindringling. Ich hatte hier nichts zu suchen. Und er war so höflich, dass er mich weder hinausgeworfen noch zwischenzeitlich die Polizei verständigt hatte.

„Sage …“, stammelte ich und überlegte, wie ich es mit kurzen Worten erklären konnte, ohne mich in sinnlosen Satzschlangen zu verheddern und ohne meinen vierbeinigen Kumpel in ein schlechtes Licht zu rücken.

Mein Gastgeber kam mir zuvor. Er erhob sich lässig, reichte mir seine Hand. Während ich sie ergriff und er mir auf die Beine half, nahm er den Faden, den ich gerade zu spinnen begonnen hatte, auf.

„Sage hat mich informiert. Mi casa es su casa. Außerdem meinte er, du könntest ein Model brauchen – et voilà: Da bin ich. Habe gerade keine anderen Jobs, also fühl dich frei, über mich zu verfügen.“

Führe mich bloß nicht in Versuchung, das wörtlich zu nehmen.

„Ich dachte, Sie wären … äh … du wärst … in Mailand. Wie kann Sage dann …?“

„Telefon! Er ist geschickt mit den Pfoten.“

„Aha.“ Ich nickte. Sage war alles zuzutrauen. Wer Computer bediente, konnte auch telefonieren. „Und dann sind Sie mal eben von Italien nach New York gekommen? In weniger als einem Tag?“

„Schnelles Flugzeug.“

Ich dachte, die Concorde wäre eingemottet worden? Oder hatte er einen Privatjet? Das müsste dann ein Starfighter sein. Oder ein Stealth-Tarnkappenbomber.

Während ich über dieses Rätsel grübelte, drängte sich sogleich das nächste auf. Wo war meine Samtpfote abgeblieben? Nicht, dass ich mit diesem California Dreamboy überfordert gewesen wäre. Obwohl ich es war. Schöne Männer machen mich nervös und der hier war … wow! Aber es hätte mir schon etwas mehr Sicherheit verliehen, wenn Sage als unser gemeinsamer Bekannter hier zum Vermitteln anwesend gewesen wäre. Das hätte die Sache vereinfacht.

Mr. Perfect Body schien es nicht weiter zu stören, dass ich mich derzeit wie ein verstandesloser Zombie benahm. Er war sogar so höflich, mein Peinlichkeitslevel etwas zu drosseln, indem er seine direkte Aufmerksamkeit von mir weg und hin zu meinen Zeichnungen lenkte, die er – wie mir nun auffiel – allesamt mit dem gestiefelten Markenzeichen versehen hatte. Die Beine meines grafischen Männermodels, das ihm bis aufs Haar glich, was mir nun doch äußerst unangenehm war, steckten in hohen Stulpenstiefeln. Das sah zugegebenermaßen sexy und verwegen aus. Auf dem umgeklappten Schaft prangte ein Katzenkopf.

„Et voilà! *Leo Felice*. Das Symbol für dein Label."

Ich sah von der Zeichnung zu dem wildfremden Kerl. *Verdammt, ist der sexy*, schoss es mir schon wieder durch den Kopf. Das lange, schwarze Haar wirkte seidiger als auf den Bildern. Das kantige Gesicht verlieh ihm Stolz und Entschlossenheit. Am Auffälligsten waren seine Augen. Ein sattes, dunkles Grün, das die Fotos an den Wänden nicht annähernd hatten einfangen können. Es lag etwas Lauerndes in seinem Blick. Für einen Moment erinnerte er mich an eine Raubkatze in der Wildnis, wo ich ihm völlig wehrlos …

Ich räusperte mich hastig. Eine derart heftige Reaktion war nicht mehr normal, er war schließlich auch nur ein Mann. Aber so was lief mir sonst nie über den Weg. Und wenn, dann bemerkten mich solche Traummänner nicht. Dieser hier war mir hingegen so nah, dass ich die Hitze seines Körpers spüren konnte, obwohl wir nur nebeneinander standen. Und all das wirkte bei ihm weder provokant noch berechnend, sondern völlig natürlich und unverfänglich. Mir traten Schweißperlen auf die Stirn. Mit zitternden Fingern nahm ich eine der Skizzen von ihm entgegen.

„Nun komm schon, Leonie, sag was. Findest du die Idee so abwegig? Oder bist du beleidigt, dass ich mir diese Freiheit herausgenommen habe? Ich weiß, wir kennen uns nicht, aber du kannst mir vertrauen, ich kenne mich in der Modewelt aus. Sieh mal, wenn ich diese Kreationen schon für dich tragen soll, die übrigens fantastisch aussehen, dann sei mir mein Stiefel-Fetisch dabei gegönnt, meinst du nicht? Ein Markenzeichen braucht jede Kollektion, warum also nicht dieses? Vor allem, wenn man dein Label damit derart gut zur Schau stellen kann."

Da musste ich ihm sogar recht geben. „Die Stiefel sind toll. Dummerweise weiß ich nicht, wie ich die Klamotten schneidern soll und Schuhe habe ich noch nie angefertigt."

Er winkte ab. „Das findet sich alles, hab ein wenig Zuversicht."

Ich gab mir Mühe, aber allmählich kam ich mir vor wie Alice im Wunderland, dank so vieler merkwürdiger Dinge, die mir passierten. Alice hatte wenigstens einen Hutmacher gehabt. Vielleicht sollte ich statt Stiefel eine Kopfbedeckung als Markenzeichen wählen. Aber es spielte keine Rolle, denn im Gegensatz zu Alice hatte ich keinen Hutmacher. Es sei denn, Sage hatte mehr Bekannte, die uns auf die Schnelle helfen konnten.

„Wo ist Sage abgeblieben?", fragte ich Slade und stellte fest, dass mich die Namensähnlichkeit verwirrte. Ich schüttelte den Kopf. Warum flackerte es so komisch in seinen Augen? *Ich bin überarbeitet*, entschied ich. Immerhin hatte ich seit Stunden auf weiße Leinwände gestarrt und ein sexy Männermodel in heißen Outfits gezeichnet. Die dieses Männermodel mit noch heißeren Stiefeln versehen hatte. Sein Mund kräuselte sich amüsiert, als wäre er hochzufrieden über meine Frage bezüglich Sages Verbleib, aber er zuckte die Schultern. „Treibt sich vermutlich herum. Was Kater halt so machen. Vielleicht ist eine der Katzen in der Nachbarschaft rollig."

„Ach!"

„Tja, so war der gute Sage schon immer", meinte er betont gleichgültig. „Das darfst du mir ruhig glauben. Ich kenne den Kerl sozusagen mein ganzes Leben. Der lässt nichts anbrennen."

Ich beäugte Slade zweifelnd. *Sein* ganzes Leben? Er war schätzungsweise Mitte dreißig. Lebten Katzen überhaupt so lange? Und Sage sah mir nicht nach einer altersschwachen Samtpfote kurz vorm Sterben aus. Zweifelnd folgte ich meinem Gastgeber, der sich anschickte, nach unten zu gehen. Auf dem oberen Treppenabsatz blieb er so abrupt stehen, dass ich gegen ihn lief und fast die Stufen hinuntergestürzt wäre. Zum Glück drehte er sich just im richtigen Moment um, damit er mich auffangen konnte. Keuchend kam ich an seinem Brustkorb zu liegen. Oh Gott, konnten Muskeln derart stahlhart sein, oder hatte ich hier Terminator 6.0 vor mir?

„So stürmisch?" Er lachte leise. „Wäre ich Sage, würde ich die Situation jetzt vermutlich schamlos ausnutzen. Aber zum Glück bin ich anders."

Schade!

Ich musste mir imaginär selbst auf die Finger klopfen für diese Bemerkung, die ich gottlob nicht laut aussprach. Und ich musste ebendiese Finger davon abhalten, über jenen unglaublich attraktiven Brustkorb zu streichen, der warm und fest unter meinen Händen lag. Slades Lächeln ließ mich fürchten, dass er meine Gedanken lesen konnte. Hastig räusperte ich mich und ging wieder ein Stück auf Abstand.

„Ich muss noch mal weg", offenbarte er mir.

„Tja, wenn das so ist ..." Was sollte ich dazu sagen? Er konnte tun und lassen, was er wollte. Solange er nur im richtigen Moment da wäre, um meine Mode zu tragen. Falls es die jemals geben sollte. Slades Beteuerung, dass sich alles finden würde, konnte mich da nicht beruhigen. Dafür brauchte man Stoffe, Nähmaschinen, Garn, einen guten Schneider ... von den Stiefeln wollte ich gar nicht reden.

Slade grinste mich an. „Ja, so ist das. Kann etwas dauern. Du hast lang gearbeitet, vielleicht solltest du ins Bett gehen. Wenn du ausgeschlafen hast, gibt es Frühstück."

Er zwinkerte mir zu und ließ mich auf der Treppe zurück. Unten schnappte er sich eine Lederjacke von der Garderobe, die er über seine nackten Arme streifte. *Gott, wie sexy*, ging es mir durch den Kopf. Brustkorb und Sixpack konnte man guten Gewissens zeigen.

Als ich die Haustür zuschlagen hörte, ließ ich mich auf die Stufe sinken und schlang die Arme um meine Schultern. Das war alles ein bisschen viel auf einmal. Ich kam mir vor wie in einem Traum, war mir aber noch nicht sicher, ob es ein Wunsch- oder ein Albtraum werden würde.

Während ich so dasaß und die letzten Tage in meinem Kopf Revue passieren ließ, merkte ich, wie ich müde wurde. Erschöpft und ausgepowert. Ich sollte wirklich eine Runde schlafen. Im Moment konnte ich sowieso nichts anderes tun. Seit Sage gegangen war, hatte ich beinah dreißig Skizzen angefertigt (die jetzt alle Stiefel trugen), mehr Ideen gab mein Hirn nicht mehr her.

Nachdem ich geduscht und umgezogen war, kuschelte ich mich in das Himmelbett und merkte sofort, wie eine angenehme Schwere von mir Besitz ergriff. Ich war schon im Begriff, wegzudämmern, als etwas auf meine Matratze sprang.

Sage.

„Na, du Rumtreiber", begrüßte ich ihn mit schlaftrunkener Stimme, woraufhin er seinen Kopf an meine hingehaltene Hand drückte. „Du hättest mich ja mal vorwarnen können, dass dieser Slade so plötzlich zurückkommt."

„Warum? Ist doch alles prima gelaufen. Oder hattet ihr Stress miteinander?"

Ich schüttelte den Kopf. „Nein, im Gegenteil. Ihm scheinen sogar meine Entwürfe zu gefallen. Jedenfalls hat er sie mit heißen Stiefeln ergänzt." Ich musste kichern.

„Ja, ja, er und seine Stiefel. Aber sie gefallen dir, oder?" Sage klang überraschend hoffnungsvoll und sogar ein wenig unsicher.

„Ja, ich finde sie toll. Ich frage mich nur, wie wir solche Maßstiefel anfertigen lassen sollen. Wovon? Von wem?"

„Das findet sich."

„Mhm", schnurrte ich nur. Das hatte Slade auch gesagt. Bei den beiden klang das alles so leicht. Aber wenn Slade für mich laufen wollte, gab er mir vielleicht einen Kredit. Kohle schien er ja zu haben. Es passte mir immer noch nicht, aber allmählich freundete ich mich mit dem Gedanken an. Ich war schon so weit gegangen, seit ich Sage begegnet war. Es wäre schade gewesen, jetzt aufzugeben. Ich erzählte Sage von dem Katzenlogo, und dass ich fand, es wäre ein schönes Markenzeichen für mein Label.

Zufrieden schnurrend rollte sich Sage neben mir zusammen. „Ich wusste, du würdest von Slade begeistert sein."

„Wie hast du es geschafft, dass der Kerl so plötzlich seinen Job in Mailand schmeißt und herkommt, um für eine No-Name-Designerin wie mich zu laufen?"

Mein Kater kicherte. „Sagen wir so: Ich hatte einen gut bei ihm."

Ich hob verwundert die Augenbrauen. „Er lässt uns kostenlos bei sich wohnen und du hast einen gut bei ihm?" Wäre es nicht eher umgekehrt gewesen? Und wie sollte dieses Megamodel bei einem Kater in der Schuld stehen?

„Mach dir nicht so viele Gedanken, Goldlöckchen. Es wird klappen, das hab ich dir versprochen. Im Moment läuft alles nach Plan."

So unwahrscheinlich seine Zusicherung auch klang, er schaffte es, mich damit zu beruhigen. Ich wollte daran glauben, wollte die Hoffnung nicht aufgeben, meinen Traum wahr werden zu lassen. Warum nicht? Es hatte sich bisher alles toll entwickelt, seit Sage aufgetaucht war. Okay, ich war pleite, aber ich hatte ein Modelabel, wohnte in einem Luxusdomizil, hatte eine traumhafte Männerkollektion erschaffen und ein unverschämt gut aussehendes Model, das bereit war, für mich zu laufen. Für den Moment blendete ich die vielen Hindernisse, die noch vor uns lagen, einfach aus. Stattdessen kraulte ich Sage hinter den Ohren und versuchte, wieder in den Schlaf hinüberzugleiten. Dabei berührte ich etwas, das vorher nicht dagewesen war. Verwundert hielt ich inne, richtete mich auf und hob Sage trotz seines Protestes auf meinen Schoß, um mir die Sache genauer zu besehen. Müdigkeit hin oder her.

„Was ist das denn? Seit wann trägst du ein Halsband?"

Und wer hatte es ihm angelegt?

Fauchend strampelte er sich frei und sprang mit einem beleidigten Knurren auf die Lehne der kleinen Chaiselongue neben dem Bett.

„Ja, es ist ein Halsband, na und? Sieht doch schick aus. Dachte, es wäre angebracht. Als Kater von Welt."

Ich verstand nur Bahnhof. Möglicherweise, weil ich mich im Halbschlafmodus befand.

„Na, du bist bald berühmt, Goldlöckchen. Eine gefragte Designerin in der Modewelt. Und ich bin dein Kater, dein Maskottchen sogar, nachdem Slade dir diesen Katzenkopf schmackhaft gemacht hat."

Er klang eifersüchtig, worüber ich schmunzeln musste. Er würde sich doch nicht mit Slade vergleichen wollen? Er war ein Kater und Slade … mir entfuhr ein leises Seufzen. Slade war ein Mann – ein Bild von einem Mann.

„Hallo? Leonie? Ich rede mit dir."

„Entschuldige!"

„Schon gut." Dennoch setzte er sich pikiert auf seine Hinterpfoten und begann, sich zu putzen. Es wirkte eitel und übervornehm – so gar nicht wie Sage.

„Choupette setzt auch Trends. Dann sollte ich mich da nicht lumpen lassen. Wer weiß, vielleicht lässt sich ja sogar mal ein Date zwischen ihr und mir arrangieren. Nicht, dass du jetzt eifersüchtig wirst, aber sie ist schon ein heißer Feger."

Ich wurde das Gefühl nicht los, dass er mir bewusst diesen Brocken hinwarf, so idiotisch das auch sein mochte. „Wer ist denn Choupette?"

Sage stellte das Putzen ein und bekam riesengroße Augen, sodass ich mich schon sorgte, er könne gleich umkippen und eine Wiederbelebung brauchen.

„Du weißt nicht, wer Choupette ist? Du kennst nicht Lagerfelds heiße Mieze? Leonie, schäm dich. Sie ist die Königin der Katzen-Haute-Couture."

Ah ja! Tja, für Tiermode hatte ich mich nie interessiert. Das musste an mir vorbeigegangen sein. Ich erinnerte mich vage, dass sich der große Karl hin und wieder mit einer graufelligen Schönheit hatte ablichten lassen, deren Name war jedoch nicht bei mir hängen geblieben. Ebenso wenig wie ihr Stellenwert in der Branche.

Mein Kater schüttelte sich ausgiebig und sprang wieder zu mir ins Bett.

„Verrätst du mir nun, woher du dieses Halsband hast?", fragte ich, während ich die Decke für ihn zurückschlug.

„Geschenk von Slade", erwiderte er knapp.

Ob ich ihm das glauben sollte? Wann waren sich die beiden begegnet? War mein Gastgeber etwa schon wieder zurück? All die Fragen ermüdeten mich und so wichtig war es an sich nicht. Sollte Sage doch sein Halsband tragen. Es war schick mit diesem grünen Stein in der

Mitte. Und er durfte selbstverständlich mein Maskottchen sein, immerhin verdankte ich alles Positive, das gerade in meinem Leben geschah, ihm. Inklusive diesem heißen California Dreamboy. Mit dem Gedanken an Slade sank ich wieder auf mein Kissen zurück und war wenig später tief und fest eingeschlafen.

Kapitel 8

Raubzug bei Nacht

Als ich am nächsten Morgen erwachte, war Sage fort. Dafür zog der köstliche Geruch nach frisch gebrühtem Kaffee durch das Haus, begleitet von Düften leckeren Specks mit Ei und warmen Brötchen. Mein Magen knurrte vernehmlich und ich nahm mit geschlossenen Augen einen tiefen Atemzug. Rasch schlüpfte ich in Jeans und Pulli und eilte barfuß die Treppe hinunter. Slade stand in der Küche am Herd, wieder mit nacktem Oberkörper. Hatte der Kerl denn keine Hemden oder Shirts zum Überziehen? Oder provozierte er einfach gern? In mir erwachte neben dem Hunger auf Marmeladenbrötchen jedenfalls noch ein anderer und das trieb mir heiße Schamesröte ins Gesicht.

„Guten Morgen", sagte ich kleinlaut. „Kann ich dir irgendwie helfen?"

Slade drehte sich zu mir um und lächelte entwaffnend. „Ja, du kannst Platz nehmen und dich verwöhnen lassen."

Ich schluckte. Von seinem Anblick oder den Dingen, die er auf dem Frühstückstisch ausgebreitet hatte. Himmel, davon wurde ja eine ganze Schneiderei satt.

„Ich wusste nicht, was du magst, darum hab ich von allem etwas mitgebracht."

Er ließ eine Portion Rührei auf meinen Teller gleiten. Nachdem er die Pfanne neben dem Herd abgestellt hatte, kam er mit der Kaffeekanne zurück und hielt sie über meine Tasse, zögerte aber mit dem Einschenken. „Willst du lieber Tee?"

Ich schüttelte den Kopf. „Nein, Kaffee ist prima. Ich muss erst mal richtig wach werden."

Als er lächelte, blitzte es in seinen Augen. Er schenkte mir ein und nahm dann mir gegenüber Platz. Ich verschaffte mir einen groben Überblick über all die Köstlichkeiten und wusste nicht, wo ich anfangen sollte. So ein Frühstück hatte ich schon Ewigkeiten nicht mehr genießen dürfen. Wenn ich es genau nahm, noch nie in meinem Leben. Ich startete mit einem Buttercroissant und biss genussvoll hinein, nachdem ich es mit Kirschmarmelade bestrichen hatte.

„Mhm, ist das gut."

„Freut mich", entgegnete Slade.

Als ich zu ihm hinüberblickte, betrachtete er mich über den Rand seiner Kaffeetasse hinweg. Seine grünen Augen funkelten unablässig, was mich irritierte. Lag es an den Sonnenstrahlen, die durch das Fenster hereinfielen? Mir war bisher nie aufgefallen, dass Augen derart funkeln konnten. Vielleicht machte das seine Besonderheit als Model aus, weshalb er so oft gebucht wurde.

Bei dem Gedanken kehrte mein schlechtes Gewissen zurück.

„Verlierst du nicht ziemlich viel Geld dadurch, dass du den Job in Mailand geschmissen hast?"

Er kräuselte die Lippen, winkte dann ab. „Mach dir darüber keine Gedanken. Wenn es etwas gibt, dem ich nicht hinterherrennen muss, ist es Geld."

Welch ein Luxus. Ich wünschte, ich könnte dasselbe von mir sagen, doch ich hatte momentan keinen Cent in der Tasche. Was mich wieder zu den Gedankengängen vom Vorabend brachte. Es war mir schrecklich unangenehm, ihn um Geld zu bitten, aber nachdem die Sprache darauf gekommen war, sollte ich die Gelegenheit nutzen.

„Ja … also …", begann ich, doch Slade unterbrach mich, ehe ich weitersprechen konnte.

„Wenn du willst, kannst du noch ein paar Entwürfe fertigstellen. Es sei denn, dir reicht die Kollektion, die du gestern gezeichnet hast." Er bestrich sich eine Scheibe Toast mit Butter, was allein schon wieder unverschämt sinnlich wirkte. Mein Blick verfolgte seine schmalen Finger, die das Messer führten und regelrecht Muster auf die geröstete Toastscheibe malten, wobei die Muskeln in seinen Armen und auf seinem Brustkorb kaum merklich zuckten. Anschließend ließ er auf erregende Weise Honig von einem Löffel heruntertropfen. Ich musste mich beherrschen, nicht über den Tisch zu springen und meinen Mund darunterzuhalten, um diese süßen Tropfen aufzufangen. Konnte man derart im Anblick von Essen versinken? Konnte einen solch eine subtile Handlung derart erregen? Offensichtlich. Jedenfalls mich. Was mich wunderte, da ich normalerweise schon mit Küssen überfordert war. Gedanken wie diese hier waren mir völlig fremd, aber für gewöhnlich saß ich nicht mit einem halb nackten Beau am Frühstückstisch. Ich war nicht mehr ich selbst, seit dieses Abenteuer begonnen hatte.

„Du kannst natürlich auch etwas chillen. Soll ich dir zeigen, wie die Heimkinoanlage funktioniert?"

Ich schüttelte irritiert den Kopf, weil ich gedanklich am Honig klebte. „Was? Wie? Ähm, und was machst du in der Zwischenzeit?"

Er grinste und biss herzhaft in den Toast. „Ich habe einige Dinge zusammen mit Sage zu erledigen", erklärte er, nachdem er gekaut und geschluckt hatte. Die Art, wie er sich einen Krümel von den Lippen leckte, ließ mich erschauern, was vielleicht auch daran lag, dass sich sein Blick regelrecht an mir festgebrannt hatte.

„Was für Dinge?"

„Wichtige Dinge. Damit aus den Entwürfen tragbare Klamotten werden. Verlass dich auf uns, Goldlöckchen. Wir machen das schon."

Goldlöckchen! Wenn Sage das sagte, klang es süß, wenn Slade es sagte …

Ich seufzte tief.

„Also?"

„Also was?" Verdammt, ich verlor ständig den Faden. Gut, dass mir das nicht bei den Klamotten passierte.

„Heimkino oder weitere Entwürfe?"

„Oh. Ach so. Ja, also, ich denke, ich werde noch ein wenig zeichnen. Vielleicht bessere ich auch nach."

„Sehr schön. Aber vergiss die Stiefel nicht." Er zwinkerte mir zu und räumte seinen Teller ab. „Lass dir nur Zeit beim Frühstücken. Du kannst die Sachen später in den Kühlschrank und das Geschirr in die Spülmaschine räumen. Heute Mittag bin ich wieder zurück."

„Und Sage?"

Er stockte. Obwohl er mir den Rücken zugewandt hatte, sah ich, wie er einmal tief durchatmete. „Der taucht irgendwann wieder auf, keine Sorge." Er drehte sich um und schenkte mir ein Lächeln zum Dahinschmelzen. „Welcher Kerl könnte einer Lady wie dir schon lange fernbleiben?"

Puh! Irgendwie hatte ich mir so ein Doppelleben leichter vorgestellt. Es war nicht so, dass es absolutes Neuland für mich wäre, doch es war neu, dass ich meine menschliche und meine tierische Natur derart strikt vor jemandem trennen musste und demjenigen mit beidem dennoch zur Seite stehen sollte. Das Halsband und seine Wirkung machten es mir nicht zwangsläufig leichter, denn ich musste meine Zeiten als Mensch sehr genau timen, damit ich nicht zu viel Energie verbrauchte und vor allem nicht Gefahr lief, irgendwann mitten im Gespräch vom Mann zum Kater zu werden. Das wäre peinlich gewesen und ein Bruch der Bedingungen. Ich war mir nicht sicher, wie Ulanda darauf reagieren würde und noch eine Strafe wollte ich nicht riskieren.

Die Vermeidung einer Strafe brachte mich zu einem weiteren Problem, das ich so nicht bedacht und nicht erwartet hätte. Ich grübelte nach stundenlangem Stöbern in sämtlichen Stofflagern der Stadt, wie ich Leonie gegenüber mein Wort halten konnte, denn im Augenblick schien es, als hätte ich zu große Töne gespuckt. Eigentlich war mein Plan gewesen, mein eigenes Kapital einzusetzen, um ein paar Bahnen exquisiten Stoffes zu kaufen, aus dem man ihre Kollektion schneidern konnte. Was ihr vorschwebte, hatte ich ja gesehen, somit war klar, welche Materialien und Farben ich brauchte. Ich wusste auch schon genau, wen ich da dransetzen wollte, die Unikate bis zum Ende der Woche zu nähen. Das Unterfangen drohte jedoch schon im ersten Schritt zu scheitern, denn das Problem lag darin, dass es nirgendwo mehr Stoffe zu kaufen gab, die den Ansprüchen unserer Kollektion genügen würden. Die anderen Designer hatten eindeutig besser planen können und alles leer gekauft, was lohnenswert gewesen wäre. Sogar die Online-Shops für gute Stoffe waren geplündert. Allen voran dürfte Leonardo beherzt zugegriffen haben. Sicherlich deshalb, damit kein anderer was davon abbekam. Der Kerl konnte unmöglich so viel Tuchwaren benötigen für die Kleider, die er auf den nächsten Shows vorstellen wollte. Es war zum Fellballwürgen.

„Warum leihst du dir nicht ein paar hübsche Stoffmuster?", zischelte es neben mir im Gras.

Irritiert steckte ich meine Nase tiefer ins Grünzeug. Dort lag eine zusammengerollte Natter und genoss die im Boden gespeicherte Sonnenwärme. Irgendwie kam mir das Tier bekannt vor. Die Schlange kicherte leise. Es dämmerte mir.

„Ulanda?"

Als Herrin der Gestaltwandler war sie nicht an eine bestimmte Form gebunden.

„Gut kombiniert, mein lieber Sage. Also, was ist?"

„Du hast mich wegen Diebstahl in diesen Katzenkörper gesperrt. Du schlägst mir jetzt nicht wirklich vor, dass ich schon wieder lange Finger mache?" Allerdings, wenn ich es in menschlicher Gestalt täte, würde sie mich vielleicht in diese bannen. Das wäre natürlich eine lohnenswerte Option.

„Alles eine Frage der Umstände. Siehst du, Leonardos Kollektion ist fertig. Was da jetzt noch herumliegt, ist praktisch Abfall. Müll gehört niemandem mehr."

So listig konnte echt nur eine Schlange sein.

„Du schlägst mir ernsthaft vor, Leonardo zu bestehlen?"

„Ich schlage gar nichts vor", zischte sie zurück und begann, sich davonzuschlängeln. „Ich nenne dir nur eine mögliche Option."

Eigentlich war die Idee gar nicht schlecht. Der Kerl hatte mich mit einem Diebstahl in die Bredouille gebracht, warum sollte er mich nicht mit einem zweiten wieder herausbringen? Ulanda hätte eine solche Äußerung nicht von sich gegeben, wenn ich dabei mit Konsequenzen zu rechnen hätte. Aber als Kater konnte ich keine Stoffbahnen schleppen. Also würde es mich wiederum Energie kosten. Gut, dass ich seit dem Frühstück als Kater herumlief. Es sollte somit ausreichend Kapazität vorhanden sein. Der Gedanke, gemeinsam mit Leonie in Leonardos Stofflager einzubrechen, damit sie sich ihre Wunschmaterialien aussuchen konnte, war ausgesprochen verlockend. Nachts – allein mit ihr – umgeben von Leder, Samt und Seide … meine Fantasie ging mit mir durch. Goldlöckchen hatte wirklich eine besondere Wirkung auf mich. Dabei fiel mir auf, dass ich nicht einem einzigen weiblichen Wesen mehr hinterhergestarrt hatte, seit ich eine süße, verheulte Blondine auf einer Hinterhoftreppe kennengelernt hatte.

Fußnote Ulanda: Na, ob das eine meiner guten Ideen gewesen ist? Sage und Leonie in Lack und Leder? Na gut, ein wenig Stoff ist dabei. Und zumindest Leonie scheint mir keine Anhängerin von speziellen Fetischen zu sein. Außer, dass sie langsam ein Katzenfaible entwickelt. Wie auch immer. Auf jeden Fall soll sich Sage nicht darüber beschweren, dass er ein Doppelleben führen muss, schließlich trug er sich bis vor Kurzem mit der Absicht, eine unbegrenzte Anzahl an Gestalten zu nutzen. Dabei hat es schon seinen Sinn, warum jedes Werwesen nur eine Menschen- und eine Tiergestalt hat. Multiple Persönlichkeiten sind eine ernst zu nehmende psychologische Problematik. Ich weiß, wovon ich rede, das können Sie mir glauben. Es gibt Tage, da wünsche ich mir die Couch. Aber in meinem Job fehlt mir für ein Burn-out einfach die Zeit. Einen Sack Flöhe zu hüten ist leichter als eine Welt voller Gestaltwandler. Den Sack kann man wenigstens zumachen. Dann ist Ruhe im Karton.

„Leonie? Bist du da?"

Blöde Frage, wo sollte ich denn sonst sein? Ohne Kleingeld konnte ich nicht mal einen Kaffee trinken gehen. „Ich bin hier oben im Atelier", antwortete ich Slade. Gleich darauf hörte ich, wie er die Stufen heraufkam. Als er diesmal die Tür aufstieß und eintrat, hatte er zumindest ein Hemd an – was aber nicht nennenswert weniger sexy war. Die kurzen Ärmel betonten seine Bizepse und die oberen Knöpfe waren offen, um einen Blick auf den definierten Brustkorb freizugeben. Hatte er heute früh auch schon die zerfetzten Jeans angehabt? Ich war eindeutig zu sehr von dem Honig abgelenkt gewesen.

„Hast du was Schwarzes zum Anziehen?", fragte er ohne Umschweife. Mir blieb im ersten Moment die Luft weg. Was meinte er mit „was Schwarzes zum Anziehen"? Wollte er mich ausführen? Oder hatte er was Unanständiges mit mir vor? Hoffentlich ging es nicht um eine Beerdigung. Sage würde doch nichts passiert sein?

„An was hattest du denn gedacht?"

Er musterte mich von Kopf bis Fuß. „Mhm. Einen Overall? Hose und Sweatshirt tun es auch."

Okay, schon mal nichts Unanständiges. Und nach Ausgehen klang es ebenfalls nicht. „Ist was mit Sage?"

Diesmal runzelte er verwirrt die Stirn. „Was? Nein, wieso?"

Ich winkte ab. „Nicht so wichtig." Ich blamierte mich mal wieder bis auf die Knochen. Aber Hauptsache, mein Kater war wohlauf.

„Es dient nur zur Tarnung. Wir wollen doch beim Einbruch nicht erwischt werden."

„Ach so. Na dann." Beruhigt wollte ich schon in mein Zimmer gehen, um in meinen Sachen nach etwas Passendem zu suchen, als seine Worte die Schaltzentrale meines Gehirns endlich erreichten und dort binnen Sekunden den Alarmknopf aktivierten. Ich erstarrte mitten in der Bewegung. „Du hast jetzt nicht *Einbruch* gesagt."

Er umrundete mich und verschränkte mit boshaftem Grinsen die Arme vor der Brust. „Doch, genau das habe ich gesagt. Wir werden Leonardo ein Schnippchen schlagen und damit anfangen, ihn buchstäblich dafür büßen zu lassen, was er mit dir abgezogen hat."

Mir blieb der Mund offen stehen. Gleichzeitig wurde mir klar, dass Sage unseren Gastgeber genauestens über die Tatsachen in Kenntnis gesetzt haben musste, und dass Slade offensichtlich ebenso wenig von Leonardo hielt, wenn er ohne Zögern bereit war, einen Einbruch bei dem Stardesigner zu begehen.

„Ich … ich hab so was noch nie gemacht."

Er zuckte ungerührt die Schultern. „Ich schon. Keine Sorge, das wird ein Spaziergang." Er beugte sich zu mir herunter. „Vertrau mir", raunte er und erneut funkelte es in seinen grünen Augen.

Würden Sie einem Dieb trauen? Immerhin würden wir bei einem Dieb einbrechen. Legitimierte es die Sache? Ich war mir nicht sicher. Dennoch suchte ich nach einem passenden Outfit, fand keines und steckte eine halbe Stunde später in Hosen und Hemd von Slade, die beide zum Verrücktwerden intensiv nach ihm dufteten. Wie sollte ich mich so konzentrieren? Wo der Stoff nicht richtig passte, löste ein Gürtel das Problem. Im Großen und Ganzen fühlte ich mich wohl in diesem Dress.

„Du siehst umwerfend verrucht aus", lobte mein Komplize. „Fast wie eine echte Verbrecherin."

Ein recht zweifelhaftes Kompliment, aber ich freute mich trotzdem darüber. Slade nahm mich mit in seine Garage, wo eine heiße, schwarze Maschine stand … an der wir leider vorbeigingen. Ich hatte schon immer mal auf einem Motorrad mitfahren wollen.

„Ein andermal gern, aber je nachdem, wie umfangreich deine Auswahl ausfällt, dürfte es schwierig sein, sie mit dem Bike herzubringen, ohne dass jemand was davon mitbekommt."

Dem konnte ich leider nicht widersprechen. Die Alternative der Wahl war ein schwarzer Van. Jede Menge Platz und reinschauen konnte von außen auch niemand.

Slade kannte den Weg zu Leonardos Firmensitz erstaunlich gut, aber vermutlich wussten alle erfolgreichen Models, wo die Zentralen der Designer lagen. Er parkte den Van in einer Seitengasse, die direkt an das Gebäude grenzte. Das Gelände war von einem hohen Zaun umgeben und kameraüberwacht. Konnte ja heiter werden. Hier würden wir niemals unbemerkt reinkommen und raus schon mal gar nicht.

„Hey, ich hab doch gesagt, du sollst mir vertrauen." Slade war die Ruhe selbst. „Warte hier, ich kümmere mich um die Sicherheitssysteme."

Sprach's und verschwand in der Dunkelheit. Ich blieb allein neben dem Wagen zurück und zitterte wie Espenlaub. Bei jedem Geräusch rechnete ich damit, dass mich irgendein Sicherheitsmitarbeiter mit der Taschenlampe anstrahlte und wissen wollte, was ich hier zu suchen hatte. Womöglich sogar die Polizei. Ich sah schon die Schlagzeile vor mir: *Talentierte, vielversprechende Designerin bei Einbruch überrascht.* Zehn Jahre Gefängnis. Tschüss, Modekarriere.

„Die Luft ist rein, komm mit."

Mir blieb fast das Herz stehen, als sich Slade von hinten anschlich. Der Kerl war lautlos wie eine Katze, aber beunruhigend war, dass seine Augen im Dunkeln für einen Moment leuchteten wie die einer Samtpfote. Ich hoffte, dass dies nur eine Sinnestäuschung war, denn wenn nicht, würde mir angst und bange.

Trotzdem folgte ich Slade zu einem Hintereingang, der einladend offen stand. „Man muss manchmal nur gründlich genug suchen – und auf sein Glück vertrauen."

Seine Worte in Gottes Ohr. Für mich stand jetzt schon fest, dass eine zweite Karriere als Einbrecherin nicht infrage kam. Das würde mein Kreislauf auf Dauer nicht mitmachen.

Gerade nahm mein Erfolgspfad einen kleinen Umweg, der mir nicht so sehr behagte, aber was tat man nicht alles für die Karriere. Außerdem hatte Leonardo es definitiv verdient. Mit dem Kerl würde ich kein Mitleid haben, er hatte zuerst mich bestohlen. Durfte ich so vermessen sein zu behaupten, dass meine Entwürfe unterm Strich wertvoller waren als einige Bahnen Stoff? Ja, entschied ich, ich durfte.

Kaum, dass wir das Gebäude betraten, schlug mir der vertraute Duft von Samt, Seide, Leder und Damast entgegen. All die edlen Stoffe, all die Farben und Muster. Ich sah sie vor mir, konnte sie schmecken, riechen und war wie im Rausch. Slade hatte eine Taschenlampe mitgebracht und leuchtete den Raum damit aus. Ich fühlte mich wie Ali Baba in der Schatzhöhle. Überwältig von den Reichtümern, die mich hier umgaben. Wie sollte ich mich da entscheiden? Ein Stoff war feiner als der andere, ein Muster schöner als das andere, und erst das Leder … ich konnte mich nicht erinnern, jemals meine Hand auf solch eine feine Arbeit gelegt zu haben. Daraus würden sich die schönsten Stiefel der Welt schustern lassen. Vorausgesetzt, wir fanden einen Schuster. Oder besser noch mehrere, denn wenn ich zu jedem Modell das passende Paar Stiefel haben wollte, mussten fast vierzig davon gefertigt werden. Ich war nämlich heute wieder fleißig gewesen, während meine beiden männlichen Gefährten mich alleingelassen hatten.

„Such dir aus, was du haben willst", forderte Slade mich auf. Das war wie Ostern, Weihnachten und Geburtstag zusammen. Ich vergaß für einen Moment, dass ich dabei war, ein Verbrechen zu begehen. Als Erstes wählte ich einen nachtblauen Damast mit Goldbestickung aus. Gleich gefolgt von weißem Leinen, aus dem sich herrliche Hemden zaubern ließen. Dunkelroter Samt und smaragdgrüne Seide, die zu Slades Augen passen würde, schlossen sich an. Ebenso wie purpurfarbener Satin für ein Jackett mit Aufschlägen aus Samt, die eine Spur dunkler waren. Gott, in meinem Kopf explodierten die Ideen. Ich hatte nicht nur meine fertigen Entwürfe vor Augen, sondern ein Dutzend weiterer. Einen Stoff nach dem anderen wählte ich aus und legte ihn beiseite. Ich bekam kaum mit, wie Slade sie nacheinander hinaus zum Wagen trug. Ich war in meiner eigenen Welt gefangen.

„Himmel, ich kann nicht glauben, dass ich mich zu so was hinreißen lasse", entfuhr es ihm, als er ein weiteres Mal zurückkam und auf den Stapel blickte, den ich schon wieder ausgesucht hatte. Dabei war ich nicht einmal die Hälfte der Gänge abgeschritten. Ich hätte die ganze Nacht so weitermachen können, aber seine Worte ernüchterten mich, weil sie mir in Erinnerung riefen, was wir hier taten.

„Denkst du etwa, bei mir steht Stehlen auf der Hobbyliste?", zischte ich daher gereizt.

Er hob fragend eine Braue. „Also offen gestanden, halte ich dich für die ehrlichste und unschuldigste Haut, die mir in der Modebranche je über den Weg gelaufen ist. Mich stört es nicht, dass ich hier einbreche, um etwas zu stehlen, das läuft bei mir schon fast unter alter Gewohnheit."

Ich schnappte entsetzt nach Luft. Das Megamodel ein Dieb? Ein Gewohnheitsräuber? Er hatte zwar gesagt, dass es nicht das erste Mal für ihn wäre, aber so locker, wie er tat, schien es da eine gewisse Regelmäßigkeit zu geben.

„Ich finde es nur befremdlich, dass ich Stoffe, Garn und Nähmaschinen klaue. Das ist echt unter meiner Würde", fügte Slade hinzu.

Na, der hatte Sorgen. Wo lag denn der Unterschied? Und was hieß hier unter seiner Würde? Es ging für mich um meine Würde! Und um Gerechtigkeit!

Bevor ich entrüstet eine entsprechende Äußerung von mir geben konnte, wandelte sich sein Gesichtsausdruck und nahm mit einem Mal den vertrauten Ausdruck der Grinsekatze aus Alice im Wunderland an.

„Aber hey, ich finde es cool, diesem eingebildeten Schnösel eins auszuwischen. Und dann noch zu einem guten Zweck."

„Guten ... Zweck?", fragte ich unsicher.

„Klar. Welcher Zweck könnte besser sein, als dir deinen Traum zu erfüllen? Goldlöckchen, dir würde ich fast jeden Traum erfüllen. Du musst ihn mir nur sagen."

Slades Schmunzeln erinnerte mich an einen Kater vor einem leeren Sahnetopf. Fehlten nur noch Sahnekleckse auf seinen Lippen.

„Was ... was meinst du damit?" Die Stimmung hatte sich spürbar verändert. Es machte mich nervös – auf eine anregende Weise nervös, mit der ich nicht umgehen konnte. Dafür fehlte mir die Erfahrung. Mit Einbrüchen, mit Männern – vor allem mit Männern wie Slade.

Er blickte versonnen vor sich hin. „Hach", seufzte er. „Weißt du, wie anregend das ist? Hier, umgeben vom Duft von edlen Stoffen und Leder, mit dir ganz nah, im Dunkeln ..."

Er tat einen Schritt auf mich zu und legte seine Arme um meinen Körper. Passierte das wirklich oder war es einer meiner unanständigen Träume?

„Meine süße Leonie." Seine Stimme besaß etwas Schnurrendes, das mir tief unter die Haut kroch. Ich schluckte, wusste nicht, was ich darauf antworten sollte, aber es war besser, dass ich nichts sagte.

Slade kam mir noch näher. Ich fühlte seine Hand an meiner Wirbelsäule entlangwandern und erschauerte. Seine grünen Augen funkelten selbst in dem spärlichen Licht wie geschliffene Smaragde und besaßen so ein magisches Schimmern, dass mich ein Gefühl überkam, als würde er mich hypnotisieren.

„Ma...machst du mich etwa gerade an?" Unter diesen Umständen? Mir wurde schwindlig.

„Mhm ... es ist eher so, dass du mich anmachst. Ich kann dir gar nicht sagen, wie sehr. Leo", hauchte er. Im nächsten Moment spürte ich seine weichen Lippen auf meinem Mund. Ich wurde an seinen Körper gepresst und hatte das Gefühl, jeden einzelnen seiner austrainierten Muskeln durch den Stoff seines schwarzen Einbrecheroutfits spüren zu können, das mir gerade völlig überflüssig erschien. Ich wollte ihn spüren, in seinen Armen liegen – was ich ja tat – aber anders. Nackt, in einem Bett, mit schöner Musik im Hintergrund und...

„Pscht!" Der Kuss endete viel zu abrupt und ließ mich verwirrt zurück. Ich konnte Slade nicht recht folgen, registrierte aber zum Glück seine ernste Miene, die mir sagte, dass Gefahr im Verzug war. Sekundenbruchteile später hörte ich ebenfalls die schlurfenden Schritte des Wachmanns. Instinktiv presste ich mich fester gegen Slade, was er mit einem zufriedenen Lächeln quittierte. Ich kam nicht oft einem Mann derart nah und so einem erst recht nicht. Das musste ein Traum sein. Alles war surreal. Angefangen von den edlen Stoffen bis hin zu der Tatsache, dass Slade mich geküsst hatte und ich über Dinge nachgedacht hatte, über die ich nicht hätte nachdenken sollen.

„Beweg dich nicht", raunte er mir zu und drückte mich zwischen einen Berg von Stoffen. Weiche Wolle und kuscheliger Brokat umgaben mich. Wie ein edles Bett, in das wir zusammen sanken. Himmel, was war nur mit meinen Gedanken los? Ich sollte mir vielmehr Sorgen machen, dass der Wachmann uns entdeckte. Oder die offene Tür. Wenn er sie absperrte, waren wir hier drin gefangen.

Unsinn, schalt ich mich. Slade hatte sie von außen aufgemacht, er würde sie erst recht von innen öffnen können. Aber wenn man uns erwischte, waren wir beide dran.

Ich blieb wie erstarrt liegen und lauschte auf die schleppenden Schritte und das unzufriedene Gemurmel. Offenbar waren Angestellte von Leonardo keine sonderlich zufriedenen Arbeitnehmer. „Er ist gleich wieder weg, er dreht nur seine Runde."

Welche Runde? Welchen Gang wählte er? Wenn er durch den siebten Gang gehen würde ... da hatte ich noch die ...

Ein lautes Rumpeln erklang, ehe ich den Gedanken zu Ende gebracht hatte.

„Verflucht und zugenäht!"

Ich biss mir auf die Lippen, während der Wachmann schimpfend wieder auf die Füße kam. Vor meinem inneren Auge konnte ich praktisch sehen, wie Slade die Augen rollte. Meine Gier nach Stoffen war womöglich unser Untergang.

„Können diese dämlichen Näherinnen das Zeug nicht wieder wegräumen, wenn sie es nicht mehr brauchen?"

Ich unterdrückte mühsam ein Aufatmen, hörte, wie das Stoffbündel wieder an seinen Platz geräumt wurde. Wenig später entfernten sich seine Schritte endgültig.

„Puh, das war knapp. Bist du fertig oder nehmen wir beim Abgang noch was mit?"

Ich schüttelte heftig den Kopf. Mir war die Lust auf Bereicherung vergangen. „Ich glaube, ich habe schon zu viel mitgehen lassen", erwiderte ich, während Slade mir auf die Füße half.

Er runzelte skeptisch die Stirn. „Du erwartest jetzt aber nicht von mir, dass ich irgendwas von dem Zeug wieder reintrage, oder?"

Doch, eigentlich schon. Am besten alles. Aber ich schüttelte erneut den Kopf. „Nein, lass uns nur rasch von hier verschwinden, bevor wir geschnappt werden."

Ich war erst wieder ruhig, als wir den Van in die Garage zurückfuhren und uns keine Polizeikolonne bei unserer Rückkehr erwartete.

Kapitel 9

Katzenmusik

Leonie war mehr als angespannt, was ich ihr nicht verdenken konnte. In Leonardos Stofflager hatte sie sich benommen wie ein Kind im Bonbonladen, was ich unglaublich süß gefunden hatte. Ich wäre auch noch zwanzig Mal für sie gelaufen, obwohl der Van fast schon überladen war. Aber als der Wachmann aufgetaucht war, hatte Goldlöckchen fast einen Herzkasper bekommen. Ihre Nerven waren nicht die besten, daran mussten wir arbeiten, damit Leonardo sie nicht mehr einschüchterte. Denn in weniger als einer Woche würde sie ihm gegenüberstehen, das war nicht zu vermeiden. Ebenso wenig wie die Tatsache, dass er die Stoffe natürlich erkennen würde. Nur konnte er es uns genauso wenig nachweisen wie wir ihm seinen Diebstahl. Gleichstand also. Was wir leider nicht mehr hatten klauen können, war eine Nähmaschine. Die musste ich anderweitig organisieren, denn sowas gehörte nicht zur Standardeinrichtung meiner bescheidenen Heimstatt, aber ich gedachte nicht, Leonie explizit darauf hinzuweisen und ihre wachsende Euphorie und Hoffnung damit zu bremsen.

„Ausladen werde ich morgen", erklärte ich Leonie und schloss die Eingangstür hinter uns. Ich war müde und sie brauchte Ruhe. Aber daran war bei ihr anscheinend nicht zu denken, denn sie rieb sich über die Arme und begann plötzlich unkontrolliert zu zittern, dass es mir Sorge bereitete.

„Hey, ist alles okay mit dir?"

Sie schüttelte hektisch den Kopf. „Nein. Nein, ich glaube, gar nichts ist mehr okay. Oh Gott, ich habe einen Einbruch begangen! Ich bin straffällig geworden. Mehrfach. Denn die Anmeldung meines Modelabels beruht genauso auf Betrug. Das hab ich nicht gewollt. Ich wollte Designerin werden. Keine Hochstaplerin."

Sie klang, als würde sie gleich losheulen. Ich schob es auf eine Mischung aus Übermüdung und Stress. Es war ja nicht so, dass sie sich zuvor nicht darüber im Klaren gewesen wäre, was wir taten. Alles im Leben hatte seinen Preis und für mein Empfinden waren Notlügen wie ein leicht modifizierter Lebenslauf und der Einbruch bei einem Dieb und Betrüger nun wirklich Bagatelldelikte.

„Aber Süße, mach dich deswegen nicht verrückt", versuchte ich sie zu beruhigen und nahm sie in den Arm. Sie war so weich und anschmiegsam. Ich musste leise seufzen, als sie sich schluchzend gegen mich sinken ließ. „Es ist heute Abend alles gut gegangen, und wenn man Leonardo bestiehlt, muss man wirklich kein schlechtes Gewissen haben. Dem gehört in aller Regel sowieso nichts von dem Zeug, weil er selbst alles zusammenklaut. Der Kerl wäre besser Rabe geworden statt L…" Ach verdammt, sie durfte von dem Werzeug ja nichts wissen. „Luxus-Designer wollte ich sagen."

Leonie schniefte vernehmlich. „Meinst du wirklich?"

„Klar! Würde ich es sonst sagen? Und dein Lebenslauf wird demnächst keinen mehr interessieren, wenn du erst berühmt bist. Was du sicher wirst, denn deine Kollektion ist toll. Mega. Brilliant. Magnifique."

Sie kicherte.

Genau das hatte ich beabsichtigt.

„Nun übertreib nicht."

„Oh, das tu ich keineswegs. Du kannst dir was darauf einbilden, dass ich deine Mode tragen werde. Ich laufe nicht für jeden. Und ich ziehe auch nicht alles an."

Sie neigte zweifelnd den Kopf zur Seite und blickte mich mit ihren babyblauen Augen an. Ich schmolz förmlich dahin, egal, wie fertig ich gerade war. „Logo. Darum bist du per Eilflugzeug aus Mailand hergeflogen, obwohl du meine Kollektion noch gar nicht kanntest."

Erwischt! Jetzt brauchte ich eine schnelle Ausrede. „Sage hat mir davon vorgeschwärmt. Er und ich haben den gleichen Geschmack."

„Du und eine Katze?"

„Er ist ein Kater der Haute Couture, das weißt du doch."

Ihre Augen wurden schmal. „Er kannte aber nichts von mir. Leonardo hatte mir ja meine Entwürfe gestohlen."

Mist. Wie kam ich aus dieser Nummer bloß wieder raus? Sorry, Sage, aber dafür musst du jetzt den Kopf hinhalten.

„Kannte er nicht? Hat dieses verschlagene schwarze Fellbündel mich etwa angelogen? Na so was."

Das nahm sie mir immerhin ab, denn sie lachte darüber und ich fiel mit ein. Puh! Noch mal gut gegangen. Arm in Arm schlenderten wir die Treppe hinauf und geradewegs in Leonies Schlafzimmer. Es war keine Absicht, ich dachte schlichtweg nicht darüber nach und auch sie machte keine Anstalten, mich vor der Tür zu verabschieden. Also standen wir plötzlich neben ihrem Bett. Erst in diesem Moment wurde ihr die Situation klar. Sie biss sich unsicher auf die Unterlippe, es sah hinreißend aus.

„Slade?" Ihre Stimme zitterte noch stärker als ihr Körper vorhin. Sanft strich ich ihr die blonden Locken zurück und nahm ihr Gesicht zwischen meine Hände.

„Alles okay, Goldlöckchen?"

Ich sah, wie sie schluckte. „Ja … weißt du … ich … ich hab nicht so viel Erfahrung mit so was. Also mit Männern, die ich kaum kenne und die dann in meinem Schlafzimmer …"

Ihr Gesicht glühte förmlich, aber sie schien nicht die Absicht zu haben, mich wegzuschicken. Ich beugte mich vor. In Leonardos Stofflager hatte sie sich nicht gegen den Kuss gewehrt. Sie tat es auch jetzt nicht. Ihre Lippen waren so wundervoll weich, ihr Körper schmiegte sich in meine Arme. Hier würde kein Nachtwächter vorbeikommen und uns stören. Ich wusste, sie würde nicht Nein sagen, wenn ich jetzt …

Verdammt, was war das denn? Ich fühlte, wie es an meinem Körper prickelte und es war definitiv kein sinnliches Gefühl, sondern mehr diese unangenehme Empfindung, die mit der Transformation zwischen Mensch- und Tiergestalt einhergeht. Mist! Die Energie des Halsbandes ließ nach. Ausgerechnet jetzt!

Nein! Das durfte nicht wahr sein. Ich war so nah dran. Und ich wollte sie so sehr. Auf eine Weise, wie ich noch keine gewollt hatte. Für sie würde ich alles tun, nur damit sie glücklich war. Das war nicht nur so eine Spaßgeschichte, kein simpler biochemischer Hormonprozess. Das war mehr. Das war Magie. Das war Lie…

„Leonie …"

„Slade!" Sie klang atemlos, erwartungsvoll, aber der Name, der über ihre Lippen kam, wirkte ernüchternd und schmälerte mein Bedauern ob der nachlassenden Wirkung meines Zauberhalsbandes. Es war nicht richtig. Nicht so. Wenn sie sich mir hingab, sollte sie sich *mir* hingeben, nicht ihm. Ich wollte meinen Namen von ihren Lippen hören, wenn sie sich vor Lust unter mir wand und dem Gipfel entgegentrieb.

„Tut mir leid. Ich … ich kann das so nicht."

Ich ließ sie los, sah sie ungläubig blinzeln, verließ aber zur Sicherheit hastig den Raum, ehe ich mich vor ihren Augen zurückverwandelte. Wie gerne hätte ich es ihr erklärt, aber ich durfte nicht. Würde sie es verstehen? Würde sie sauer auf mich sein? Nein, auf mich nicht, aber auf Slade. Gut so. Sollte sie dem Kerl ruhig demnächst die kalte Schulter zeigen, sie war mein Mädchen und er durfte sie mir nicht wegnehmen.

Himmel, was ist das für eine Scheiße? Ich bin eifersüchtig auf mich selbst!

Als ich die Treppen nach unten eilte, tat ich dies bereits auf vier Pfoten. Leonie folgte mir nicht. Sicher war sie enttäuscht und verstand die Welt nicht mehr. Wie ich das wieder geradebiegen wollte – ob als Sage oder als Slade – wusste ich noch nicht. Diese Beziehung war so ziemlich das Komplizierteste, was ich je begonnen hatte.

Aber es war auch das, was ich wollte wie nichts zuvor. Es ging nicht mehr nur darum, Leonardo etwas heimzuzahlen, obwohl es mir nach wie vor ein Bedürfnis war, ihn für seine Missetaten zur Rechenschaft zu ziehen und ihm die Macht wieder zu entreißen, derer er sich unberechtigterweise bediente. Wichtiger war mir, dass Leonie glücklich war. Dass sie Erfolg mit ihrer Kollektion hatte – und in der Liebe. Mit mir an ihrer Seite. Aber wie sollte das gehen, wenn Sage für sie bloß ein schwarzer Kater war? Gott, Beziehungen waren für mich neu. Ich kannte nur Affären. Hätte ich gewusst, dass Beziehungen so kompliziert waren, wäre ich vorsichtiger an die Sache herangegangen.

„Nein, wäre ich nicht", gestand ich mir seufzend ein. Es war um mich geschehen gewesen, als ich Leonie weinend auf den Stufen gesehen hatte. Sie war … wie eine Fee. Wie eine Märchenprinzessin. *Meine* Märchenprinzessin. Sie machte etwas mit mir, das ich nicht kannte, und das sich gleichermaßen gut und schmerzvoll anfühlte.

„Das ist das verdammte Halsband. Es bringt meine Synapsen durcheinander."

Ja, ja, Sage, um Ausreden bist du noch nie verlegen gewesen.

Als Katze wollte ich nicht zu ihr zurück, für den Kerl reichte die Kraft des Halsbandes nicht mehr. Aber Leonie wollte eben diesen Kerl. Sie wollte Slade, nicht Sage. Ich hätte mit dieser Lüge nicht erst anfangen dürfen, aber Ulanda hatte ja die Bedingung gestellt, dass sie nicht von mir erfuhr, was es mit den beiden auf sich hatte. Das frustete mich. Genauso wie es mich frustete, dass ich jetzt nicht bei ihr war. Und dass sie heute Nacht nicht von mir, sondern von dem Model träumen würde. Wobei das ja eigentlich dasselbe war. Aber was nutzte das, wenn sie es nicht wusste? Was brachte es mir, dass sie sich in mich verliebt hatte, wenn sie nicht wusste, dass sie sich in mich verliebt hatte? *Falls* sie sich in mich verliebt hatte.

„Argh! Ich bekomme Kopfschmerzen!"

Da half nur eins. Ein kleiner Schlummertrunk. Dann würde ich wenigstens schlafen können. Die Hausbar gab sicher einiges her. Und im Kühlschrank war frische Milch, die hatte ich gestern selbst eingekauft. Ich liebe Mixgetränke.

Ulanda war besorgt. Mehr als je zuvor. Nicht wegen Sage, der machte sich erstaunlich gut. Endlich einmal nutzte er all seine Fähigkeiten zu einem positiven Zweck. Wer hätte gedacht, dass dieser Schwerenöter, der keiner Mieze widerstehen konnte, einmal sein Herz so gründlich verlieren würde, dass er einen neuen Lebenspfad beschritt? Sie war sehr zufrieden mit ihm. Nein, ihre Sorge war anderer Natur. Seit Tagen hatte sie nichts von ihrer Schwester gehört. Das war noch nie vorgekommen. Sie besaßen immer eine Verbindung zueinander, aber im Augenblick war diese gestört. Sie konnte zwar fühlen, dass die Naga lebte, doch wo sie war und wie es ihr ging, lag unter einem undurchdringlichen Schleier verborgen. Das war bedenklich. Vielleicht war sie nur krank? Konnten Nagas krank werden? Es war noch nie geschehen, solange Ulanda denken konnte, aber was hieß das schon? Wäre es ihr lieber gewesen, wenn die Schwester kränkelnd darniederlag? Ja, in diesem Falle schon. Denn wenn sie wirklich fort war, wenn ihr etwas anderes zugestoßen war, man sie womöglich gefangen hielt …

Ulanda mochte kaum daran denken, was dies für die Welt der Schatten und der Menschen bedeutete. Jemand, der die Naga beherrschte, beherrschte die Spiegel. Damit konnte er … zwischen allen Welten wandeln und die Kraft der Spiegel nutzen, wie es ihm beliebte. Ulanda schauderte. Sie musste Gewissheit haben. Sie musste nachsehen, wie es ihrer Schwester ging. Musste sehen, dass sie im Onyx-See weilte.

Eingehüllt in einen Kapuzenmantel machte sich Ulanda auf den Weg. Den Club überließ sie Igor, er wusste, was zu tun war. Solange er dort war, gab es keinen Ärger. Das hier war jetzt wichtiger.

Ulanda war lange nicht mehr in dem Bereich zwischen den Welten gewandelt. Diese Aufgabe oblag ihrer Schwester. Ulanda achtete in den Welten darauf, dass keiner über die Stränge schlug, ihre Schwester hütete die Magie, die alles nährte, auf dem schmalen Grat dazwischen. Geriet diese aus dem Gleichgewicht oder fiel sie in die falschen Hände, waren alle möglichen Szenarien denkbar und keine davon erfreulich.

Eine schmale Mondsichel stand am Himmel. Die Sterne funkelten vereinzelt, hier und dort wurden sie von Wolkenfetzen verborgen. Oder von Nebelschleiern, die durch den Wald waberten. Es war ungewohnt still in der Nähe des Sees. Normalerweise vernahm man hier ein beständiges Summen und Sirren, doch heute Nacht lag Lautlosigkeit wie ein bleischwerer Teppich auf der Lichtung. Die glatte Wasseroberfläche war völlig bewegungslos. Nicht einmal Fische oder die üblichen Wasserspringer waren zu sehen. Im Schilf quakten weder Frösche noch schliefen dort die Libellen, die sonst den ganzen Tag über mit ihren schillernden Leibern die Menschen erfreuten. Der See war ... wie tot.

Ulanda schnappte nach Luft und fasste sich ans Herz. Konnte das wahr sein? In tausenden von Jahren hatte niemand die Naga angerührt. Es gab nur einen Weg, sie zu fangen, aber ein solches Netz, das eine Naga hielt, musste aus besonderen Fäden gesponnen sein. Der Köder früh am Morgen in einem Beutel aus Spinngewebe gesammelt werden. Nur ein Wesen aus der Schattenwelt konnte dies vollbringen. Ein Mensch niemals. Doch selbst in der Schattenwelt verstanden sich nur wenige auf die Kunst, derlei Gewebe zu spinnen und zu weben. Gerade denen aber hätte Ulanda eine solche Tat nie zugetraut. Schon gar nicht aus eigenem Antrieb. Allerdings ... wenn jemand anderer sie dazu verleitete ...

Sie dachte an Sage und dass dieses merkwürdige Gefühl ihre Schwester betreffend in derselben Nacht begonnen hatte, als sie ihn beim Diebstahl in Roberticos Garten überrascht hatte. War seine Tat nur ein Ablenkungsmanöver gewesen? Es schien so.

„Oh nein. Das würde ja bedeuten, dass Leonardo ...“

Wenn *er* hinter allem steckte, stand ihnen das Schlimmste bevor. Aber was wollte er mit diesem Raub erreichen? Wie viel wusste er von den Spiegeln und ihrer Macht? Sie musste sofort zurück zur Bar und mit Igor reden. Sie würden Späher brauchen. Solange sie keine Beweise gegen Leonardo hatte, konnte sie wenig tun.

„Selbst wenn du Beweise hast, wirst du nichts ausrichten können.“ Ulanda wirbelte herum. Hinter ihr schwebte ein kleines Irrlicht heran. „Du weißt es doch, Ulanda. Du hast alle Beweise, die du brauchst, aber sie sind dir nicht von Nutzen, denn er hat sich mit diesem Coup deinem Einfluss entzogen. Wie, wenn nicht auf diese Weise, hätte er dies schaffen sollen? Du wusstest es längst, noch ehe du hergekommen bist.“

Die Herrin der Gestaltwandler sank kraftlos am Ufer des Onyx-

Sees zusammen. „Ja, da hast du recht. Dann ist jetzt alles verloren. Wenn die Macht der Naga in Leonardos Händen liegt, weiß der Himmel allein, wozu er sie einsetzen wird."

Das Irrlicht ließ sich direkt vor Ulanda auf einem der hohen Schilfblätter nieder. „Ich würde es nicht so düster sehen", meinte es zuversichtlich.

„Wie meinst du das? Es ist generell eine Katastrophe, wenn jemand die Macht der Naga beherrscht. Aber ausgerechnet Leonardo?" Bei keinem war sie sich so sicher wie bei ihm, dass er sie allein zu seinen egoistischen Zwecken missbrauchen würde. Und die Macht der Naga umfasste wesentlich mehr als durch Spiegelflächen zwischen den Welten zu wechseln.

„Ich glaube, du unterschätzt die Macht des Schicksals und den Zusammenhalt derer, die er bereits für seine Pläne hintergangen hat." Das Irrlicht flackerte, es sah aus, als habe es Ulanda zugezwinkert. „Hab Vertrauen, dass nicht alle, die du erschaffen hast, auf den falschen Pfad geraten, auch wenn die Welt der Menschen durchaus die eine oder andere Schwäche in ihnen ausgelöst hat. Doch am Ende wird alles gut. Und solange es nicht gut ist, ist es einfach noch nicht zu Ende."

Mit diesen Worten erlosch das Irrlicht und ließ Ulanda allein zurück. Sie wollte glauben, dass es so leicht sein könnte, aber die Gefahr war zu groß, als dass sie hätte untätig bleiben können. Als Erstes musste sie ihre Schwester wiederfinden. Und sie befreien. Danach würde sie sich um jene kümmern, die an diesem Komplott beteiligt waren. Unabhängig, ob ihre Mithilfe freiwillig oder ebenso manipuliert erfolgt war wie bei Sage.

Was für ein Kerl von einem Kater. Ich stand am Rand eines überdimensionalen Catwalks und auf ebendiesem verlieh mein Sage dem Namen CATwalk eine besondere Bedeutung. Hoch aufgerichtet stolzierte mein schwarzer Kater in roten Stulpenstiefeln über eine gläserne Lauffläche und machte Posen, wie sie die Welt noch nicht gesehen hatte. Dabei strich sein wuscheliger Schwanz jedes Mal über meinen Körper, wenn er an mir vorbeiflanierte, und ließ mich erschauern. Im Gegensatz zu ihm, der mit seinem glänzenden schwarzen Fell perfekt eingekleidet war und mit den Stiefeln den neuen Dresscode der Saison bestimmte, war ich nämlich völlig nackt. Was mich aber nicht weiter störte, denn außer uns war ja keiner da. Nur er und ich. Und dann stieg mein Adonis-Kater von seiner Bühne und verwandelte sich vor meinen Augen in dieses atemberaubende Männermodel, das mich wie ein feuriger Liebhaber in seine Arme zog und mich leidenschaftlich küsste. Noch viel leidenschaftlicher als in meinem Schlafzimmer. Diesmal trat Sage nicht den Rückzug an. Nein, er hob mich auf seine Arme und trug mich zu einem weichen Bett aus Kissen – mit nichts an als diesen Stiefeln an seinen kräftigen, wohlgeformten Beinen. Der Katzenschwanz war verschwunden, aber die Alternative war mir tausendmal lieber. Während sich mein Traummann über mich beugte und meinen Körper mit Küssen bedeckte, begann im Hintergrund ein Engelschor zu singen, der für uns die Tore zum Himmel öffnete. Jedenfalls fühlte sich das, was Slade mit mir anstellte, an, als wäre ich schon im Paradies.

Der Engelschor begleitete mich in die Wirklichkeit hinüber, verlor dabei aber zunehmend an seiner melodiösen Wirkung. Offen gestanden waren die Töne, die sich in meinem Bewusstsein breitmachten, eher schmerzvoll. Als schreie jemand vor Schmerzen. In vollständig gebildeten Sätzen, die irgendeinen weit entfernten Sinn ergaben. Von Rum und Piraten und Fässern und solchem Zeug.

Ich erwachte gänzlich von diesen seltsamen Geräuschen. Eigentlich waren es weniger Geräusche als vielmehr … Klänge. Genau genommen Gesang. Tatsächlich Gesang, aber mit Engeln hatte der nichts zu tun. Eher mit Dämonen. Na ja, ganz so schlimm war es nicht. Trotzdem war es ein ziemlich schiefer Gesang. Katzengesang! Sage war offenbar zurückgekommen. Einen Moment blieb ich liegen, in der Hoffnung, dass sich Slade um seinen Freund kümmern würde, doch nichts geschah. Er war ja auch ziemlich müde gewesen. Und auf der Flucht vor mir. Wunderbar. Meinem Selbstwertgefühl hatte es jedenfalls einen ordentlichen Dämpfer versetzt. Erst küsste er mich und dann ließ er mich einfach stehen. Ich war wohl doch nicht sein Typ. Seufzend fügte ich mich. Jemand musste Sage sagen, dass er keine Karriere als Popstar anstreben sollte, wenn er nicht verhungern wollte. Ich zog den Morgenmantel über und schlich die Treppen hinunter, wo ich ihn inbrünstig Trinklieder intonierend fand.

„Sage?!"

Er wirbelte augenblicklich zu mir herum, wobei er sich drei- oder viermal um die eigene Achse drehte. Danach machte er zwei Schritte nach links, dann drei nach rechts, noch mal einen nach links und hatte sich eingependelt.

„Schorry! Bin ein wenich ... bedrunggen. Komme rade mit mir selbst nischt klar."

Um Himmels willen, er hatte sich ja in einen richtigen Rausch angesoffen.

„Hicks! Schuldigong, wenn isch disch ... bei deinen Träumen geschört hab. Hicks!"

Ich erblickte die Schale auf dem Boden, hob sie auf und schnupperte daran. „Milch mit Whisky?"

Er zuckte die Schultern. Das heißt nein, er versuchte es. Das Vorhaben endete damit, dass er das Gleichgewicht verlor, weil er keine Kontrolle mehr über seine vier Pfoten hatte, und so der Länge nach auf den Bauch schlug. „Uff!"

Ich musste gegen ein Lachen ankämpfen und biss mir auf die Lippen.

„Oh je. Du wirst morgen einen Kater haben."

„Macht nischts. Isch mag Geschellschaft. Dann sind wir schon schu schweit, die disch anhimmeln. Pascht perfekt. Disch gibt's auch gerade im Doppel."

Ich schüttelte den Kopf, räumte die alkoholisierte Milch weg und wandte mich wieder der Treppe nach oben zu.

„Komm ins Bett, Tiger."

Er gab einen grunzenden Laut von sich. „Wosu? Bin ja eh zu nischts zu gebrauchen, wasch man da gemeinhin mit einer schönen Frau, wie dir, tut."

Ich stoppte und drehte mich langsam wieder zu ihm um. Der Tonfall in seiner Stimme traf mich mitten ins Herz. Hatte er das wirklich gesagt? War das eine Liebeserklärung von einem Kater gewesen? Irgendwie fand ich es ja süß. Vielleicht hatte er Slades Abfuhr mitbekommen und meinte es tröstend. Aber warum betrank er sich dann? Es sei denn ... Oh je, meinte er das etwa ernst? Wenn er Slade und mich gesehen hatte, erklärte das sein Bedürfnis, den Liebeskummer im Alkohol zu ertränken. Aber er konnte nicht ernsthaft annehmen, dass ich und er ... eine Menschenfrau und ein Kater ...

Ich holte tief Luft. Dies näher zu erörtern würde in seinem Zustand keinen Sinn haben. Außerdem wollte ich, wenn dem so war, nicht noch Salz in die Wunde streuen. Sage war mein Freund. Er half mir, wo er nur konnte. Es verstand sich daher von selbst, dass ich nett zu ihm war.

„Hey. Es ist nur vorübergehend. Das wird schon."

Er seufzte, blieb aber stur auf dem Bauch liegen. Offenbar fehlte ihm die Koordination, um sich zu erheben. Mitfühlend nahm ich ihn auf den Arm. Er ließ sich hängen.

„Meinscht du wirklisch?", fragte er zweifelnd, während ich ihn die Treppen hoch in mein Schlafzimmer trug. Ich hatte das Gefühl, dass wir nicht vom Alkohol in der Milch und seinem Vollrausch sprachen. Ich musste für einen Moment an das Märchen vom Froschkönig denken. Sage war ein feiner Kerl und wäre als Mensch bestimmt ein toller Mann. Aber ich würde ihn auf keinen Fall an die Wand werfen, um das herauszufinden.

„Aber sicher", sagte ich stattdessen. „Wir sind schon so weit gekommen. Den Rest schaffen wir auch noch. Zusammen. Und ohne dich hätte ich es gar nicht bis hierher geschafft. Du bist mein Held. Alles wird gut."

Jetzt musste ich schon Sage Mut zusprechen. So weit war es gekommen. Und wo war überhaupt Slade, wenn man ihn brauchte? Er kannte Sage schließlich viel länger. Er hätte gewusst, wie man ihn wieder moralisch aufbaute.

Ich legte meinen Kater-Kater sanft auf die Matratze und kuschelte mich daneben. „Aber nicht, dass du mir das Bett vollkotzt", warnte ich ihn.

„Keiiiine Schorge, Goldlöckchen. Isch vertrag ne Menge", versicherte er.

Ich musste über seine ernste Katermiene grinsen und schüttelte meinen Kopf, während ich seinen kraulte.

„Weißt du eigentlich, dass Slade mich auch Goldlöckchen nennt?", fragte ich und wurde nachdenklich dabei.

„Dieser Schuft! Hicks! Klaut mir meinen Koschenamen, weil ihm selbscht keiner einfällt. Isch werde ihn … mit meinen Krallen werd ich ihn …"

Ich erfuhr nicht mehr, was er würde, denn im nächsten Moment gab Sage laute Schnarchgeräusche von sich, die jedem Piratenkapitän alle Ehre gemacht hätten. Ich musste leise kichern, streichelte meinem Helden auf vier Pfoten ein letztes Mal über den schwarzen Kopf und hauchte einen Kuss darauf, was ihn im Schlaf leise und wohlig schmatzen ließ. Meine Finger glitten unter das lederne Halsband mit dem grünen Stein. Es war wirklich hübsch und es passte zu seinen Augen. Der grüne Stein schien unter meinen Fingern wie ein kleines Herz zu pulsieren. Mir schauderte kurz, aber das war sicher nur Einbildung. Ich war schrecklich müde und der Einbruch steckte mir in den Knochen, auch wenn Slades Worte mich durchaus beruhigt hatten. Seufzend löschte ich das Licht und kehrte in meine Traumwelt zurück.

TRÄUME IN SAMT UND SEIDE

Kapitel 10

Generalprobe

Sonnenstrahlen kitzelten mich an meiner kleinen Katernase. Ich hob die Pfote, um sie schützend über mein sensibles Sinnesorgan zu legen und stellte dabei fest, dass sich selbst bei dieser kleinsten Bewegung alles in meinem Kopf zu drehen begann. In dem Moment klopfte es gegen meine Schädeldecke. Uhhh, das war kein Kater, das war eine ganze Katzenschar, die sich da in meinem Hirn tummelte. Das waren wohl doch ein paar Schalen Whiskymilch zu viel gewesen.

Stöhnend versuchte ich, mich auf die andere Seite zu drehen, um noch ein paar Minuten – oder Stunden – vor der Sonne zu flüchten und meinen Rausch auszuschlafen, aber die Decke spannte sich über meinen Körper und verhinderte, dass ich mich umdrehen konnte. Ich zog daran, irgendwo musste sie eingeklemmt sein.

„Mhm, nicht so zappeln", murmelte da eine weibliche Stimme.

Leonie! Ja richtig, sie hatte mich in ihr Bett mitgenommen. Wenigstens hatte ich neben ihr geschlafen. Ich gähnte herzhaft und blinzelte dann. Sie tat es mir gleich, riss aber augenblicklich die Augen auf und robbte so hektisch von mir weg, dass die noch immer festgeklemmte Decke mich ruckartig gegen sie warf und mir zwei Dinge bewusst machte: Ich war Mensch und ich war nackt! Scheiße!

„Slade! Wie um alles in der Welt kommst du in mein Bett?" Sie klang panisch, was ich angesichts der Umstände durchaus verstehen konnte. Feige abzuhauen, als sie sich willig in meine Arme schmiegte und dann mitten in der Nacht ungefragt wieder in ihr Bett zu schlüpfen, war ziemlich mies. Sie konnte ja nicht ahnen, wie es wirklich war. Ich überlegte fieberhaft, wie ich es ihr erklären sollte.

„Ups!", sagte ich schließlich, „Das nennt man wohl Macht der Gewohnheit. Falsche Schlafzimmertür."

Mit diesen Worten sprang ich aus dem Bett, wollte die Decke mitnehmen, um meine Blöße zu verbergen (und meine Morgenlatte), aber Leonie hatte ebenso wenig die Absicht, ihre Blöße zu zeigen und hielt das Laken entschlossen fest. Wir rangelten sekundenlang stumm darum, bis ich schließlich nachgab. Selbst Schuld, wenn sie mit dem Anblick meines perfekten nackten Hinterns leben musste. Wie sie wohl über die Alternative denken würde?

Nein, Sage, wage es ja nicht, ermahnte ich mich selbst. Die Sache war schon peinlich genug.

Ohne mich umzudrehen, verließ ich ihr Zimmer.

In meiner Spiegelkammer lehnte ich mich tief durchatmend an die geschlossene Tür. Meine Körpermitte protestierte energisch gegen die versäumte Gelegenheit. Ablenkung! Ich brauchte dringend Ablenkung, sonst würde ich etwas Unbedachtes tun.

Arbeit beschäftigte meinen Kopf noch immer am besten und es wurde höchste Zeit, dass wir ein wenig die Gerüchteküche über eine gewisse Leo Felice anheizten. Nackt wie ich war startete ich meinen Laptop und schaute, wo in den nächsten Tagen ein brauchbarer Mode-Event stattfand.

Nicht zu groß, wir mussten schließlich die Modelle noch nähen. Aber auch nicht zu klein, es sollten schon einige namhafte Designer und Presseleute anwesend sein. Da! In zwei Tagen fand in einer Edelboutique in der City eine Modenschau statt. Mal sehen, ob ich uns reinmogeln konnte. Die Inhaberin stand auf meiner Freundesliste, denn ich hatte ein paar Shootings für ihren Laden mitgemacht. Könnte klappen.

Ich wählte ihre Privatnummer und nach dem zweiten Klingeln flötete sie bereits ins Smartphone.

„Juliette de Gaulle, exquisite Mode für exquisite Kunden. "

„Hallo Juliette, hier ist Sage."

„Sage!" Ihre Begeisterung ließ ihre Stimme drei Oktaven höher klingen. Ich brauchte keine fünf Minuten und wir waren drin. Jetzt musste ich nur noch Leonie überreden, heute und morgen vier bis fünf Outfits fertigzustellen. Natürlich erst, nachdem ich mich angezogen hatte. Ein Appetithäppchen pro Tag musste reichen.

„Bitte was soll ich?" Ich erstickte fast an meinen Marmeladebrötchen, als Sage mir offenbarte, was er schon wieder für mich eingefädelt hatte.

„Offenbar bis du von meiner kleinen Überraschung nicht so begeistert wie ich erhofft hatte", erklärte mein Kater mit Schmollmund und schlabberte ein wenig Milch aus der Schale. „Slade war übrigens begeistert."

Kunststück, der musste die Modelle ja auch nur vorführen, ich hingegen musste sie erst mal nähen. Selbst wenn ich vierundzwanzig Stunden durcharbeitete, war das kaum zu schaffen. Ich hatte ja nicht einmal eine Nähmaschine.

„Ach komm schon, Sweetie, gib dir einen Ruck. Wir nehmen einfach, was du bis dahin fertig hast. Aber irgendwo müssen wir ja anfangen."

Am Rande registrierte ich, dass er mich diesmal nicht Goldlöckchen genannt hatte. Offenbar hatte er im Rausch doch mehr mitbekommen, als gedacht und war natürlich viel zu eigen, um sich einen Kosenamen mit jemand anderem zu teilen. Versteh einer einen Kater. Aber das war meine geringste Sorge.

„Das wird eine Blamage!" Ich sah mich schon im Boden versinken vor Scham, wenn sich die anderen Designer über halb fertige Nähte totlachten. Hoffentlich tat sich das Loch schnell und groß unter mir auf.

„Nicht so negativ, ja? Außerdem wirst du selbst gar nicht in Erscheinung treten. Wir machen es spannend." Sage setzte sich auf die Hinterpfoten und begann, sich das schwarze Fell zu putzen. „Nimm halt simple Modelle. Nichts mit Pomp. Es soll die Leute neugierig machen. Drei genügen. Und die Stiefel dazu organisiere ich."

Wie wollte er das denn schon wieder machen? Ich konnte wohl kaum gekaufte Stiefel eines anderen Designers als meine eigenen vorstellen. Das wäre so gut wie das eigene Grab geschaufelt. Aber dann hätte ich immerhin das Loch zum Versinken gleich parat.

„Lass das meine Sorge sein", antwortete Sage geheimnisvoll auf meinen Einwand. Es war nicht aus ihm herauszubekommen, was in seinem Katzenköpfchen vor sich ging. Seufzend fügte ich mich. Wer A sagte, musste eben auch B sagen.

Den halben Morgen brütete ich über meinen Entwürfen, welche sich am einfachsten verwirklichen ließen. Schließlich entschied ich mich für einen klassischen Anzug mit dreiviertellangen Hosen (damit sie stiefelgeeignet waren), ein verwegenes Piratenoutfit (ob mich da wohl ein Traum inspiriert hatte?) und den Rockstar (der ging immer). Sage erhob keine Einwände, prägte sich die dazugehörigen Stiefel ein und verschwand für den Rest des Tages. Slade, der mit hochrotem Kopf und verlegenem Grinsen kurz hereinschaute, half mir dabei, die benötigten Stoffbahnen in mein neues Atelier zu tragen und entschuldigte sich gleich wieder mit dringenden Terminen. Immerhin stellte er mir wenigstens eine Nähmaschine in mein Arbeitszimmer. Oder etwas, das entfernt danach aussah.

„Also dann", sagte ich laut zu mir selbst. „Wenn mich die Kerle im Stich lassen, mach ich es eben allein. Darin hab ich ja Übung."

Gut, dass das niemand gehört hatte, diese Anspielung konnte man schnell falsch verstehen. Bevor meine Gedanken eine Richtung einschlugen, die nicht jugendfrei war, was angesichts meiner morgigen Begegnung mit einem sexy Männermodell auf einer hundertzwanzig Zentimeter breiten Matratze durchaus nicht abwegig war, schwang ich die Schere. Nachdem ich erst mal angefangen hatte, ging die Arbeit überraschend leicht von der Hand. Ich zeichnete mit Stoffkreide, steckte mit Nadeln Ränder fest, schnitt die Einzelteile aus und nähte sie dann fein säuberlich mit der museumsverdächtigen Nähmaschine zusammen, die Slade angeblich zufällig noch im Keller seines Hauses aufgetrieben hatte. Das Teil gab seltsame Töne von sich, funktionierte aber immerhin. Nur die Feinarbeiten erledigte ich lieber mit der Hand, weil mir das Monstrum dafür zu grob erschien. Und gelernt war eben gelernt! Meine Finger schmerzten und verkrampften von Stunde zu Stunde mehr, aber ich biss die Zähne zusammen und machte stur weiter. Jedes Einzelstück passte ich den Schaufensterpuppen an, die wir am Vorabend ebenfalls hatten mitgehen lassen, und die zufälligerweise exakt Slades Größe besaßen. Natürlich waren sie längst nicht so sexy und perfekt modelliert, aber dieses winzige Manko glich meine Fantasie aus. Am Ende des Tages standen meine drei Plastikhelden gut eingekleidet vor mir – und deutlich aufrechter als ich, denn mein Rücken ächzte schmerzvoll und erlaubte mir nur noch bedingt eine aufrechte Körperhaltung. Ich hätte dringend einen Chiropraktiker gebraucht.

„Wow! Ich bin beeindruckt, Goldlöckchen", meldete sich Sage zu Wort. Er schaffte es wirklich immer, ein perfektes Timing hinzulegen. Als ich mich mühsam zu ihm umdrehte, schmunzelte er mich über alle Schnurrbarthaare an.

„Also verbeugen musst du dich noch nicht vor mir. Obwohl es natürlich wieder mal eine Meisterleistung von mir war." Mit einem *Tat-*

aaa sprang er zur Seite und gab den Blick auf drei Paar Stiefel frei, was ihm einen bissigen Kommentar meinerseits ersparte. Sogar meine Rückenschmerzen waren spontan vergessen, als ich das butterweiche Leder in meine Hände nahm und ehrfürchtig die Schnitte entlangfuhr. Diese Stiefel waren perfekt.

„Das Einzige, was fehlt, ist das Emblem. Meinst du, du kannst es ausnahmsweise per Hand einnähen? Für den Großauftrag organisiere ich noch was, aber bei den drei Modellen müssen wir ein wenig improvisieren."

Meine Finger waren praktisch blutig genäht, aber selbstverständlich würde ich diese Meisterwerke höchstpersönlich mit dem Katzenkopf versehen. Und wenn dabei ein Blutstropfen in das edle Leder einzog, war das wie die Besiegelung eines Paktes. *Gott, ich drehe langsam durch*, wies ich mich hastig zurecht, als mir bewusst wurde, was ich dachte.

„Weißt du, wann Slade zurückkommt? Er hat heute früh nur was von Terminen gesagt, aber er sollte die Modelle zumindest einmal anprobieren, dann kann ich korrigieren, wo es nicht richtig passt."

„Ähm ... ja ... also ...", stammelte Sage, was sonst nicht seine Art war. Verdutzt drehte ich mich um. „Ich glaube, er hat kurzfristig einen Job. Bis morgen Abend ist er aber wieder da."

Ehe ich nachhaken oder Widerspruch einlegen konnte, war mein Kater aus der Tür und ließ mich rat- und sprachlos zurück.

Die Erschöpfung ließ mich trotz aufkommender Panik gut schlafen. Im Laufe des Tages wurde ich zusehends nervöser, da weder mein Kater noch mein Model aufzutreiben waren. Erst knapp zwei Stunden vor dem Event gab sich Slade die Ehre, Sage blieb weiterhin verschwunden, was mich traurig stimmte. Mein erster großer Auftritt und er war nicht dabei. Ich fühlte mich ein wenig im Stich gelassen, auch wenn sich Slade alle Mühe gab, mich aufzuheitern, indem er meine Kreationen lobte und optimistisch von einem Bombenerfolg sprach. Da war er überzeugter als ich, denn je näher wir der Boutique kamen, desto größer wurden meine Bauchschmerzen. Am liebsten wäre ich davongelaufen, doch dazu war es jetzt zu spät. Das wäre dann der Todesstoß für meine Karriere gewesen, und den wollte ich mir nicht unbedingt selbst verpassen.

Da ich heute noch inkognito war, erwies sich mein Graue-Maus-Outfit sogar als recht praktisch. Aus der hintersten Reihe verfolgte ich, wie ein Designer nach dem anderen Auszüge seiner Kollektion präsentierte. Wir waren zum Schluss dran.

„Ich habe zwei Kollegen für uns gewinnen können."

Mir blieb fast das Herz stehen, als Slade mich von der Seite ansprach.

„Wie? Was? Kollegen?"

Er grinste von einem Ohr zum anderen und erinnerte dabei bizarr an meinen Kater.

„Na, ich kann ja schlecht alle drei Modelle gleichzeitig vorführen. Und während ich wechsle, langweilen sich die Gäste vielleicht, also dachte ich mir …" Er hielt inne, hob den Zeigefinger, wohl um mich kurz um Geduld zu bitten, und winkte dann zwei andere Models herbei, die Slade nicht annähernd das Wasser reichen konnten, aber zweifellos dennoch jedes Frauenherz zum Schmelzen brachten.

„Also, wer von uns soll was tragen?"

Die beiden anderen Männermodels – Myles und Josh – waren gute Bekannte von Slade und würden sozusagen als Freundschaftsdienst gratis für mich laufen. Ich war sprachlos, aber nicht so sprachlos, dass ich nicht sofort eine Entscheidung hätte treffen können, denn für Slade gab es nichts, was passender wäre als der Pirat. Bei den beiden anderen entschied ich aus dem Bauch heraus und durfte nach dem Ankleiden feststellen, dass ich eine gute Wahl getroffen hatte. Slade war der perfekte Pirat, vom halb offenen cremefarbenen Hemd über die schwarzen Pluderhosen bis hin zu den roten Stulpenstiefeln, auf die ich liebevoll das Katzenlogo gestickt hatte. Er sah zum Anbeißen aus. Seine lederne Halskette war das Tüpfelchen auf dem I mit einem – vermutlich imitierten – Smaragd. Wo er das nur so schnell herhatte? Ich versuchte mich zu erinnern, ob er das Ding auch vorher schon getragen hatte, aber ich war wohl abgelenkt gewesen. Von einem Kuss im Stofflager und … nackten Tatsachen beim Aufwachen. Dennoch fiel mir auf, dass das Schmuckstück eine gewisse Ähnlichkeit mit Sages Halsband besaß. Trugen die beiden Partnerlook? Merkwürdig. Wundern sollte mich inzwischen allerdings gar nichts mehr.

„Meine Lieben, kommen wir jetzt zum Abschluss des heutigen Abends", flötete die Boutique-Besitzerin und lenkte damit meine Aufmerksamkeit auf den improvisierten Catwalk. Irgendwie fand ich es ja höchst unhöflich, dass ich mich ihr nicht vorgestellt hatte, aber Slade war der Meinung, das sei nicht gut für mein Inkognito. „Ich freue mich, dass ich die Ehre habe, eine neue Designerin vorstellen zu dürfen, die direkt aus Paris bei uns gelandet ist und in wenigen Wochen zum strahlenden Stern am Fashion Himmel aufsteigen wird. Freut euch mit mir auf einen ersten Ausblick von Leo Felice!"

Alle im Saal applaudierten, während ich damit beschäftigt war mich zu fragen, wer der neue Stern am Fashion Himmel werden würde und wann denn meine drei Modelle gezeigt wurden, wenn jetzt schon der Abschluss des heutigen Abends erfolgte. Erst, als Slade und seine beiden Freunde den Catwalk betraten, sickerte in meinen Verstand, dass die Boutique-Besitzerin Leo Felice gesagt hatte – und Leo Felice war ich.

„Also, dass du wirklich in Ohnmacht gefallen bist ..."

... war praktisch mein Glück gewesen, aber das musste ich ihr ja nicht auf die Nase binden. Dank ihres Inkognitos und meiner vorausschauenden Weigerung, sie Juliette vorzustellen, war es nicht weiter aufgefallen und ich hatte sie dezent durch den Hinterausgang ins Auto tragen können, während die Gäste nur ein Thema kannten: Leo Felice. So was nannte ich mal einen vollen Erfolg.

Leonie war erst dann wieder aufgewacht, als ich sie sanft auf ihr Bett gelegt und mich in Katzengestalt verwandelt hatte. In Anbetracht des wankelmütigen Halsbandes und der Menge an Energie, die ich am heutigen Abend auf dem Laufsteg verbraucht hatte, wollte ich nicht noch einmal riskieren, in eine amouröse Situation zu geraten, die ich nicht unter Kontrolle hatte. Da zog ich es vor, den Amüsierten zu spielen und mich über ihre Ohnmacht – von der ich natürlich nur aus Slades Erzählung wusste – kringelig zu lachen.

„Weißt du, ein bisschen mehr Mitgefühl wäre schon wünschenswert. Zumal du mich schändlich im Stich gelassen hast."

„Was hätte ich denn tun sollen? Haustiere sind in der Boutique verboten."

Leonie öffnete kurz den Mund, schloss ihn dann aber wieder und zuckte die Schultern. Ich sah das versteckte Grinsen in ihren Mundwinkeln, das langsam breiter wurde. Sie wusste, der Abend war ein Erfolg gewesen, und sie war glücklich darüber. Das war alles, was zählte.

„Ich hatte trotzdem gehofft, dass Slade wenigstens mit mir anstoßen würde", meinte sie schmollend, was mir einen leisen Stich versetzte.

„Tze! Wie denn? Du warst ja bewusstlos", antwortete ich spitz.

Sie seufzte. „Ja, leider. Ich glaube, ich muss an meinem Nerven-kostüm arbeiten. Aber er sah einfach verboten gut aus in diesem Piratenoutfit."

Verträumt starrte sie zur Decke, ihre Gedanken liefen praktisch wie ein Film auf ihrem Gesicht ab. Der Piratenkapitän, der sich mit einer Hand an der Takelage festhielt, während er sie im anderen Arm hielt und sie innig küsste. Das alles auf wogender See vor einem atemberaubenden Sonnenuntergang.

Ich räusperte mich und trat demonstrativ von einer Pfote auf die andere. Mit einem letzten wehmütigen Seufzer griff meine Angebetete zum Sektglas auf dem Nachttischchen, das ich extra dort platziert hatte. Sie schüttete ein wenig davon auf das kleine Tablett und stellte es mir hin.

„Na dann stoßen wir beide eben an. Schließlich haben wir die Modelle ja auch zusammen fertiggestellt."

Ich lächelte still in mich hinein und schlabberte brav mein Schlückchen Sekt.

„Mehr gibt es heute aber nicht. Sonst singst du wieder schiefe Lieder", warnte Leonie mit gespielt drohendem Zeigefinger. Mir war es egal. Hauptsache, ich durfte wieder neben ihr einschlafen.

Fünf Minuten. Nur fünf Minuten anschauen. Sie würde jetzt noch nicht aufwachen. Ihr Atem ging tief und ruhig, das konnte ich daran erkennen, wie sich ihre perfekten Brüste hoben und senkten. Ihr Gesicht besaß so etwas Unschuldiges, wenn sie träumte, auch wenn ich hoffte, dass ihre Träume nicht so unschuldig waren und sich bitteschön um mich drehen sollten. Ich atmete tief ein, genoss ihren Duft und dass ich ihr für Sekunden ein paar Millimeter näher kam. Ihre weiche Haut spüren konnte, den perfekten Schwung ihrer Hüfte, ihre schlanken Schenkel. Sie war einfach perfekt. Meine Leonie. Und wenn ich in ihre blauen Augen … Moment mal … blaue Augen? Weit aufgerissen? Scheiße! Sie war wach!

„Herrgott, wieso gehe ich immer mit einem Kater ins Bett und wache mit einem Kerl auf?"

Okay nicht nur wach, sondern außerdem entrüstet. Heute würde die Ausrede mit dem versehentlich falschen Schlafzimmer nicht ziehen, also musste schnell was anderes her.

„Nun ja", begann ich und hoffte auf eine Eingebung, die sich spontan einstellte, „das passiert vielen Mädchen. Man nennt das glaube ich Filmriss nach zu viel Alkohol."

Ihre Augenbrauen hoben sich einige Zentimeter. „Zu viel Alkohol? Ich hatte ein Glas Sekt."

Was ich offiziell nicht wissen konnte. „Ach! Nur ein Glas? Bist du sicher?" Ich bemühte mich um einen ernsten Gesichtsausdruck, doch auch der beeindruckte sie nicht. Während sie mir mit Nachdruck Vorhaltungen ob des gestrigen Abends und meines plötzlichen Verschwindens, sowie meines erneuten ungefragten Auftauchens in meinem Bett machte, folgte urplötzlich der Moment, wo sich ihr Blick an einer Stelle etwa fünfzehn Zentimeter unterhalb meines Kinns festsaugte. Von einer Sekunde zur anderen wurde Leonie still und ihre Miene wechselte von ungehalten zu erschrocken und schließlich zu nachdenklich. Sie streckte ihre Hand aus und berührte die kleine Kuhle unterhalb meiner Kehle. Ihre warmen Finger sandten einen wohligen Schauer durch meinen Körper, der zu einer verzögerten Erkenntnis führte, was sie da genau in Augenschein nahm. Das Lederband! Der Stein! Verdammt!

Aber hey, eigentlich hatte Ulanda nur gesagt, dass sie es nicht von mir erfahren durfte. Ich hatte kein Sterbenswort gesagt. Wenn sie schlussfolgerte, konnte die Vollstreckerin mir dies nicht zur Last legen, oder? Hoffentlich war sie in diesem Punkt nicht kleinlich.

Ich hielt den Atem an. Würde Leonie die richtigen Schlüsse ziehen? Und wie sollte ich ihr das glaubhaft erklären? Da gab es fast nur eine Lösung.

„Slade? Sage?" Ihre Unterlippe zitterte. Ich hätte hineinbeißen können, so bezaubernd fand ich das, aber das wäre nicht angebracht gewesen.

„Ähm, ja, sozusagen."

„Aber wie …? Das ist doch nicht …? Wie kannst du gleichzeitig …?"

Ich spitzte die Ohren. Sobald sie eine Frage vollständig zuwege brachte, konnte ich ihr darauf antworten. So aber gestaltete es sich schwierig. Vielleicht sollte ich ein wenig Anschauungsunterricht betreiben. Hieß es nicht, ein Bild sage mehr als tausend Worte? Es war jetzt sowieso heraus, ich musste es nur verdeutlichen, damit sie es glauben konnte. Einen Herzschlag später lag neben ihr wieder die Samtpfote, woraufhin sie keuchend die Luft ausstieß. Endlich war ich nicht mehr mit der Decke festgeklemmt. Ich nutzte die Gelegenheit, um mich ausgiebig nach Katzenmanier zu strecken, zu gähnen und dann aus dem Bett zu hüpfen, wo ich wieder Kerl wurde und mit stolzem Grinsen auf mein Goldlöckchen herabblickte.

Leonies Blick fiel ob der neuen Perspektive direkt auf meine Körpermitte, was ihre Augen groß werden und sie die Hand vor den Mund schlagen ließ, um einen verhaltenen Aufschrei zu unterdrücken. Verdammt! Das hatte ich glatt vergessen. Ich war ja nackt! In Ermangelung einer Alternative griff ich nach dem Kopfkissen und hielt es mit einer Hand vor mich, während ich mit der anderen verlegen durch mein Haar fuhr und ihr ein schiefes, entschuldigendes Grinsen schenkte.

„Ich denke, ich geh dann erst mal Frühstück machen. Mit einer Tasse Kaffee erklärt es sich leichter!"

Ich wandte mich zur Tür. Erst ihr erneuter Aufschrei machte mir klar, dass a) meine Kehrseite ebenso blank war wie der Rest von mir und b) Leonie beim ersten Vorfall dieser Art wohl anstandsmäßig nicht hingesehen hatte. Ich schob das Kissen hinter mich und sah zu, dass ich aus dem Raum kam, ehe sie zu hyperventilieren begann.

Fußnote Ulanda: Wenn dieser Kerl nur einmal zuhören würde. Es hatte seine Gründe, warum ich ihn davor warnte, dass er Leonie nicht über seine Wernatur in Kenntnis setzen sollte. Das Kindchen ist einfach noch nicht so weit. Aber nun ist es nicht zu ändern. Ich kann ihm nicht einmal Vorwürfe machen, denn im Suff hat man nicht immer die Kontrolle über das, was man tut. Ein Grund, warum ich stets davor warne, seinen Kummer in Alkohol zu ertränken. Es bringt nur neue Probleme, keine Lösungen. Und die alten bleiben noch dazu, denn die Biester können dummerweise schwimmen. Er hätte aus dem Vorabend lernen und die Finger von dem Zeug lassen sollen, auch wenn es nur ein Schlückchen war. Katzen vertragen nichts, sie werden dann leichtsinnig.

Aber wie wir es auch drehen und wenden, passiert ist passiert. Leonie muss das jetzt erst mal verdauen. Immerhin, sie liebt den Kater wie den Mann, das ist eine gute Grundvoraussetzung für die beiden. Bleibt nur zu hoffen, dass sie es seelisch verkraftet. Das Beste wird sein, ich sehe mal nach dem Rechten.

Es war suboptimal gelaufen. Allerdings musste ich zugeben, dass ich froh darüber war, Leonie nichts mehr vormachen zu müssen. Das würde meinen Plan vereinfachen. Es gab mir vor allem die Möglichkeit, auf einige gute alte Bekannte zurückzugreifen, was die Herstellung der Kollektion anging. Und zwar hier in diesem Haus, wo niemand etwas davon mitbekam. Dennoch war ich nervös wie nie. Was würde sie sagen, wenn sie herunterkam? Kam sie überhaupt herunter? Redete sie noch mit mir, wo ich sie so hinters Licht geführt hatte? Ich lauschte die ganze Zeit, ob ich das Aufheulen eines Motors oder quietschende Reifen hörte, wenn sie sich entschied, klammheimlich die Flucht zu ergreifen. Umso erleichterter war ich, als sie schließlich im Türrahmen auftauchte, sich sogleich mit verschränkten Armen an selbigen lehnte und mich mit blitzenden Augen ansah.

„Wer zum Teufel bist du?"

Oh Mann, die klang wirklich sauer. Ich versuchte es mit Humor. Fünfundneunzig Prozent der Frauen behaupten doch, dass Humor für sie das Wichtigste bei einem Kerl war.

„Ach du liebe Güte, Leonie. Hab ich dich jetzt etwa so aus den Socken gehauen? Hey, ich bin es! Sage! Dein dreimal-schwarzer-Kater." Ich zwinkerte keck. Ihre Miene wurde eine Spur düsterer. Verdammt, vielleicht hätte ich die Coolness dabei weglassen sollen.

Sie starrte mich nur an. Ihr Brustkorb hob und senkte sich in gleichmäßigen, aber sichtlich angespannten Atemzügen. Mit jedem davon wurde ich unsicherer.

„Leonie, sag was. Bitte. Dein Schweigen macht mich irre."

Noch einmal holte sie tief Luft, schloss ihre Augen, blickte mich wieder durchdringend an.

„Das ist so unvorstellbar. So abwegig. So …"

„Hey, eine sprechende Katze ist auch nicht alltäglich", warf ich ein, was mir ein wütendes Schnauben einbrachte.

„Du hättest mir sagen sollen, dass du dich verwandeln kannst. Dass Sage und Slade … Moment, gibt es überhaupt einen Slade?"

Ich schüttelte den Kopf.

„Dachte ich mir. Du hättest mir jedenfalls sagen sollen, dass du ein und dieselbe Person … äh … Kater … ich meine … Herrgott, was denn nun überhaupt?"

Diesmal war ich es, der tief durchatmete. „Ich bin ein Werkater", brachte ich es so simpel wie möglich auf den Punkt.

„Aha!" Sie wusste nicht, ob sie mir das glauben sollte, auch wenn alles dafür sprach. Sie hatte es schließlich mit eigenen Augen gesehen. „Und was machst du so? Normalerweise? Als Werkater?"

Die Kaffeemaschine piepte. In diesem Moment liebte ich das Ding dafür. Rasch griff ich nach der Kanne und schenkte beide Tassen auf dem Tisch voll. Anschließend deutete ich auf den Stuhl, auf dem sie schon tags zuvor gesessen und gefrühstückt hatte. Zu meiner Erleichterung nahm sie darauf Platz.

Wo fing ich am besten an? „Also, das mit dem Model stimmt."

„Okay. Und warum hast du mir dann die Lüge mit dem Kater aufgetischt?"

„Das war keine Lüge", verteidigte ich mich.

„Nicht? Du hast mich im Glauben gelassen, dass ich es mit zwei unterschiedlichen Individuen zu tun habe. Kein Wort davon, dass du dich verwandeln kannst und meine Mode selbst tragen würdest. Ich habe mich bis auf die Knochen blamiert."

„Das hast du nicht", versuchte ich sie zu besänftigen. Das hatte sie wirklich nicht. Sie könnte sich nie vor mir blamieren, dafür fand ich sie einfach viel zu süß.

„Ich habe mich in Grund und Boden geschämt, als Slade ... als du in Menschengestalt aufgetaucht bist und meine Entwürfe gesehen hast."

„Wieso? Ich fühlte mich geschmeichelt."

Ihre Nasenflügel blähten sich, statt einer Antwort nahm sie nur einen Schluck Kaffee.

„Lass es mich erklären, okay?"

„Ich bitte darum."

In Kurzform erzählte ich ihr, wie ich Leonardo auf den Leim gegangen war und dass ich unsere Begegnung als Chance gesehen hatte. Dass Ulanda mich in meinen Katzenkörper verbannt hatte und mir erst vor zwei Tagen das Halsband gegeben hatte – sozusagen als Modifikation meiner Strafe.

„Ich durfte dir nichts sagen. Das war Teil der Abmachung. Und wir brauchen mich als Mann. Das ist dir inzwischen klar, oder? Jemand muss deine Mode vorführen, sonst ist das alles für die Katz. Äh ... also du weißt schon, wie ich es meine."

Ihr Gesichtsausdruck verriet tausend Zweifel. Für einen Menschen, der noch nie mit der Welt der Märchenfiguren und Gestaltwandler zu tun gehabt hatte, musste das alles wie die Auswüchse eines paranoiden Geistes klingen. Ich konnte es ihr nicht verdenken.

„Goldlöckchen, bitte, vertrau mir. Ich hab's immer nur gut gemeint."

„Auch, als du die Entwürfe bei Robertico gestohlen hast?"

Ich gab mich zerknirscht. „Ich weiß, dass das nicht okay war, aber erstens ist das nun mal leider meine Schwäche und zweitens hat Leonardo mir glaubhaft versichert, dass ihm diese Entwürfe gehören."

„Blödsinn!", widersprach Leonie. „Sei wenigstens ehrlich, wenn ich dir vertrauen soll. Du hast dich nur auf diesen Deal mit ihm eingelassen, weil du nicht länger unter der Kontrolle von ... von ... von ..."

„Ulanda", half ich aus.

„Genau. Von dieser Ulanda stehen wolltest. Das kann ich sogar verstehen, ich werde auch nicht gerne kontrolliert und wollte immer schon mein eigener Herr sein. Aber nicht um jeden Preis."

Das wusste ich jetzt auch. Ich hatte wirklich dazugelernt.

„Du hast absolut recht, Leonie. Und genau deshalb müssen wir beide jetzt zusammenhalten."

Sie seufzte zweifelnd. „Sage, ich glaube, du täuschst dich in mir. Nach allem, was du mir gerade erzählt hast, bin ich sicherlich die Letzte, die jemanden wie Leonardo in die Schranken weisen kann. Er ist gerissen und skrupellos. Und er hat sich sogar dem Zugriff von Ulanda entzogen. Was soll ich also tun können?"

„Wir bringen deine Kollektion."

Es war so simpel. Aber gerade deshalb verstand sie es offenbar noch immer nicht. Doch ich war von meinem Plan nicht mehr abzubringen. Ich wusste genau, was ich tat.

„Leonie, was denkst du, weshalb er deine Entwürfe haben wollte? Du bist unglaublich. Das ist deine Art von Magie. Die Mode, die du kreierst. Denk nur, wie die Leute gestern Abend ..." Ach Mist, das hatte sie dank der Ohnmacht gar nicht mitbekommen. „Das Publikum war begeistert. Die wollen jetzt mehr von dir sehen. Heute redet die ganze Modewelt nur über die geheimnisvolle Leo Felice. Und für Leonardo gibt es nichts Schlimmeres, als hinter jemand anderem zurückzustecken. Darum werden wir deine Mode präsentieren und dich an die Spitze der diesjährigen Modewochen bringen. Damit treffen wir ihn genau da, wo es wehtut. An seinem Stolz."

„Toll. Und dann?"

Ich rollte die Augen. „Sei nicht so ungeduldig. Eins nach dem anderen. Wenn du an der Spitze bist, muss er mit dir gut Wetter machen.

Er wird versuchen, sich deine Gunst zu erschleichen, aber diesmal sind wir vorbereitet. Du wirst dich darauf einlassen, aber nur zum Schein. Er weiß, was in dir steckt, also ist das eine absolut sichere Sache. Und während du ihn so ablenkst, schaue ich mich heimlich bei ihm um. Ich finde schon heraus, wie er es geschafft hat, sich Ulanda zu entziehen. Sobald ich dahintergekommen bin ..."

„Wirst du wieder zum Dieb. Sage, Verbrechen ist keine Lösung."

Wie konnte eine einzelne Seele so viel Unschuld und Gerechtigkeitssinn aufbringen?

„Ich will das doch nicht für mich. Ich gehe damit natürlich zu Ulanda. Was denkst du denn? Dann hebt sie meine Strafe auf und alles ist wieder im Lot. Du gibst Leonardo einen Korb und übertrumpfst ihn als Designerin, er kann sich nicht länger Ulandas Einfluss entziehen und erhält seine gerechte Strafe. Ende gut, alles gut. Genau wie im Märchen."

Ich lehnte mich zufrieden auf meinem Stuhl zurück. Leonie sah noch immer nicht überzeugt aus.

„Das klingt viel zu einfach."

„Manchmal ist der einfachste Weg der richtige. Willst du es nicht wenigstens versuchen? Wenn auch nur, um dem Kerl eins auszuwischen. Das war doch von Anfang an der Plan und da warst du noch begeistert davon."

„Da wusste ich nicht, dass ich es mit Zauberern und Gestaltwandlern zu tun habe."

Der Punkt ging an sie. Und mit einem Mal begriff ich, was in ihr vorging.

„Du hast Angst, stimmt's?"

Ihre Augen schimmerten verräterisch.

„Wer hätte das wohl nicht in dieser Situation? Ja, ich habe Angst. Das ist ne Nummer zu groß für mich. Ich frag mich, wie ich da hineingeraten konnte. Weißt du, die letzten Tage habe ich oft daran gedacht, dass ich mich wie Alice im Wunderland fühle. Und offensichtlich ist die Herzkönigin blond und noch viel gefährlicher als gedacht."

„Aber nicht unbesiegbar. Alice hat's doch auch geschafft."

Sie schüttelte den Kopf. Ein erster Schluchzer erfasste ihren Körper und mir brach es fast das Herz.

„Ich kann das nicht, Sage. Ich bin gestern Abend schon fast gestorben. Bei einer großen Show, wo Leonardo womöglich zugegen ist ... weißt du, als ich ihm das erste Mal gegenüberstand, da hab ich so was gespürt ... ich weiß nicht, wie ich es beschreiben soll. Das, was du mir gerade erzählst, klingt einerseits völlig unglaublich, aber ich weiß genau, dass es wahr ist, weil jetzt alles einen Sinn ergibt. Abgesehen davon, dass ich gesehen habe, wie du dich verwandelst. Aber ich habe von der ersten Sekunde an gespürt, dass Leonardo mehr ist als ein gut aussehender, erfolgreicher Designer. Ich war nur zu dumm und unerfahren, um zu erkennen, was an ihm anders ist. Er ist so mächtig, Sage. Er könnte mich wie eine Fliege zerquetschen und dich auch. Das will ich nicht. Dann packe ich lieber wieder meine Koffer und gehe zurück nach Idaho."

Das konnte nicht ihr Ernst sein! Wir waren so weit gekommen. Gestern Abend war sie bereit gewesen, weiterzumachen. Und jetzt lief sie davon? Auf keinen Fall. In ihr steckte so viel mehr, das wusste ich genau. Sie hatte ihr ganzes Potenzial gar nicht ausgeschöpft. Es war kein Zufall, dass wir uns begegnet und beide dem dunklen Maestro auf den Leim gegangen waren. Schicksal! Sie erinnern sich, ich glaube daran.

„Leonie, ich weiß, ich bin nicht Superman und sicher nicht frei von Fehlern, aber ich wollte nie jemandem etwas Böses. Und eines weiß ich genau: Du bist eine unglaublich talentierte Designerin und eine starke Frau. Bitte hilf mir. Ich möchte wieder ich sein. Möchte wieder zwischen meinen beiden Gestalten wechseln können, wie ich will. Und ich möchte dich."

So, jetzt war es raus.

„Mich?"

Sie klang noch ungläubiger als bei der Erkenntnis, dass ich sowohl Mann als auch Kater war oder dass Leonardo Zauberkraft erlangt hatte. Ich lächelte. „Ja, dich! Ist dir das nicht klar? Du bist ... einfach wunderbar. Ich habe nie einen Menschen wie dich getroffen. So unverdorben und rein und ..."

„Du meinst naiv und voller Selbstzweifel", korrigierte sie mich bitter.

„Unsinn!" Es hielt mich nicht länger auf meinem Platz. Ich umrundete den Frühstückstisch, ging vor ihr in die Hocke und ergriff ihre Hände. „Du bist zauberhaft. Zu gut für dieses Haifischbecken der Modewelt, aber dafür bin ich ja da. Und glaub mir, zusammen können wir es schaffen, wieder ein wenig Gleichgewicht in diese Branche zu bringen. Leonardo darf nicht gewinnen."

Sie hielt meinem Blick stand, eine gefühlte Ewigkeit lang schwieg sie. Dann nickte sie endlich. „Also gut, ich helfe dir. Weil du daran glaubst. Aber versprich mir, dass wir dafür keine Verbrechen mehr begehen müssen. Ich will nicht im Gefängnis landen."

Irgendeinen Haken gab es immer. „Ja, versprochen. Hauptsache, du gibst jetzt nicht auf. Ulanda würde das auch nicht wollen."

„Ich würde jetzt gern allein sein", bat sie kleinlaut. „Ich muss das erst mal alles verdauen."

„Klar!" Ich erhob mich erleichtert. „Ich muss sowieso ein paar Dinge erledigen. Du bist völlig ungestört."

„Ich brauche frische Luft."

Das konnte heikel werden. Aber ich baute darauf, dass sie mit niemandem über das sprach, was sie gerade herausgefunden hatte. Wäre sie beleidigt, wenn ich ihr das Versprechen abnahm?

„Ich sage niemandem ein Wort", kam sie mir zuvor. „Ich will wirklich für mich sein. Gibt es hier irgendwo einen Park in der Nähe?"

Ich beschrieb ihr den Weg und lieh ihr meine Lederjacke. Danach blickte ich ihr hinterher und fragte mich, ob ich nicht zu viel versprochen hatte. Sicher war ich mir nicht, dass am Ende alles gut werden würde. Ich war mir durchaus darüber im Klaren, dass man Leonardo niemals unterschätzen durfte.

Kapitel 11

Welt voller Schatten

Sage war also ein Gestaltwandler. Na prima! Damit erlangte mein Traum ja geradezu prophetische Bedeutung. Gab es eigentlich irgendetwas Verrückteres? Ich liebte einen Kater und der war ein Kerl, wie er einer Frau nur einmal im Leben über den Weg lief. Uff!

Ich musste fast darüber lachen, dass er sich Sorgen machte, ich könnte mich irgendwo verplappern, dabei hätte ich viel zu viel Angst, dass man mich dann direkt in die Psychiatrie einwies. Wo war ich da nur hineingeraten und vor allem, wie würde sich das alles weiterentwickeln?

Keine Frage, dass ich Leonardo bald wieder gegenüberstehen würde. Diesmal nicht als kleines Dummchen, dem er die Entwürfe klaute, sondern als ebenbürtige Designerin. Wie reagierte ein größenwahnsinniges Genie auf so was? War er überhaupt ein Genie, wenn er sich alles zusammenstahl, was er brauchte?

Du hast es auch, erinnerte ich mich. Aber ‚nur' Stoffe, kein geistiges Gedankengut. Das war etwas anderes.

Sagte Sage.

Ich seufzte.

Eigentlich sollte ich jetzt in seiner Villa sitzen und mir die Finger blutig nähen, sonst wurde das sowieso nichts mehr mit der Kollektion. Wie lange würde ich brauchen für eine der aufwändigeren Kreationen? Zwei Tage? Zweieinhalb? Für die simplen etwas weniger, obwohl ich nicht noch einmal drei an einem Tag nähen konnte. Nicht mit dieser Antiquität von einer Nähmaschine. Das hieß, in einer Woche könnten wir vielleicht fünf oder sechs Outfits präsentieren. Nicht viel, aber immerhin.

Wirklich Sorge machten mir allerdings die Stiefel. Schuhe zu fertigen war etwas anderes, als Kleider zu schneidern. Aber Sage hatte schon einmal welche besorgt. Wie viele wären machbar, wenn es drauf ankam?

Fröstelnd rieb ich mir über die Arme, obwohl es relativ warm war. Ich setzte mich auf eine Bank, schloss die Augen und hob mein Gesicht der Sonne entgegen. Atmen, zur Ruhe kommen, die Gedanken sortieren.

„Guten Tag. Ist der Platz neben Ihnen frei?"

Ich öffnete die Augen. Eine alte, gebeugte Frau mit Nickelbrille auf der Nase und einem Buckel stand vor mir. Ihre Hand, mit der sie sich auf den Krückstock stützte, zitterte. Es war schwer zu übersehen, dass sie am Ende ihrer Kräfte war. Sie hatte sich wohl mit ihrem Spaziergang übernommen. Es wäre unhöflich gewesen, sie abzuwimmeln und die Bank war groß genug.

„Bitte sehr", sagte ich daher und deutete auf den leeren Platz neben mir.

„Danke, Kindchen. Meine alten Knochen wollen nicht mehr so, weißt du."

Wir blickten beide auf den kleinen Teich, der vor uns lag, und hingen unseren Gedanken nach. Enten zogen ihre Kreise, tauchten hin und wieder mit dem Köpfchen unter und schnatterten entspannt. Ob eine von ihnen auch ein Wertier war? Woran erkannte man so was? Vermutlich daran, dass sie sprechen konnten. Ich war wirklich dämlich und naiv gewesen, stellte ich fest. Dass Sage kein normaler Kater war, lag auf der Hand. Warum hatte ich nicht weiter gefragt?

„Magisch, finden Sie nicht?"

Ich blinzelte verwirrt und drehte mich der alten Dame zu.

„Wie bitte?" Konnte sie etwa Gedanken lesen?

„Na, das Wasser. Es ist wie Magie, dass sich alles darin spiegelt. Eine zweite Welt. Parallel zu unserer hier. Die Welt hinter dem Spiegel."

Wenn die wüsste, wie richtig sie damit lag.

„Es gibt so viele Spiegel, Kindchen. Manchmal lohnt sich ein Blick hinein, weil man nur darin die Wahrheit sehen kann. Das, was unsere Augen sonst nicht sehen."

„Ach. Und was meinen Sie, ist das?"

Ihr runzliges Gesicht verzog sich zu einem Lächeln. „Zum Beispiel, wie stark wir wirklich sind. Welche Talente in uns schlummern. Wenn wir uns im Spiegel betrachten, sehen wir uns anders. Versuchen Sie es mal. Nehmen Sie sich Zeit."

Ich musste schmunzeln. Eigentlich war mir gerade nicht nach so was, aber ich wollte der alten Dame gern den Gefallen tun. Was war damit schon verloren? Immerhin hätte ich eine gute Tat getan.

Also stand ich von der Bank auf und ging zu dem Teich hinüber, um auf die Wasseroberfläche zu schauen. Sie war trüb, mein Bild ein wenig verzerrt von den sanften Wellen, die unablässig gegen das Ufer spülten. Ich dachte darüber nach, was ich der Seniorin sagen sollte, offenbar war ihr das ja wichtig. In ihrem Alter klammerte man sich vielleicht an solche Dinge, weil das Leben sonst nicht mehr zu bieten hatte als die kleinen alltäglichen Wunder. Aber ging es nicht manchmal genau darum? Um die kleinen Dinge im Leben, die Großes bewegen konnten. Ich holte tief Luft und versuchte, meinem Spiegelbild ermutigend zuzulächeln. *Wir schaffen das. Gemeinsam mit Sage. Hab nur Vertrauen, Leonie Fellon. Lebe einmal deinen Traum. Auch wenn er danach zerplatzen sollte, hast du ihn dennoch gelebt, für wenigstens einen Abend.*

Irgendwer musste wohl einen Stein ins Wasser geworfen haben, denn urplötzlich breiteten sich Wellen von meinem Spiegelbild aus. Bevor ich mich umdrehen und nachsehen konnte, fesselte etwas anderes meine Aufmerksamkeit. Mir stockte der Atem, als sich mein Konterfei vor meinen Augen in eine Löwin verwandelte. Mir war, als spürte ich die Kraft dieses majestätischen Tieres direkt in mich hineinfließen. Im nächsten Moment war es schon wieder vorbei und ich blickte mir selbst ins Gesicht. Dennoch konnte ich mich des Eindrucks nicht erwehren, dass die Löwin kurz vor ihrem Verschwinden gezwinkert hatte.

Als ich mich umdrehte, war die alte Frau verschwunden.

„Danke", sagte ich leise, auch wenn sie es nicht mehr hörte. SIe hatte mir Mut gemacht.

Zurück in der Villa hörte ich das Surren einer Nähmaschine. Dieses Geräusch erkannte ich überall. Hatte Sage also doch für ein passables Arbeitsgerät gesorgt? Dafür könnte ich ihn knutschen. Neugierig stieg ich die Treppe hinauf und orientierte mich am Ton der auf und ab schwingenden Nadel aus dem Atelier. Vorsichtig stieß ich die Tür auf. Sage stand an einem langen Tisch, der wie einer der Schneidetische aussah, an denen ich in Idaho immer gearbeitet hatte. Er breitete dort Stoffbahnen aus, kombinierte die unterschiedlichen Farben und Materialien anhand meiner Skizzen miteinander und machte das wirklich gut. Die Nähmaschine surrte im Hintergrund. Moment mal, wenn er sie nicht bediente, wer denn dann?

Ich drehte mich um und entdeckte einen kleinen, weißbärtigen Mann mit Mütze, dessen flinke Finger Stoffe unter der Nadel entlangzogen, während seine Lippen ein munteres Liedchen flöteten.

„Wer ist das und was macht er hier?", fragte ich völlig verdattert.

„Rumpelstilzchen", kam die postwendende Antwort von Sage.

„Bitte wie?"

Mein Verbündeter verdrehte nur die Augen, ohne seine Tätigkeit zu unterbrechen. „Okay, er heißt Boris von Rumpel zu Stilz, ist ein sibirischer Werluchs und kann sich derzeit leider nicht in seine Wergestalt verwandeln, weil irgendetwas mit seinem Spiegel nicht stimmt. Seine Familie ist sehr angesehen, verarmter russischer Adel. Schlimm, diese ständige Inflation. Boris war schon so verzweifelt, dass er angefangen hat, Stroh zu Gold zu spinnen." Sage wandte mir den Kopf zu und wackelte bedeutungsvoll mit den Augenbrauen. „Könnte unseren Pläne zugutekommen, meinst du nicht? Und – was am allerwichtigsten ist – er hat eine moderne Nähmaschine! Besser als unsere, sie und er sind ein eingespieltes Team."

Ich warf ihm einen ungläubigen Blick zu, und er blinzelte, als könne er nicht verstehen, wieso ich ihn nicht verstand. In Anbetracht meiner derzeitigen Situation war mir nicht nach Scherzen zumute. Ich konnte mir ja mittlerweile eine Menge vorstellen, aber die eine oder andere Grenze besaß meine Vorstellungskraft dann doch.

„Also gut", gab Sage schließlich zu, „das mit dem Gold spinnen hat nicht funktioniert, deshalb ist er immer noch verarmt. Wäre eine *Nice-to-have*-Variante gewesen, aber die sind ja meistens ausverkauft, wenn man sie braucht. Dafür ist keiner auf der Welt schneller an der Nähmaschine als er."

Ich war nicht überzeugt.

„Na gut", räumte Sage ein, „du bekommst auch so eine. Ich weiß ja, wie eigen ihr Designer sein könnt, wenn ihr nicht zumindest das eine oder andere Händchen selbst anlegen dürft." Kopfschüttelnd widmete er sich wieder den Stoffen.

Über den Helfer freute ich mich einerseits (über die in Aussicht gestellte moderne Nähmaschine fast noch mehr), meine Skepsis war dennoch nicht ausgeräumt.

„Kann man das hinterher auch anziehen, was der Typ da näht?"

Ich deutete mit dem Kinn auf Boris. Der Zwerg kniff seine Äuglein so fest zusammen, dass ich zweifelte, ob er überhaupt noch etwas sah. Entweder war er extrem kurzsichtig oder übermüdet – beides keine guten Voraussetzungen für sensible Haute-Couture-Modelle.

Mit einem undefinierbaren Laut zwischen genervt, beleidigt und kurz davor, die Geduld zu verlieren, schüttelte sich Sage und verwandelte sich in ebendieser Bewegung in einen Kater zurück. Wohl um die Energie seines Halsbandes zu schonen. Er verließ den Schneidetisch und kam geradewegs auf mich zu.

„Herzchen, du kannst froh sein, dass Boris taubstumm und noch dazu Russe ist. Das heißt, er kann nicht mal von deinen Lippen lesen. Sonst wäre er jetzt nämlich so beleidigt, dass er seine Nähmaschine packen und gehen würde und *dann* hätten wir wirklich ein Problem. Oder denkst du, wir bekommen das alles alleine hin; in zwei Wochen?"

„Bitte was?" Ich hoffte, mich verhört zu haben.

„Zwei – Wochen!", wiederholte Sage erstaunlich geduldig.

„W…wieso zwei Wochen?" Zwar hatte ich bereits überlegt, wie viele Modelle ich in ein bis zwei Wochen nähen konnte, aber das war mehr als Orientierung gedacht gewesen, und dauerhaft konnte ich so eine Leistung nicht aufrechterhalten. Ich hatte keine Ahnung gehabt, dass zwei Wochen eine bereits konkret festgelegte Deadline für uns war. Alle Modelle würden wir in dieser Zeit niemals schaffen.

„In zwei Wochen, mein Schnuckimausi, findet auf Leonardos Anwesen *der* Mode-Event des Jahres statt. Etliche große Modelabels werden da sein. Er hat alles eingeladen, was Rang und Namen hat. Modemagazine, sonstige Presse und Leute aus der High Society. Vor allem aber jeden großen Designer. Ich habe den Plan, dass wir dich dort einschmuggeln. Mit der gesamten Kollektion."

Keuchend stieß ich die Luft aus meinen Lungen.

„Du bist verrückt. Der lässt mich doch nie da rein."

Sage grinste siegesgewiss. „Er muss es ja nicht wissen."

Ich schüttelte den Kopf. Offenbar war ihm irgendeine Maus von letzter Nacht nicht recht bekommen. Gerade als ich meine Argumente vorbringen wollte, warum es völlig undenkbar war, dass ich auf Leonardos Event aufkreuzte, ging die Tür zum Atelier auf und ein drahtiger Kerl mit Kinnbart und spitzem, modischem Hut kam hereingeschneit. Unter seinem Arm ein Köfferchen. Er ging zum Schneidetisch hinüber, wo er den Koffer öffnete, als wäre er ein großer Künstler, der sich auf seinen Auftritt vorbereitete. Weder zu Sage noch zu mir sagte er auch nur ein Wort, sondern begann stattdessen, die ausgelegten Stoffbahnen zu vermessen, immer wieder auf meine Skizzen zu schauen und schließlich entschlossen die Schere anzusetzen.

„Nein!", wollte ich protestieren, doch Sage sprang mir zwischen die Beine, sodass ich fast der Länge nach hingeschlagen wäre.

„Lass ihn mal machen. Snyder weiß, was er tut."

„Snyder?"

„Snyder Line, um genau zu sein. Tapferer Kerl. Der hat sogar schon zeitgleich für sieben Designer gearbeitet, ohne dass sie es bemerkt hätten. Echt, glaub mir, der Typ ist wie im Rausch, wenn der einmal mit Nähen anfängt."

Snyder Line? Von Rumpel zu Stilz? Ich kam mir gerade vor, als wäre ich durch einen Spiegel in die Märchenwelt gefallen. Oder ich befand mich schon in der Gummizelle und ahnte nur noch nichts davon. Sages warmes Lachen holte mich aus meiner Starre.

„Komm mit, ich will dir was zeigen. Und dann gönnen wir beiden uns ein wenig Entspannung. Ich finde, das haben wir uns verdient. Außerdem wird es dir helfen, zu glauben, was du gerade erlebst."

Er tat ein wenig geheimnisvoll, aber ich war nicht in der Lage zu widersprechen oder auch nur nach Details zu fragen. Momentan fühlte ich mich überfordert, innerlich taub und extrem unwirklich. „Die beiden bekommen das hin. Bis morgen wird ein Drittel deiner Kollektion stehen. Ich war so frei, die Auswahl zu treffen, aber vertrau mir, ich weiß am besten, wie wir Leonardo sprachlos machen. Den Rest muss ich allerdings im Hintergrund einfädeln. Trotzdem finde ich, er sollte schon mal die erste Breitseite bekommen."

Er plauderte so munter drauflos, als wäre völlig klar, worum es hierbei ging.

„Sage, wovon redest du? Welche Breitseite? Was für ein Drittel der Kollektion?"

„Ach, habe ich dir das noch nicht gesagt? Du wirst morgen Abend deinen allerersten Auftritt als Designerin haben. Ja, ja, ab morgen stehst du auf der Bühne der Haute Couture. Also bitte, keine Ohnmacht mehr! Diesmal bist du nicht inkognito!"

Mir klappte die Kinnlade herunter. In meinem Kopf wirbelte ein Kettenkarussell umher. Ich musste mich an der Wand festhalten, um nicht in die Knie zu gehen.

Sage blieb stehen und wandte sich mir mit schräg geneigtem Kopf zu. „Alles in Ordnung, Leonie?"

„Ob alles in Ordnung ist, fragst du?" Ich japste nach Luft. „Das ist nicht dein Ernst. Vor vier Tagen war ich ein Niemand aus Idaho, der sich wochenlang vergeblich die Hacken abgerannt hat. Und heute sagst du mir, dass ich morgen Abend meine Kollektion vorstellen soll? Ich weiß gar nicht, wie man so was macht."

Außerdem fragte ich mich, wofür ich mich gequält hatte, wenn es so einfach gehen konnte. Es lief eben doch alles über Beziehungen.

„Ach, das machst du mit links. Tu wichtig und arrogant, dann fällt es nicht auf, dass du neu bist."

Er stolzierte weiter, und während ich ihm folgte, hörte ich ein Hämmern und Klopfen. Was war das nun wieder? Schwungvoll stieß Sage mit seinem Katzenpopo eine Tür auf, die ich bisher nicht wahrgenommen hatte. Dahinter befand sich nur ein kleines, dunkles Kämmerlein, von dessen Decke eine einsame, nackte Glühbirne herunterhing. In so einer Zelle würde man nicht mal einen Strafgefangenen unterbringen, fand ich, doch hier drin saßen neun Männlein, die noch kleiner als Boris von Rumpel zu Stilz waren, und fertigten aus den unterschiedlichen Ledersorten, die ich gestern ausgesucht hatte, umwerfend schöne Herrenstiefel, die alle mein Logo trugen. Das Logo von Leo Felice. Sogar mit Namenszug. Ich war sprachlos.

„Ich weiß, das sieht hier nicht gerade wohnlich aus, aber es gibt nun mal keine besseren Schuster als Wichtel, und die arbeiten nur bei Nacht unter extremen Bedingungen. Ich musste es so einrichten, sonst würden wir durch ihren Schichtdienst nicht mehr rechtzeitig fertig."

Ich konnte meinem Kater nicht antworten, weil ich unbedingt eines der fertigen Stiefelpaare in die Hand nehmen musste. Es waren rote Stiefel, das Leder butterweich und wie Samt unter meinen Fingern. Der Wichtel, der sie gefertigt hatte, musste das Leder zusätzlich aufgeraut haben.

„Das ist mein Lieblingsdesign", erklärte Sage. „Darum hatte ich gebeten, dass sie es zuerst fertigmachen. Ich will sie auf jeden Fall morgen tragen."

Die beste Wahl, die er hätte treffen können.

„Oh, Sage. So langsam glaube ich, dass es klappen könnte. Wenn ich mir vorstelle, du in diesen Stiefeln. Und dazu den schwarzen Anzug mit dem weißen Rüschenhemd."

Er grinste von einem Ohr zum anderen. „Genau das hatte ich vor."

Wir ließen die Wichtel alleine, damit sie ungestört ihre Arbeit verrichten konnten. Wichtel! Wie praktisch. Die hätte ich früher auch hin und wieder gut gebrauchen können. Aber besser spät als nie und gerade jetzt brauchte ich sie mehr als je zuvor.

Das Zimmer, in das Sage mich als Nächstes führte, war ein fast leerer Raum. Abgesehen von einem kleinen Schreibtisch an der linken Wand stand nur ein Spiegel in der Mitte. Die Oberfläche glatt und schimmernd wie Wasser. Anders als der Ententeich im Park, dennoch kamen mir die Worte der alten Frau wieder in den Sinn, und für einen Moment fragte ich mich, ob es abwegig war zu denken, dass es Ulanda gewesen war, die sich da zu mir gesetzt hatte. Ein Lächeln huschte über mein Gesicht. „Ist das …?"

„Mein Tor in die Schattenwelt", bestätigte Sage. „Jedes Werwesen kann die Tore benutzen, sofern dessen Inhaber es erlaubt. Somit ist es uns fast überall möglich, in die Schattenwelt zu gelangen. Aber jeder von uns hat einen eigenen Spiegel, der unsere Wergestalt festlegt. Sie werden uns sozusagen bei Geburt zugewiesen." Er deutete auf den unteren Rand des Spiegels, wo eine kunstvoll stilisierte Katze prangte. „Ich möchte, dass du mit mir dorthin gehst. Auf die andere Seite. Dir mein wahres Zuhause ansiehst."

„Ist das dein Ernst?" Ich war mir darüber im Klaren, welch einen Vertrauensbeweis dies darstellte. Natürlich war ich neugierig und vor allem wusste ich es zu schätzen, dass er mir diese Möglichkeit in Aussicht stellte. Aber ich musste zugeben, mir war etwas bange dabei. Er hätte mir nicht mal erzählen dürfen, dass er ein Gestaltwandler war. Wie würde Ulanda darauf reagieren, wenn er mich mit in jene andere Welt nahm?

„Was ist? Möchtest du nicht mit mir dort hinübergehen?"

In seiner Stimme schwang Unsicherheit mit. Es war ihm wichtig, dass ich mitging. Dass ich Teil seiner Welt wurde. Mir wurde klar, dass er aufrichtig etwas für mich empfand. Ich war nicht bloß Mittel zum Zweck, um Leonardo eins auszuwischen. Diese Erkenntnis beruhigte mich.

„Ich möchte zwar, aber … was ist mit Ulanda?"

Er lächelte sorglos. „Ulanda ist über uns im Bilde. Wenn sie Einwände dagegen hätte, dass du über meine Natur Bescheid weißt, hätte ich längst die Quittung erhalten." Mit diesen Worten wechselte er in seine Menschengestalt. „Ich war heute Mittag schon drüben, als du deinen Spaziergang gemacht hast. Sie hätte jederzeit auf mich zugreifen und mir die Leviten lesen können. Dass sie es nicht getan hat, zeigt mir, dass es in Ordnung ist. Und ich weiß, der Zauber der Schattenwelt wird dir Mut und Kraft geben. Beides kannst du morgen brauchen."

Oh ja, das würde ich gewiss. Bei dem Gedanken an den Modeevent bekam ich weiche Knie. Ich wusste nicht, was mich in der Schattenwelt, wie Sage sie nannte, erwartete. Schatten machten mir normalerweise Angst, aber nicht mit ihm an meiner Seite. Entschlossen ergriff ich seine Hand und trat mit ihm vor den Spiegel. Ich konnte uns beide nebeneinander sehen und fand, dass wir ein hübsches Paar abgaben. Dann streckte Sage seine Hand nach vorn, durchbrach die Oberfläche und im nächsten Moment riss es mir buchstäblich den Boden unter den Füßen weg.

Einsam sang sie ihr trauriges Lied und blickte in die flirrende Schwärze unter sich. Es ekelte sie jedes Mal, wenn Leonardo sie in diese finstere Brühe hinabließ. Aber sie brauchte das Wasser auf ihrer Haut, sonst würden ihre Kräfte noch schneller schwinden. Es war eine Zwickmühle für den abtrünnigen Gestaltwandler. Er durfte sie nicht zu sehr schwächen, weil er sonst ihr Leben aufs Spiel setzte und damit die Kontrolle über ihre Macht. Doch wenn er sie zu sehr stärkte, konnte sie ihm weiter standhalten. Eine Gratwanderung. Jeden Tag kämpften sie beide aufs Neue darum, dem anderen ein Quäntchen abzuringen. Bedauerlicherweise schien sie zusehends dabei zu unterliegen, da Leonardo die Dauer gut anpasste, die er ihr im Wasser gönnte. Und dieses Wasser hier war von der Finsterquelle. Es nährte sie nicht. Es hielt sie nur am Leben. Es war eine Frage der Zeit, bis er ihre Macht zu der seinen machte und damit zumindest im direkten Wirkungskreis dieses Anwesens, wo er sie verbarg, ihre Kräfte nach seinem Belieben einsetzen konnte. Die einzige Hoffnung, die ihr blieb war, dass Ulanda ihr Verschwinden rechtzeitig bemerken und zu ihrer Rettung eilen würde. Und dass sie so lange durchhielt, damit er seine finsteren Pläne nicht in die Tat umsetzen konnte. Das musste ihr gelingen. Diese Pflicht nahm sie ernst, auch wenn sie spürte, es würde nicht einfach sein. Ihr entglitten bereits die ersten Spiegel und jeden Tag wurden es mehr.

Sie zitterte bei dem Gedanken an ihr mögliches Versagen und dessen Folgen. Trauer überflutete ihr Herz. Sie durfte nicht traurig werden. Trauer war der Feind einer Naga, weil sie ihr noch mehr Wasser entzog, das sie so dringend brauchte. Die Stille nährte die Trauer. Es durfte nicht still sein.

Hastig sog sie die Luft ein. Sie hatte vergessen weiterzusingen, weil sie tief in ihre Gedanken versunken war. Leise begann sie wieder ihre Stimme zu erheben und die sanften Melodien ihres Sees zu singen. Sie wusste, Leonardo hasste es, dies war ein weiterer Grund für sie, ihren Gesang fortzuführen, solange sie es vermochte. Es spendete ihr

Trost, ihm bereitete es Qual. Es verschaffte ihr Augenblicke winziger Siege, die so wichtig waren, um ihre Moral aufrechtzuerhalten und sich seiner finsteren Magie nicht zu ergeben.

Noch nicht.

Ihrem Jäger grollte sie nicht. Er hatte sich hundertmal bei ihr entschuldigt, während er sie hierhergebracht hatte. Das Herz voller Angst. Sie hatte Mitleid mit ihm. Sie hoffte, dass er die Gelegenheit erhielt, seine Tat wiedergutzumachen. Er würde nicht zögern, sobald sie sich ihm bot. Und jener, der das Netz gewoben hatte? Ihre Finger berührten die starken, biegsamen Fäden, die sie hielten, und sie sah ein Männlein vor sich, das ebenso wie sie vor sich hin sang. Doch seine Lieder klangen fröhlicher. Sie mochte sie. Vielleicht spendeten sie ihr Trost. Zögernd begann die Naga, diese fremden Lieder zu singen und während sie sang, wurde ihre Stimme lauter und lauter und hallte wie ein Chor von den Wänden wider, der ihren Körper in Schwingung versetzte und ihr Kraft gab.

Ich hasse Achterbahnfahrten! Verglichen mit diesem Transfer würde ich trotzdem lieber hundertmal die Kingda Ka in New Jersey fahren, als noch einmal durch einen Spiegel zu treten. Mir graute jetzt schon vor der Rückkehr. An meinem ganzen Körper standen die Härchen zu Berge. So musste es sich anfühlen, wenn man in eine Steckdose fasste, während man im freien Fall vom Empire State Building sprang.

„Es wird mit jedem Mal besser", raunte Sage hinter mir. Sein warmer Atem streifte mein Ohr und die rasante Anreise war vergessen. Er zog mich in seine Arme und drückte mir einen zärtlichen Kuss auf die Lippen. „Willkommen in meinem Zuhause", sagte er. Wieder funkelten seine Augen auf diese unnachahmliche Weise, die mir einen wohligen Schauer bereitete. Diesmal lag zudem Wärme in seinem Blick, die mich geborgen fühlen ließ.

Sage hob den Blick und deutete zum Horizont. Die Sonne ging gerade unter und tauchte den Himmel in leuchtendes Violett. Einen derartigen Sonnenuntergang hatte ich in meiner Welt noch nie erlebt. Die Farben waren wie flüssiges Öl, das ineinanderfloss. Helles Flieder, zartes Rosa, tiefes Rot und leuchtendes Purpur. Dazu ein Hauch von Nachtblau. Atemberaubend. Die Luft roch süß und würzig nach Dingen, für die ich keinen Namen hatte. Ein bisschen wie Lakritz, aber auch wie Honig oder frisch geschnittene Kräuter und Moos. Keine Spur von Autoabgasen, Industriesmog oder Ähnlichem. Und es war still hier. Ich lauschte in die hereinbrechende Nacht, konnte im ersten Moment nicht sagen, was ihr fehlte, doch dann erkannte ich es – das allgegenwärtige Summen von Elektrizität und Magnetfeldern. Alles was man hörte waren die Stimmen der nächtlichen Geschöpfe, die teils vertraut, teils fremdartig klangen. Mit Sage an meiner Seite machten sie mir keine Angst. Er würde mich beschützen und mich warnen, wenn eine Bedrohung auf uns zukam.

Hand in Hand wanderten wir durch einen Wald mit hohen Fichten. Hier und dort leuchteten kleine Punkte in der Finsternis. Wie Glühwürmchen, nur größer.

„Es sind Irrlichter."

„Irrlichter? Das klingt gefährlich."

Er schüttelte den Kopf. „Sie treiben manchmal Schabernack, aber sie sind harmlos. Am Ende kommst du immer wieder genau da an, wo du losgelaufen bist, wenn du ihnen folgst."

Nach einer Weile kam zwischen den Bäumen eine Art Schenke in Sicht, die mich ein wenig an ein Hexenhäuschen erinnerte, auch wenn die Außenfassade nicht aus Lebkuchen bestand, das wäre ohnehin etwas übertrieben gewesen.

„Was ist das? Die Wohnung von Hänsel und Gretel?"

Sage lachte. „Nein, das ist Ulandas Club."

„Sie betreibt einen Club?"

„Ja. In einer Kneipe begegnen sich alle Gäste auf demselben Level. Schätze, deswegen hat man Leonardo noch nie hier gesehen."

Über uns erklang ein leises Flöten. Als wir die Köpfe hoben, saß dort eine Amsel. Ich sah, wie sich Sages Blick für einen Moment verdunkelte. Der Vogel flog sogleich in Richtung Schenke davon.

„Würdest du einen Moment hier auf mich warten?", bat Sage. Ungern! Allein war mir dieser Wald nicht geheuer. „Ich bin in einer Minute zurück."

Ich schluckte hörbar. „Ich rühre mich nicht von der Stelle."

Er zwinkerte mir zu und winkte in den Wald. Sogleich kamen einige der Irrlichter und sammelten sich um mich herum.

„Dann musst du dich nicht fürchten. Sie passen auf dich auf."

Mit langen Schritten verschwand er Richtung Hexenhäuschen. Ich blieb in der Stille zurück.

Es stand außer Frage, dass ich Ulanda gestehen würde, Leonie über meine Natur in Kenntnis gesetzt zu haben. Vermutlich wusste sie es sowieso schon, aber dennoch war es besser, diesen Umstand direkt zur Sprache zu bringen, bevor sie sich übergangen fühlte. Das Letzte, was ich brauchen konnte, war weiterer Ärger mit der Vollstreckerin.

Ich wollte Leonie und Ulanda auch miteinander bekannt machen. Vielleicht entlockte Goldlöckchens Charme der Vollstreckerin ein wenig mehr Nachsicht und einen kleinen Zusatzbonus für unsere Pläne. Aber erst einmal wollte ich allein mit ihr sprechen und sie behutsam darauf vorbereiten, dass ich einen Gast mit in die Schattenwelt gebracht hatte.

Als ich die Kneipentür öffnete und eintrat, war der Schankraum zu meiner Überraschung leer. Nur wenige Gestaltwandler und Wesen der Nacht tummelten sich an den Tischen. Der Barmann wischte gelangweilt den Tresen.

Ich räusperte mich vernehmlich, woraufhin er desinteressiert den Kopf hob. „Grüß dich, Igor. Ist Ulanda zu sprechen?"

Eine Krokodilsträne rollte über seine Wange. Ihr war hoffentlich nichts passiert!

„Ulanda ist nicht da", sagte er, klang zu meiner Beruhigung jedoch nicht so, als wäre er in Trauer.

„Und wo ist sie? Wann kommt sie zurück?"

Igor zuckte die Schultern. „Sie sagte, es gäbe einiges in der Menschenwelt, worum sie sich kümmern müsse. Ich denke, es hat mit Leonardo zu tun, diesem miesen Verräter. Aber wer weiß das schon genau, und dem kann niemand was beweisen."

Er maß mich mit vorwurfsvollem Blick. Okay, ich war an dem einen oder anderen Vergehen nicht unschuldig, aber das waren alles Bagatelldelikte. Nichts, was ernsthaft Grund zur Sorge gegeben hätte.

Verschwörerisch beugte sich Igor zu mir über den Tresen, was für ihn recht ungewöhnlich war. Ich zögerte kurz, ob er mir womöglich den Kopf abbeißen würde, wenn ich in Reichweite seines Maules kam, entschied mich aber, es zu riskieren.

„Pass gut auf deinen Spiegel auf. Es fallen immer mehr aus. Ulanda ist sehr besorgt. Jeden Tag melden sich neue Werwesen, die sich nicht mehr verwandeln können, und keiner weiß warum. Vielleicht kann die Naga sagen, was da passiert, seit Tagen hat sie jedoch niemand mehr gesehen."

Das war mehr als beunruhigend. Hatte Leonardo damit etwas zu tun? Und wenn ja, was genau hatte er dann vor?

„Wenn Ulanda wieder auftaucht, sag ihr, dass ich sie sprechen muss", bat ich Igor, was er mit einem Nicken versprach.

Nachdenklich verließ ich Ulandas Bar.

Nervös trat ich von einem Fuß auf den anderen und blickte mich immer wieder um. War es normal, dass man in der Schattenwelt kein Zeitgefühl besaß? Ich konnte nicht sagen, ob Sage seit fünf Minuten oder fünf Stunden weg war. Das mochte auch an meiner Angst liegen, die langsam aber stetig wuchs. Ich war schon als Kind nicht gern allein im Dunkeln gewesen, aber hier in diesem fremdartigen Wald, wo es überall raschelte und knackte, kam ich mir vor wie bei Hänsel und Gretel. Gleich würde eine Hexe mir einen Lebkuchen unter die Nase halten und mich in ihren Ofen locken. Dort wäre es dann immerhin warm, denn allmählich begann ich zu frieren. Was hatte ich denn in der Schattenwelt erwartet? Schatten waren nun mal kühl. Und finster. Und unheimlich.

Eines dieser kleinen Lichter tauchte plötzlich vor mir auf. Sage hatte sie Irrlichter genannt, das hieß dann wohl, sie mit Vorsicht zu genießen. Das putzige Ding aber tanzte mir vor der Nase herum und schien sogar ein winziges Gesicht in seiner Mitte zu haben. Sah doch harmlos aus.

Unvermittelt sprang ein Funken von dem Irrlicht auf meine Nasenspitze. „Aua!" Da kicherte dieses Biest glatt und hüpfte in der Luft herum, als würde es mich auslachen. „Na warte!" Ich machte einen Schritt darauf zu, aber das Irrlicht versteckte sich hinter einem Baum und ließ ein hämisches „Nää-nänä-nää-nää" vernehmen. Das wollte ich mir keineswegs gefallen lassen. Diesem frechen Ding würde ich es zeigen. Entschlossen stapfte ich auf den Stamm zu, hinter dem das Irrlicht in Deckung gegangen war, aber als ich dort ankam, war alles dunkel. Stattdessen kicherte es einige Meter weiter und der flackernde Lichtball blitzte zwischen tiefhängenden Zweigen hindurch. Ich nahm die Verfolgung auf. Leider hatte ich dabei nicht bedacht, dass tiefhängende Zweige meist zu einer Trauerweide gehörten und diese für gewöhnlich am Rande eines Sees standen. Mit lautem *Platsch* stolperte ich ins Wasser, das mir augenblicklich bis zu den Knien reichte. Hoffentlich gab es in dem Gewässer keine Werhaie oder Werpiranhas oder so was in der Art.

Nachdem ich mich wieder aus dem Wasser gekämpft hatte, blickte ich mich suchend nach dem Irrlicht um, aber ich war allein. Nirgendwo eine Spur von der Leuchtkugel. Verdrossen wollte ich den Rückweg antreten, wusste aber nicht, in welcher Richtung der lag. Alles sah gleich aus – gleich fremd. Unsicher schritt ich einige Meter nach rechts, hatte aber bald das Gefühl, nur tiefer in den Wald zu geraten. Verdammt, ich hatte mich verirrt. Das kam davon, wenn man vergaß, Brotkrumen zu streuen. Oder Warnungen in den Wind schlug. Sage hatte gesagt, dass Irrlichter ihren Namen zu Recht trugen.

Durch die Wipfel der Bäume sah ich einige Sterne schimmern, die mir keine Orientierung boten, da sie wenig mit den Sternbildern zu tun hatten, die ich kannte.

Dafür waren sie größer und strahlender. Es hätte mich kaum gewundert, wenn ein kleines Mädchen in weißem Hemdchen hier vorbeigehüpft wäre und die Sterne als Goldtaler auf die Erde gefallen wären.

Ich drehte mich im Kreis, fühlte, wie Panik in mir aufstieg. Was trieb sich nur in diesem Wald herum? War etwas Gefährliches dabei? Dann hätte Sage mich sicher nicht allein zurückgelassen. Wenn er gewusst hätte, dass ich mich in die Irre führen ließ.

Hinter mir knackte es, Eis rann über mein Rückgrat. Entgegen besserem Wissen rannte ich los, blickte mich immer wieder um, musste dabei aufpassen, nicht blindlings gegen Bäume zu rennen, deren schwarze Umrisse beinah mit der Nacht verschmolzen. Schließlich prallte ich doch gegen etwas Hartes und schrie auf.

„Goldlöckchen, was machst du denn? Hatte ich nicht gesagt, du sollst dich nicht vom Fleck rühren?"

Die Erleichterung ließ mir die Knie weich werden. „Sage!"

Er schüttelte schmunzelnd den Kopf und warf dem Irrlicht, das unerwartet wieder hinter einem Ast hervorlugte, einen strafenden Blick zu. Dann nahm er mich in den Arm und führte mich zum Spiegeltor zurück. Sein Gesicht wirkte ernst.

„Ist Ulanda nicht erbaut davon, dass du mich hergebracht hast?", fragte ich unsicher.

„Ulanda ist nicht hier", erklärte er. „Aber Igor hat mir erzählt, dass etwas mit den Spiegeln nicht stimmt. Ich glaube, wir gehen besser zurück, nicht, dass wir am Ende hier festhängen."

Das wollte ich um jeden Preis vermeiden. Ich bedauerte zwar, nicht mehr von der Schattenwelt gesehen zu haben und sicher war sie tagsüber ein wunderschöner Ort, aber für unbestimmte Zeit hier festzusitzen, war keine erstrebenswerte Vorstellung. Vielleicht ein andermal, wenn alles wieder funktionierte, wie es sollte. Die hatten doch sicher ein Wartungsteam oder was immer man dafür brauchte, um solche Probleme zu beheben. Mit leichtem Magengrummeln trat ich an Sages Seite wieder durch das Portal. Der vage Gedanke, was passieren würde, wenn es mitten im Transfer ausfiel, hatte kaum Zeit sich zu festigen, da purzelten wir auf der anderen Seite heraus.

Ich schnappte nach Luft. „Erzähl du mir nie wieder, es würde leichter werden. Der Hinweg war ein Klacks im Vergleich zur Rückreise."

„Na ja", meinte er, „das stimmt schon. Aber beides wird einfacher mit der Zeit."

Er warf einen kurzen Blick in die Wichtelkammer und ins Schneideratelier, aber dort stand alles zum Besten. Ich wartete in der Zwischenzeit in meinem Zimmer, saß auf dem Bett und rieb nervös die Finger aneinander. Als Sage eintrat, sprang ich wie von der Tarantel gestochen auf. Er hob fragend die Augenbrauen und ich bemühte mich um ein Lächeln. Mein Herz wummerte in meiner Brust, als wolle es zerspringen. Herrje, es war doch nicht das erste Mal, dass ich mit ihm ins Bett ging. Er sah anders aus, aber deshalb war er immer noch derselbe. Nur eben nicht so klein und kuschelig.

„Leonie!"

„Sage!"

Er war mit drei schnellen Schritten bei mir und zog mich in seine Arme, genauso wie drüben in der Schattenwelt. Sein Kuss raubte mir den Atem. Diesmal ging er einen Schritt weiter. Ich fühlte die seidige Spitze seiner Zunge an meinen Lippen und wie von selbst öffneten sie sich. Meine Nachtwanderung war vergessen und ebenso die Sorgen um die Spiegel, Ulanda und den abtrünnigen Leonardo.

Sage schmeckte berauschend und köstlich. Ich wollte, dass er nie wieder aufhörte, mich zu küssen. Während seine linke Hand über meine Wirbelsäule strich, umfasste seine rechte eine meiner Brüste und drückte sie sacht. Mein ganzer Körper begann zu kribbeln. Vor allem in der Mitte. Wer hatte nur all diese Schmetterlinge in mir freigelassen? Oder hatten sich klammheimlich einige Irrlichter mit uns durchs Tor geschmuggelt? Ich seufzte glückselig und ließ mich gegen ihn sinken. Legte meine Hände auf seinen Brustkorb und strich daran hinunter, bis ich den Gürtel seiner Hose ertastete. Sage holte tief Atem, meinen Atem, der in seinen Mund strömte. Es war unglaublich.

Ich dachte nicht darüber nach, wie weit ich gehen wollte. Alles fühlte sich so richtig an. Und längst überfällig. Nachdem er begann, mich auszuziehen, tat ich es ihm gleich. Ich hatte ihn bereits mehrfach flüchtig nackt gesehen und brannte darauf, diesen Anblick zu vertiefen. Kein Mann hatte mich je so nervös gemacht wie er, aber gleichzeitig fühlte ich mich bei keinem so sicher und geborgen. In seiner Nähe hatte ich das Gefühl, mich nicht blamieren zu können, egal was ich tat. Und außerdem betete ich ihn längst an. Wie ein kleines Groupie seinen Popstar, aber das war mir egal. Es war okay. Bei Sage war alles okay, solange er mich nur berührte.

Als wir nebeneinander auf das Laken sanken, gewährte er mir einen langen Moment, in dem ich ihn betrachten und ertasten konnte. Die samtige, warme Haut, die glatten, festen Muskeln, die markanten Gesichtszüge, die einerseits entspannt, andererseits voller Erwartung waren. Sein Haar floss wie ein Schleier aus Nacht durch meine Finger. Als ich meine Hand tiefer wandern ließ und seine Brustwarze umkreiste, zuckte er leicht zusammen, doch es schien ihm keineswegs unangenehm zu sein. Eine Gänsehaut breitete sich auf seinem Körper aus und er seufzte sehnsüchtig. Ein wenig verschämt berührte ich den verheißungsvollen Speer, der sich aus dem dunklen Nest zwischen seinen Beinen emporreckte. Wäre heute die Nacht der Nächte?

Ich sah ihn abermals erschauern, als ich sein Geschlecht mit der Hand umfasste und sanft daran rieb. Er keuchte meinen Namen, schloss die Augen und drückte seine Stirn gegen meine. Zärtlich spielten seine Finger mit meinen Brüsten, deren Warzen sich ihm hart entgegenreckten. Es tat ein bisschen weh, aber ich wollte trotzdem mehr davon. Zwischen meinen Beinen fühlte ich ein lustvolles Pochen und konnte nicht umhin, mir vorzustellen, wie er mich ausfüllen und zu der Seinen machen würde. Aber vielleicht war es dafür noch zu früh, immerhin hatte er betont, er sei kein Kater für eine Nacht. Dann zog er wohl auch nicht schnell alle Register.

Als seine Lippen eine meiner Brustwarzen umschlossen, glaubte ich für einen Moment, den Verstand zu verlieren. Sanft, aber bestimmt drückte er mich nach hinten, sodass ich auf dem Rücken lag. Er erkundete meinen Körper mit seinen Händen, seinem Mund und seiner Zunge. Ließ nicht einen Zentimeter aus. Auch nicht meinen Schoß. Sein Kuss an der empfindsamsten Stelle war mehr, als ich ertragen konnte. So schön hatte ich es mir nicht vorgestellt. Gott, das war so gut. Er wusste wirklich genau, was eine Frau wollte.

„Mist!"

Es gab wohl Romantischeres, was man in dieser Situation sagen könnte.

Ich blinzelte verdutzt, er zog sich von mir zurück. Während ich mich aufrichtete, erkannte ich, wo das Problem lag.

„Sorry, aber ich fürchte …"

Den Rest konnte er sich sparen. Fakten sagten in diesem Fall mehr als Worte. „Miau!"

Okay, dieses Wort war eindeutig.

„Dein Halsband ist leer."

„Korrekt."

Ich holte tief Luft. Ja, ich gebe zu, ich war ein bisschen frustriert.

„Das ist jetzt schon das zweite Mal. Ich könnte fast denken, dass Ulanda ihre Finger mit im Spiel hat."

Das vermutlich nicht, aber was genau der Grund war, spielte jetzt keine Rolle und ihm deswegen Vorwürfe zu machen, würde es nicht bessern. Er war ebenso unglücklich darüber wie ich. Seufzend fand ich mich damit ab, dass mein angestacheltes Verlangen in dieser Nacht keine Erlösung finden würde. Aber aufgeschoben war nicht aufgehoben. Ich würde ab morgen persönlich darauf achten, dass er sparsamer mit der Halsbandenergie umging.

„Na ja, man kann es jetzt sowieso nicht ändern. Kuscheln ist ja auch schön."

Ich klopfte einladend auf das Laken, direkt vor meiner Brust. Mit einem Satz war er dort, rollte sich zusammen und schmiegte sich an mich. Ich gab ihm einen Kuss auf seinen schwarzen Katerkopf.

„Du bist nicht böse?"

Ich schüttelte den Kopf. „Du kannst ja nichts dafür. Beim nächsten Mal klappt es bestimmt."

„Hach, Leonie. Du bist das beste Frauchen, das sich ein einsamer Kater wünschen kann."

„Spinner!" Ich breitete die Decke über uns und knipste das Licht aus. Seine Wärme schickte mich rasch in leichten Schlummer. Aber eines musste ich noch loswerden, ehe ich einschlief.

„Sage?"

„Ja?"

„Sei morgen vielleicht ein bisschen sparsamer mit deiner Energie, okay? Ich weiß immer gern, wie Märchen ausgehen, die so wundervoll anfangen wie dieses eben."

Seine Antwort war ein tiefes Schnurren.

Fußnote Ulanda: Hach, so langsam werde ich auch romantisch. Ich bin fest davon überzeugt, dass Leonie und Sage wie füreinander geschaffen sind. Ihre Liebe kann eine ganz große werden. Sie sind wie Romeo und Julia. Ach nein, lieber nicht. Selbstmord ist nicht wirklich romantisch. Bonnie und Clyde? Nein, die wurden von der Polizei erschossen. Cleopatra und Cäsar? Nein, nein, das hat für den guten Cäsar kein schönes Ende genommen. Dann lieber mit Marcus Antonius, aber wenn ich mich recht erinnere, war auch das nicht von langer, glücklicher Dauer. Herrgott nochmal, gibt es in der Geschichte denn nicht ein einziges berühmtes Liebespaar, das nicht in jungen Jahren und auf tragische Weise das Zeitliche gesegnet hat? Dann müssen die beiden es eben besser machen. Punkt!

Kapitel 12

Paradiesvögel

Als ich am nächsten Morgen verschlafen die Augen aufschlug, blickte mich ein grünes Augenpaar an. Sage! In seiner wunderschönen menschlichen Gestalt. Er hatte den Kopf auf einer Hand aufgestützt und betrachtete mich. Wie lange wohl schon? Immerhin schien sein Halsband wieder voll aufgeladen.

„Guten Morgen." Seine Stimme jagte mir eine sinnliche Gänsehaut über den Rücken.

„Was ist der Plan?", wollte ich wissen.

Er runzelte hinreißend die Stirn. „Der Plan?"

„Ja." Meine Stimme klang rau. Ich wusste genau, was ich wollte. Wann konnte ich je sicherer sein, dass die Energie reichte, als früh am Morgen, wenn das Ding frisch aufgeladen war? Doch sein Blick drückte keine Vorfreude aus, sondern Bedauern.

„Ich würde ja gern, aber …"

„Aber?"

Er schluckte. „Heute Abend ist die Modenschau. Wenn das Halsband leer ist, hast du niemanden, der deine Kollektion vorführt. Manchmal gibt es eben Wichtigeres als Sex."

Ich seufzte enttäuscht, aber er hatte ja recht. Zur Bestätigung seiner Worte verwandelte er sich augenblicklich wieder in den Stubentiger. Vor dem Abend würde er keine menschliche Gestalt mehr annehmen. Also gut. Heute noch geduldig sein. Aber ab morgen … ja, ab morgen hatten wir fünf Tage Zeit, bis ich ihn wieder als Männermodel brauchte. Dann gab es keine Ausreden mehr. Und hoffentlich auch keine leeren Halsbänder.

Die Wichtel hatten ebenso gute Arbeit geleistet wie Boris und Snyder. Ich war sprachlos, dass wir praktisch über Nacht fünfzehn verschiedene Outfits und sechs Paar Stiefel zur Verfügung hatten. Keine Frage, dass bis zu Leonardos großem Modeevent die gesamte Kollektion stehen würde. Rasch packten wir die Sachen ein und verfrachteten sie in den Van.

„Kannst du Auto fahren?", fragte Sage.

Puh! Gute Frage. Ich war hin und wieder Traktor gefahren und ein paarmal den alten Kombi von meiner Mutter. Aber nur auf dem

Land, wo kaum Verkehr herrschte. Ob ich den riesigen Van durch den New Yorker Nachmittagsverkehr steuern konnte, war fraglich, aber ich würde es versuchen.

Sage verschwand für zwei Stunden und kam mit einem bunt schillernden Geschöpf zurück, bei dem ich mich im ersten Moment fragte, ob es in menschlicher oder in tierischer Gestalt auftrat oder irgendwo dazwischen. Erst auf den zweiten Blick erkannte ich, dass die riesigen Federn auf dem Kopf Teil eines Hutes waren und das vielfarbige Gesicht einem kunstvollen Make-up geschuldet war. Hingegen war der Aufschrei dieses Wesens so schrill, dass ich wiederum zweifelte und außerdem um die Fensterscheiben fürchtete.

„Darf ich vorstellen: Georgio. Unser Visagist."

Ach richtig! Den brauchte es ja auch auf einer Modenschau. Das hatte ich völlig verdrängt. Wie gut, dass Sage an alles dachte, das zeigte seine Erfahrung auf diesem Gebiet.

„Mon Dieu!", entfuhr es dem Paradiesvogel. „Ich sehe, ich komme gerade zur rechten Zeit. Du meine Güte, so können wir dich natürlich nicht auf den roten Teppich schicken. Das hat keinen Stil, keinen Glamour, das ist ja … grau."

Ich wurde ganz klein. Meine ohnehin bestehenden Komplexe hingegen wuchsen in die Höhe. Klar wusste ich, dass ich mit den Schönen auf dem Laufsteg nicht mithalten konnte, aber ich wollte Mode machen, keine Mode zeigen.

„Keine Sorge!", versicherte Georgio im Brustton der Überzeugung. „Das bekomme ich hin. Es wird zwar ein hartes Stück Arbeit, aber du hast dafür den Besten der Besten geholt, Sage."

Ehe ich mich versah, hatte der Visagist mich gepackt und auf einen Stuhl verfrachtet. Sage wurde kurzerhand von ihm aus dem Raum gescheucht. In den folgenden vier Stunden wurde an mir herumgezerrt, Locken gewickelt, Tonnen an Haarspray aufgesprüht, anschließend mindestens ebenso viel Farbe an allen möglichen Stellen meines Gesichtes und auf meinen Nägeln verteilt und zu guter Letzt riss mir Georgio die Kleider vom Leib und hüllte mich in etwas hautenges Schwarzes. Als er mir endlich erlaubte, in den Spiegel zu blicken, bemerkte ich im ersten Moment nicht, dass es einer war.

„Äh, wer ist das?"

Begeistert klatschte Georgio in die Hände und rief mit säuselnder Stimme Sage herbei. „Sage! Sage, Herzchen, du darfst jetzt wieder schauen kommen."

Die Selbstzufriedenheit stand unserem Visagisten ins Gesicht geschrieben und auch Sage entfuhr ein anerkennender Pfiff, den ich für einen Kater schon bemerkenswert fand, als er meine neue Optik von oben bis unten musterte.

„Wow! Jetzt bist du ein Teil der Modewelt."

Schüchtern blickte ich die Diva dort im Spiegel an. War das wirklich ich? Konnte es sein, dass ein bisschen Farbe, Styling und Klamotten einen Menschen so veränderten? Ich war … hübsch. Nein, ich war … ein Vamp! Smokey-Eyes waren noch nie so wörtlich zu nehmen gewesen. Jetzt entfuhr mir ein atemloses „Wow!"

„Das kannst du laut sagen, Goldlöckchen. Hoho! Leonardo wird sich in den Hintern beißen, dass er dich nicht unter Vertrag genommen hat. Und zwar für den Catwalk. Aber es lag eben auf der Hand, dass wir dich nicht in Jeans und Wollpulli mitnehmen konnten." Er umrundete mich ein letztes Mal und grinste dann von einem Ohr zum anderen. „So, jetzt habt ihr beiden aber genug herumgetrödelt und euch mit Beautybehandlungen vergnügt." Dabei wäre mir fast der Einwand entfleucht, dass es nicht gerade ein Vergnügen gewesen war, so wie Georgio an mir geschrubbt, gezupft und gezogen hatte. Aber ich wollte Sage nicht unterbrechen. „Kommen wir jetzt zu einer letzten Überraschung."

„Letzte Überraschung?" Ich war so perplex und noch nicht wieder ich selbst – eigentlich fühlte ich mich eher so, als wäre ich gerade zwei Personen in einer –, dass ich mich nicht wehrte, als er mich mit sanfter Gewalt ins Atelier hinaufbrachte, das mir zuvor von ihm untersagt worden war. Angeblich, damit Snyder und Boris nicht bei ihrer Arbeit gestört wurden. Als die Tür aufging, verschlug es mir den Atem.

An einer Kleiderpuppe war ein sagenhaftes Abendkleid ausgestellt. Schwarzer Samt mit Strasssteinen. Eng geschnitten, bodenlang und in Knöchelhöhe leicht ausgestellt. Der Ausschnitt war mörderisch, doch mit schwarzer Spitze unterlegt, sodass es dennoch elegant wirkte. Dazu gab es passende Handschuhe und schwarze Lackpumps. Bei Letzteren wurde mir sogleich wieder mulmig.

„Ich werde mir den Hals brechen."

„Unsinn. Wir haben noch eine Stunde Zeit. Georgio wird dir das schon beibringen", meinte Sage zuversichtlich. Georgio bestätigte postwendend mit einem weiteren Aufschrei, der einer Opernsängerin Ehre gemacht hätte, dass dieses Kleid seine modische Auswahl für mein neues Ich toppte. „Das ist fantastisch, für dich gemacht, Herzchen. Das wird wie angegossen an dir sitzen. Inklusive dieser heißen High-Heels."

Boris und Snyder waren überzeugt, dass man mir die große Designerin in diesem Dress fraglos abnehmen würde. Und ich musste schließlich auch zeigen, dass ich nicht nur Männermode kreieren konnte.

„Bis zum Event bei Leonardo werden wir ein passendes Damenmodel finden. Dafür solltest du ab morgen allerdings anfangen, ein paar Designs zu entwerfen."

Was ich mit Freuden tun würde. Dennoch fühlte es sich unwirklich an, in solch ein Kleid zu schlüpfen. Das war einfach nicht ich. Trotzdem bereitete es mir ein unglaubliches Vergnügen, für einen Abend das zu verkörpern, was die Modewelt für mich ausmachte.

Nachdem mich Snyder praktisch in meine Abendgarderobe eingenäht hatte, damit sie wortwörtlich wie angegossen saß, warf Georgio einen letzten kritischen Blick auf mein Make-up.

„Die Lippen müssen wir noch ein bisschen pushen", erklärte er, womit er mich in Panik versetzte.

„Keine Spritzen!"

Er lachte gackernd. „Nicht doch, meine Liebe. Wer will denn schon ernsthaft Schlauchboote im Gesicht haben? Ich weiß, wovon ich rede, ich habe das einmal probiert. Ach, hör mir auf, da kann man ja nicht mal mehr richtig knutschen. Ganz dezent, mein Täubchen, ganz dezent."

Sein anzügliches Zwinkern in Sages Richtung ließ mich alarmiert zu meinem Kater schielen, der jedoch den Desinteressierten mimte und stattdessen äußerst interessiert seine Krallen begutachtete.

Tatsächlich schaffte es Georgio mit einer komisch riechenden Creme, dass meine Lippen zu kribbeln begannen und beim nächsten Blick in den Spiegel prall wie reife Kirschen aussahen. Nebst deren Farbe. Hoffentlich war das reversibel.

Nach dem Styling kam der schwierigste Teil. Laufen auf Millimeter-Absätzen. Hundertzwanzig Millimeter hoch, aber nur einen Millimeter breit. Wenn mir Leonardo blöd kam, brauchte ich nur meine Schuhe auszuziehen und hatte die perfekte Mordwaffe zur Hand. Bei meinen Gehversuchen konnte ich sogar behaupten, ich wäre lediglich gestolpert und hätte im Fallen den Schuh verloren. Immerhin, wenn ich mich bei Georgio oder Snyder einhakte, ging es. Am Abend würde Sage ja in Männergestalt zur Verfügung stehen, um mich zu stützen.

Um vier Uhr nachmittags machten wir uns auf den Weg. Mein Herz klopfte fast noch schneller als am Abend zuvor mit Sage im Bett. Beim Autofahren verzichtete ich der Sicherheit aller wegen auf die Pumps und nahm lieber meine Turnschuhe. So kamen wir mit einigem Geruckel heil an.

Drinnen empfing uns das mir bereits bekannte Gewusel aus Models, Designern, Visagisten und Presseleuten. Ich fühlte mich hier fremd, obwohl ich jetzt dazugehören sollte. Es gab eine Anmeldung, wo die Kollektion einer kurzen Prüfung unterzogen wurde. Fast hätte ich mich mit Leonie Fellon vorgestellt. In letzter Sekunde besann ich mich auf Leo Felice.

„Ah! Die Designerin aus Paris. Sie wurden uns groß angekündigt. Wie ich sehe", der Blick der Dame maß mich von Kopf bis Fuß, „zu Recht." Sie lächelte. Es sollte wohl freundlich wirken, stattdessen sah es aufgesetzt aus. Sie wandte sich schon dem nächsten Designer in der Reihe zu, während Georgio mir half, die Kollektion an den uns zugewiesenen Platz zu befördern. Sage hatte es sich in meiner Handtasche bequem gemacht. Es wäre sonst schwierig gewesen, eine Katze hineinzuschmuggeln.

Nachdem wir die Modelle ausgepackt hatten, entließ ich ihn endlich aus seinem Gefängnis. Zumindest soweit, dass er den Kopf herausstrecken konnte. Georgio schickte uns zum Laufsteg hinaus, damit wir uns ein Bild davon machen konnten, welche Fläche wir zur Verfügung hatten und wie der Boden beschaffen war.

Es wimmelte vor Leuten, noch mehr als in dem Club mit den gläsernen Böden. Designer, Promis, Presse, alles war vertreten, was Rang und Namen hatte.

Und ich No-Name mittendrin. Mit einer Kollektion, die Rumpelstilzchen und das tapfere Schneiderlein zusammen mit einer Wichtelhorde praktisch über Nacht aus von Leonardo geklauten Stoffen und Leder erschaffen hatten, mit einem Background, der so falsch war wie die Wimpern einer Dragqueen.

Mir wurde schwindlig und ich überlegte ernsthaft, ob *jetzt* der richtige Moment für eine Ohnmacht wäre. Aber was hatte das für einen Sinn, wo Sage in seiner Katzengestalt verharrte, um Halsbandenergie zu sparen? Er könnte mich nicht einmal mit seinen starken Armen auffangen. Ich musste das auf später verschieben. Außerdem hatte er sie mir höchstpersönlich für heute Abend verboten.

„Verwandle dich nicht zu spät. Denk daran, dass wir dich noch stylen müssen."

„Baby, mich braucht niemand zu stylen. Du wirst dich wundern. Und in die Klamotten schlüpf ich so schnell rein, wie ich gestern rausgeschlüpft bin." Er zwinkerte mir anzüglich zu. Ja, schnell rausgeschlüpft war er. Nur für den Rest hatte es nicht mehr gereicht. Aber ich wollte ihn nicht deprimieren, indem ich jetzt darauf zu sprechen kam.

Sage zog sich wieder in die Tasche zurück und ich machte mich auf den Weg hinter die Bühne. Direkt an unserem Standort lief ich meinem persönlichen Albtraum in die Arme. Leonardo! Mir stockte der Atem, als er meine Modelle genau in Augenschein nahm. Keine Frage, dass er seine Stoffe wiedererkannte. In meinen Adern schien plötzlich Eiswasser zu fließen. Mein Anblick ließ ihn kurz stocken. Er maß mich mehrfach von Kopf bis Fuß, als wäre er sich nicht sicher, ob er seinen Augen – und seinem Erinnerungsvermögen – trauen durfte. Letztlich gewann seine Überheblichkeit jedoch die Oberhand.

„Ah! Wen sehe ich denn da? Na so was, man erkennt dich ja kaum wieder. Da sieht man mal, dass Kleider wirklich Leute machen. Wer hätte das gedacht? Vor einer Woche noch ungebeten in ein wichtiges Meeting hineingeplatzt und haltlose Beschuldigungen gegen mich ausgesprochen und heute schon Teil des Wespennestes. Wenn da nicht ein böser Stich zu üblem Erwachen führt."

Ich wusste, ich sollte mich nicht provozieren lassen. Trotzig straffte ich die Schultern.

„Wieso? Willst du dich in eine Wespe verwandeln? Das würde ich dir nicht raten, ich trage nämlich stets eine Fliegenklappe mit mir herum. Und zwar eine elektrische."

Er blinzelte zweimal. Es war nicht die geistreichste Erwiderung gewesen, doch immerhin musste er sich fragen, wie viel ich über ihn wusste. Eine Genugtuung zu sehen, wie er irritiert zur Seite blickte, ehe er mich wieder scharf ins Auge fasste.

„Ich wäre an deiner Stelle vorsichtig, wem ich drohe."

„Und ich würde mir an deiner Stelle beim nächsten Mal besser überlegen, wen ich übers Ohr zu hauen versuche. Im Gegensatz zu dir kann ich meine Kollektionen selbst entwerfen und muss mir keine Skizzen bei der Konkurrenz zusammenklauen."

In meiner Handtasche knurrte Sage warnend. Ich durfte den Bogen nicht überspannen, sonst bekamen wir schneller Probleme, als uns lieb war.

Aber Leonardo war ohnehin zu arrogant, sich weiter auf einen Schlagabtausch mit mir einzulassen.

„Wir sehen uns, meine Liebe. Ganz gewiss. Vergiss dabei besser deine ... Fliegenklatsche nicht."

Ich atmete aus und sank kurz in mich zusammen. Sage nutzte die Gelegenheit, meiner Tasche zu entkommen.

„Das war leichtsinnig, Leonie. Ihn zu reizen kann böse nach hinten losgehen. Ich hoffe, er hat nicht doch irgendwelche Beweise dafür, dass diese Stoffe aus seinem Lager stammen, sonst könnte er uns aus Rache womöglich bei der Eventleitung anzeigen. Oder sogar bei der Polizei."

Soweit hatte ich nicht gedacht. Mir wurde schlecht.

„Ach, Unsinn! Dieser aufgeplusterte Paradiesvogel ist viel zu sehr damit beschäftigt, sich selbst zu lieben", warf Georgio ein. „Husch, husch, Sage. Such dir ein hübsches Plätzchen, um dir das Fell über die Ohren zu ziehen. In einer halben Stunde musst du unsere Prinzessin berühmt machen."

Sage verschwand zwischen Kleiderständern und Modelbeinen und kam kurz darauf als Kerl zurück. Ich fragte mich, wie er es schaffte, hier angezogen zu sein, während er bei der Transformation in meinem Bett nackt gewesen war. Aber dies war ein Geheimnis, das ich zu einem anderen Zeitpunkt lüften musste.

In Sekundenschnelle schlüpfte er in das erste Outfit und abgesehen von ein wenig Haarspray, Puder und dunklem Kajal brauchte es kein Styling bei ihm. Er sah einfach so schon verboten gut aus. Auch wenn ich sicherlich nicht objektiv war, wollte ich dennoch behaupten, dass er mit Abstand das schönste Männermodel hier war.

Die Designer wurden wechselnd gezeigt, das war ein Vorteil für uns, da wir als Einzige nur ein Model hatten. Viele der Designer harrten am Eingang zum Catwalk aus und schielten immer wieder nach draußen, um zu sehen, wie ihre Kollektion beim Publikum ankam. Mir fehlten dafür die Nerven. Auch Leonardo hielt sich, wie ich bemerkte, im Hintergrund auf. Allerdings wohl eher, weil es unter seiner Würde war, sich mit den anderen Designern zusammenzudrängen.

Ich warf dem blonden Beau immer wieder beunruhigt Blicke zu, er ignorierte mich hingegen völlig. Dennoch wurde ich das Gefühl nicht los, unter Beobachtung zu stehen. Ob er sich schon Gedanken darüber machte, wie er mir meine Unverfrorenheiten heimzahlen konnte? Wenn es stimmte, was Sage erzählt hatte, und er ein Werlöwe war, würde er mich schlicht mit einem Happs verschlucken.

Eine Hand legte sich von hinten auf meine Schulter und ich zuckte zusammen. Doch es war nicht Leonardo – der stand immer noch in meinem Blickfeld – sondern Robertico.

Der zweite Stardesigner dieser Saison schenkte mir einen aufmunternden Blick. „Lassen Sie sich von diesem eingebildeten Egomanen nicht ins Bockshorn jagen. Ich bewundere Ihre Kreationen. Wirklich eine sehr gute Arbeit. Machen Sie weiter so, dann werden Sie es weit bringen."

Ich lächelte dankbar. „Ich gebe mir Mühe, aber ich fürchte, gegen ihn oder Sie bin ich ein Niemand."

Robertico lachte, es klang kein bisschen spöttisch. „Stellen Sie Ihr Licht nicht unter den Scheffel. Und vergessen Sie nicht: Wir haben alle einmal so angefangen wie Sie. Immerhin haben Sie eigene Kreationen und müssen sich keine zusammenstehlen."

Ich schluckte hart, wusste aber nicht, was ich darauf antworten sollte. Er drückte noch einmal sanft meinen Arm, ehe er zu seinen eigenen Models hinüberging.

Sage schenkte Leonardo den ganzen Abend über bestenfalls beiläufige Blicke, während er sich umzog. Seine Coolness hätte ich gerne gehabt. Ein Outfit stand ihm besser als das andere und ich merkte, wie mein Herz jedes Mal aufgeregt hüpfte, wenn ich sah, wie perfekt er und meine Mode miteinander harmonierten. Obwohl er zweifellos auch ohne diese Accessoires eine aphrodisierende Wirkung auf mich gehabt hätte. Nur mit Stiefeln bekleidet. Aber das gehörte hier nicht her.

Als er das letzte Modell präsentierte, wartete ich mit zitternden Knien hinter der Bühne darauf, dass er zurückkam, um mich abzuholen, denn bei seiner letzten Runde musste ich mich als Designerin ebenfalls präsentieren. Es dauerte eine gefühlte Ewigkeit, in der mir tausend Horrorszenarien durch den Kopf gingen, was alles schiefgehen konnte, wenn ich meinen Fuß auf den Catwalk setzte.

Ich hätte zu gern gewusst, was draußen los war, doch ich war so angespannt, dass ich nicht einmal hörte, ob die Zuschauer jubelten oder buhten. Als Sage in mein Blickfeld kam, war sein Lächeln entspannt, seine Augen leuchteten. In diesem Moment breitete sich Ruhe in mir aus. Alles war gut. Er streckte mir seine Hand entgegen und ich ergriff sie. Meine Füße fühlten sich nicht mehr an, als steckten sie in Mörder-High-Heels, sondern mehr so, als schwebten sie barfuß über Wolken. Ich glitt schwerelos an seiner Seite den Laufsteg entlang, lächelte, winkte. Wie eine Königin, die ihr Volk huldvoll grüßt. Die Leute in der ersten Reihe erhoben sich und applaudierten. Galt das wirklich mir? Ich verbeugte mich. Sage legte seinen Arm um meine Taille und drückte mir einen Kuss auf die Schläfe. Sicher führte er mich zurück hinter die Bühne. Erst dort wurde ich mir der Realität wieder vollends bewusst und sank auf einen Stuhl nieder, den Georgio mir fürsorglich hinschob.

„Du bist der gefeierte Star dieses Abends", lobte Sage. „Ich habe dir doch gesagt, du bist brillant. Sie lieben deine Kreationen."

Ich fächelte mir mit einer Hand Luft zu und hatte das Gefühl, nicht atmen zu können. Hoffentlich musste ich nicht noch einmal nach vorne. Das würde ich nicht schaffen.

„Bleib einen Moment bei ihr, ich denke, die Meute wird gleich über euch herfallen. Ich bringe derweil die Kollektion in Sicherheit", meinte Georgio und ließ mich und Sage zurück.

Ich sah meinem gestiefelten Kater in die Augen. Er war stolz auf mich und genauso glücklich wie ich. „Bereit für ein bisschen Blitzlichtgewitter? Wir wollen doch jetzt nicht Leonardo die Show überlassen, oder?"

Das gab mir Auftrieb. Nein, das wollten wir garantiert nicht. Eine Runde schaffte ich noch.

Am Aufgang zum Catwalk hatte sich der selbst ernannte Modegott bereits breitgemacht und wartete darauf, dass ihm das Fußvolk die Hände küsste. So sah es jedenfalls aus. Aber heute Abend würde er darauf vergebens warten, denn kaum betraten Sage und ich die Bühne, richteten sich alle Blicke und Kameras auf uns. Ich fürchtete schon blind zu werden bei all den Blitzlichtern, die uns umzuckten.

„Miss Felice. Wo kann man Ihre Mode kaufen?"

„Ihre Stiefel sind unglaublich. Kann man die auch einzeln erwerben?"

„Woher nehmen Sie Ihre Inspiration?"

„Leo, was hat Sie bewogen, von Europa nach Amerika zu gehen?"

„Steht die Winterkollektion schon fest? Wird es dabei wieder besondere Stiefel geben?"

„Wann präsentieren Sie erste Einblicke in Ihre nächste Sommermode?"

„Stiefel! Sie müssen unbedingt eine reine Stiefelkollektion herausgeben. Wir kaufen alles ein."

„Welches Model wollen Sie neben Sage unter Vertrag nehmen?"
„Miss Felice, haben Sie noch einen Job für mich?"
„Wir würden Ihnen gern eine Kooperation anbieten, Leo."
Ich wusste gar nicht, wohin ich mich wenden sollte. Von allen Seiten strömten die Worte auf mich ein. Alles drängelte sich um mich. Jeder wollte mit mir reden, fragte nach einem Termin, nach meinen Plänen, nach dem Preis meiner Modelle. Ich gab automatisch Antworten, hoffte, dass sie halbwegs Sinn ergaben, und wusste am Ende trotzdem kaum, wem ich was gesagt hatte.

Georgio schritt schließlich ein und drängte die Menge zurück. „Sooo, nun ist es genug. Ihr macht die Ärmste ja ganz wuschig. Miss Felice wird sich nach dem heutigen Abend nicht in Luft auflösen. Wir geben in den nächsten Tagen eine Pressemeldung heraus und werden die Adresse ihres neuen New Yorker Büros nennen. Dort können Sie sich gerne um einen Termin bemühen."

Er schirmte mich und Sage mit seinen Federboas und dem Riesenhut effekvoll vor den Leuten ab. Ich war dankbar, dass der Abend heil überstanden war. Auf so was wurde man nicht vorbereitet, wenn man Designer werden wollte. Ich fühlte den Schweiß auf meiner Stirn und hatte den starken Verdacht, dass es Angstschweiß war. Außerdem waren meine Knie wie Pudding. Es war mir im Nachhinein ein Rätsel, wie ich mit diesem Handicap und dazu in Mörder-High-Heels über den Laufsteg hatte gehen können, ohne hinzufallen und mir den Hals zu brechen.

Auf der Heimfahrt übernahm Sage das Steuer. Halsbandenergie hin oder her, ich war viel zu überdreht, um unfallfrei nach Hause zu kommen. Im Wagen herrschte gelöste Stimmung. Wir waren alle drei glücklich und sehr zufrieden damit, wie der Abend gelaufen war.

„New Yorker Büro. Kannst du mir mal sagen, wovon ich das bezahlen soll?", fragte ich Georgio, machte mir aber schon Gedanken, wo eines anmieten könnte. Bezahlbar müsste es sein. Und dennoch nicht zu weit vom Stadtzentrum weg.

„Glaub mir, wenn alles nach Plan läuft, kannst du dir ein ganzes Stockwerk mieten und eine Entourage von Mitarbeitern beschäftigen", versicherte mir Sage.

Das war zu schön, um wahr zu sein. Bisher hatte sich jedoch alles erfüllt, was er prophezeit hatte, und ich wollte so gerne daran glauben.

Ich brachte es nicht über mich, die Kollektion über Nacht im Wagen zu lassen. Der Gedanke, jemand könne die Garage aufbrechen und meine Kostbarkeiten stehlen, hätte mich nicht schlafen lassen. Also brachten wir sie ins Atelier zurück, wo wir bereits die nächsten Modelle bewundern durften. Außerdem verstand es sich von selbst, dass wir Snyder, Boris und den Wichteln erzählten, wie es gelaufen war und zusammen mit ihnen auf unseren gemeinsamen Erfolg anstießen.

„Leute, ich weiß nicht, wie ich das ohne euch hätte schaffen sollen. Ihr seid ... toll! Ihr seid das Beste, was mir je passiert ist."

Ich hatte Tränen in den Augen und hätte jeden von ihnen am liebsten mit Küssen überschüttet. Es war unbeschreiblich schön, sich so auf andere verlassen zu können. Wenn mein Traum von einem Leben als Designerin wirklich wahr werden sollte, würden sie alle einen sicheren Job bei mir haben. Das stand für mich fest. Jeder von ihnen hatte es verdient.

„Wir sollten auch für die Damenmode Stiefel entwerfen", schlug Snyder vor. „Damit hebst du dich klar von Leonardo ab. Der hasst nämlich Stiefel."

Das war ein Argument. Bis kurz nach Mitternacht saßen wir zusammen und schmiedeten Pläne, was wir alles bei dem Event auf seinem Anwesen präsentieren wollten. Ich war für alle Anregungen offen und besonders, was die Stiefel anging, hatten die Wichtel unübertreffliche Ideen. Sage hatte sich vorsorglich wieder in seine Katzengestalt begeben, was mich auf den weiteren Verlauf dieser Nacht hoffen ließ.

In den nächsten Tagen lag viel Arbeit vor uns allen, weshalb wir uns bald alle in unsere Schlafzimmer zurückzogen. Wir beide teilten uns eines davon. Während ich die Vorhänge zuzog und das Licht neben dem Bett anschaltete, schloss Sage, nun wieder in Menschengestalt, die Tür hinter uns.

„Und? Was sagt die Halsbandenergie?", fragte ich erwartungsvoll.

Er drehte sich schmunzelnd zu mir um. „Ich denke, diesmal reicht sie aus." Er musterte mich von Kopf bis Fuß und kicherte los. Ich folgte seinem Blick und fiel mit ein. Das Galakleid in Kombi mit den Turnschuhen würde bestimmt kein neuer Modetrend werden.

„Hilfst du mir hier raus?", fragte ich und drehte ihm den Rücken zu. Allein kam ich aus dem maßgeschneiderten Dress niemals heraus, aber er löste geschickt die Hilfsnähte, die das Kleid perfekt an meinen Körper modellierten.

„Du solltest so was viel öfter tragen. Du hast eine Traumfigur, weißt du das? Wenn du nicht Designerin werden wolltest, würde ich dir vorschlagen, Model zu werden."

Ich schüttelte den Kopf. „Besser nicht. Ein Auftritt pro Abend ist genug für meine Nerven."

Das Kleid fiel wie eine zweite Haut von meinen Schultern. Ich fröstelte unter der plötzlichen Kühle, die meinen Körper streichelte, gleich darauf erschauerte ich, als Sage seine Arme von hinten um mich legte und sich an mich schmiegte. Er war warm – nein, er war heiß. Er glühte förmlich und setzte mich in Flammen. Heute Nacht! Es gab keinen perfekteren Moment dafür. Heute Nacht hatte sich ein Traum für mich erfüllt, warum dann nicht ein zweiter?

„Du bist so schön, Leonie", flüsterte er. Sein Atem kitzelte meinen Nacken. Seine Lippen ließen meine Haut prickeln, als er sich Stück für Stück an meiner Wirbelsäule hinunterarbeitete und dabei den Spitzenslip von meinen Hüften schob. Es machte mir nichts aus, nackt vor ihm zu stehen.

Sage drehte mich um. Er blickte von unten zu mir herauf, als würde er mich anbeten und für einen Moment kam mir tatsächlich der Gedanke, seine Göttin zu sein. Doch als er sein Gesicht in meinen Schoß drückte und ich seine Zungenspitze an der empfindsamsten Stelle meines Körpers fühlte, konnte ich nicht mehr denken, sondern nur noch fühlen. Es raubte mir den Atem, zog alle Kraft aus meinem Körper und hob mich gleichzeitig empor. Vage realisierte ich, dass ich hochgehoben wurde und er mich sanft auf dem Bett ablegte. Mit langsamen, bedächtigen Bewegungen zog er die langen Stulpenstiefel aus, die an ihm so sexy aussahen wie an keinem anderen Mann. Danach folgten das Rüschenhemd und die schwarzen Hosen. Heute Nacht beschämte mich der Anblick seiner Erektion nicht mehr. Ich fand sie wunderschön. Mutig nahm ich sie in meine Hand, als er sich zu mir legte, genoss sein leises Stöhnen, während ich meine Finger daran auf- und abgleiten ließ. Ich spreizte meine Beine, als er sacht über meine Schamlippen strich, war überrascht über die Feuchtigkeit, die ich fühlte und über das stetig anwachsende Pochen. Seine Zärtlichkeiten waren wundervoll, aber bei Weitem nicht genug. Ich wurde allein von meinen Instinkten geleitet und öffnete mich ihm ohne Angst. Das Gewicht seines Körpers auf meinem war köstlich. Seine

Lippen schmeckten salzig und ich wusste, es war der Geschmack meiner Lust. Die Spitze seines Penis drückte sich zwischen meine Schenkel, ich hielt den Atem an, nur um ihn sogleich zischend wieder auszustoßen, als der Schmerz heiß und scharf wie ein Dolch durch mich hindurchfuhr.

„Oh mein Gott!", entfuhr es ihm. Er wagte nicht, sich zu bewegen. Ich musste schlucken, doch der Schmerz ließ bereits nach. „Warum hast du …"

„Als ich sagte, ich habe nicht so viel Erfahrung mit Jungs, meinte ich das ernst", sagte ich mit zitternder Stimme.

Er stieß keuchend den Atem aus, verharrte reglos auf mir. „Tut es sehr weh?", fragte er schließlich. Ich schüttelte den Kopf. Genau genommen tat es jetzt gar nicht mehr weh. Jedenfalls nicht so, wie man Schmerz verstand. Es war etwas anderes, viel Stärkeres, das genauso nach Linderung verlangte. Als hätte er meine Gedanken gelesen, begann sich Sage behutsam in mir zu bewegen.

Ich schmolz dahin. „Oh!", entfuhr es mir nur.

„Wie fühlt es sich an?"

„Wundervoll!"

Ich hörte ihn erleichtert lachen. Ein warmes, perlendes Lachen, das über meine Haut tanzte. Ich schlang meine Arme um seinen Nacken und begann, den Rhythmus seiner Bewegungen aufzunehmen. Dieser Moment machte mein Leben für mich perfekt.

LÖWENBÄNDIGER EN VOGUE

Kapitel 13

Dunkle Ahnungen

„Dieses Miststück! Diese durchtriebene, ignorante Kuh! Da schenkt man ihr ein wenig Aufmerksamkeit und was macht sie? Sich wichtig! Wie kann sie es wagen, mir die Show zu stehlen? Mich vor der gesamten Modewelt vorzuführen? Mit diesen … diesen … Stiefeln. Pah!"

Leonardo tobte ob der Schmach, dass Leonie ihn derart übertrumpft hatte, wo sie nichts als ein kleiner Niemand war, deren Namen noch vor zwei Wochen keiner je gehört hatte.

„Leo Felice! Das ist an Boshaftigkeit und Dreistigkeit nicht mehr zu überbieten. Leo."

„Aber … sie heißt doch Leonie."

Dem Angestellten, der so leichtsinnig gewesen war, dieses Argument ins Feld zu führen, flog eine volle Weinkaraffe gegen den Kopf. „Raus!", donnerte Leonardo. Es war ihm egal, wie sie hieß. Sie durfte sich nicht an seinen Namen hängen. Der Löwe war sein Markenzeichen und dieser alberne Katzenkopf war eine Farce. Damit machte sie sich und ihn lächerlich. Das würde er keineswegs hinnehmen. Er musste sich etwas einfallen lassen, um sie auszumanövrieren.

„Am besten, ich lade sie auch zu meinem Event ein."

Im nächsten Moment verwarf er den Gedanken schon wieder. Unabhängig, wie sehr ihn ihr selbstgefälliges und noch dazu erfolgreiches Auftreten ärgerte, er wollte verflucht sein, wenn er ihr dafür eine Bühne bot.

„Aus Idaho! Wer kennt schon dieses Hinterland? Niemand kauft Mode aus Idaho", keifte er. Und dann war ausgerechnet Sage für sie gelaufen. Das schönste Männermodel auf dem Laufsteg. Wie hatte sie das geschafft? Sie musste einen Pakt mit Ulanda geschlossen haben. Aber das würde ihr auch nichts nutzen. Keinem von ihnen!

Wenn er sich weiter in die Sache hineingesteigert hätte, wäre er Gefahr gelaufen, dem Wahnsinn anheimzufallen. Glücklicherweise hielt ihn der Alarm davon ab. Etwas hatte die äußere Einfassungsmauer unbefugt überwunden. Schnell fuhr er seinen Bildschirm hoch und warf einen Blick auf den Eindringling.

„Wenn man vom Teufel spricht", schnurrte er. Ulanda höchstpersönlich. In Form einer Taube. Na, der würde er einen gebührenden Empfang bereiten.

„Wo steckt dieses dämliche Dienerpack, wenn man es braucht?", fluchte er auf dem Weg nach draußen. Alles musste man alleine machen.

Früh am nächsten Morgen stand ich auf und ließ Sage weiterschlafen. Er hatte sich die Ruhe redlich verdient, nachdem er mich in der letzten Nacht mehrfach in den Himmel geführt hatte. Anders konnte ich es nicht beschreiben. Wir hatten uns so lange geliebt, bis das Halsband nicht mehr mitspielte. Ich fühlte mich angenehm erschöpft heute und gleichzeitig voller Energie. Die anderen waren längst auf und gingen ihrer Arbeit nach. Ich machte mich in der Küche nützlich und bereitete Frühstück zu, das ich den fleißigen Arbeitern in ihre Werkstätten brachte. Hoffentlich hatte ich die richtige Auswahl getroffen. Ich war mir nicht sicher, was Wichtel so mochten, aber meine Rühreier mit Speck und Rüben kamen offenbar gut an.

Snyder sicherte sich gleich eine ganze Kanne Kaffee, während sich Boris den Teller mit Toast neben die Nähmaschine stellte.

„Aber nicht auf die Stoffe kleckern", ermahnte ich ihn, was er grinsend und nickend bestätigte. Ob er mich wirklich verstanden hatte, konnte ich nicht sagen.

Ich hatte gerade eine weitere Ladung Speck und Eier zubereitet, als mein zerzauster Liebeskater in Menschengestalt endlich nach unten kam. Seine Haare standen in alle Richtungen ab, doch auf seinen Lippen lag noch immer dieses selige Grinsen, mit dem er letzte Nacht in Katzengestalt eingeschlafen war.

„Guten Morgen, Casanova", begrüßte ich ihn und drücke einen Kuss auf seine Lippen.

Er senkte verlegen die Lider, zog mich aber fest an seine Brust. „Guten Morgen, Goldlöckchen. Geht es dir gut?"

Er schien sich tatsächlich Sorgen zu machen, ich könnte irgenddeinen Schaden von der letzten Nacht davongetragen haben.

„Mir geht es sogar sehr gut", versicherte ich ihm. „Und nach dem Frühstück werde ich mich gleich an die neuen Entwürfe setzen, damit ich heute Abend wieder voll und ganz für dich da sein kann."

Die Aussicht schien ihm zu gefallen. „Dann spare ich bis dahin besser Halsbandenergie."

„Aber erst nach dem Frühstück."

„In Ordnung."

Er hauchte einen Kuss auf meine Nasenspitze. Im selben Moment schlug etwas gegen die Fensterscheibe. Vor Schreck zuckte ich zusammen. Sage ging mit gerunzelter Stirn zum Fenster hinüber und öffnete es, woraufhin ein ziemlich zerfledderter Vogel hereingetrudelt kam. Das Tier versuchte sich mit mühsamen Flügelschlägen in der Luft zu halten, visierte offenbar den Tisch an, landete jedoch darunter auf dem Fußboden.

„Ulanda!", entfuhr es Sage.

„Ulanda?" Irgendwie hatte ich mir die Herrin der Gestaltwandler anders vorgestellt. Eine gerupfte Taube passte jedenfalls nicht ins Bild eines solch mächtigen Wesens.

Die Vollstreckerin war in einem desolaten Zustand. Von Erhabenheit keine Spur.

„Was ist passiert?", wollte Sage wissen.

Die Taube hob kraftlos einen Flügel. Sie sperrte ihren Schnabel auf und hechelte nach Luft. Geistesgegenwärtig holte ich ihr eine Schale mit Wasser, aus der sie dankbar trank. Ich überlegte, ob ich einige Samen von den Körnerbrötchen abpicken sollte, doch dies erübrigte sich, als sich Ulanda mit letzter Kraft in ihre menschliche Gestalt verwandelte. Ungläubig riss ich die Augen auf, als ich die alte Dame aus dem Park wiedererkannte, aber es wäre unangebracht, sie jetzt darauf anzusprechen.

„Sage, wir stecken alle in sehr großen Problemen", brachte Ulanda heiser hervor. „Viel größer, als wir geahnt haben. Und – oh – es tut mir so leid. Ich hätte es ahnen sollen. Ich hätte es viel früher spüren müssen."

Sie brauchte erneut einen Moment, um sich zu sammeln, den wir ihr gewährten.

„Leonardo hat etwas getan, womit das gesamte Gefüge aus dem Gleichgewicht gerät."

„Die Sache mit den Spiegeln?", fragte Sage, was Ulanda nickend bestätigte.

„Igor hat mir davon erzählt. Ist ein Transfer dann überhaupt noch sicher?"

„Ich weiß es nicht", gestand die Vollstreckerin. „Im Moment würde selbst ich die Tore nicht mehr angstfrei nutzen. Leonardo hat sich völlig meinem Einfluss entzogen."

„Ja, ich weiß", gab Sage zerknirscht zu. „Mit der Aussicht auf diese Fähigkeit hat er mich schließlich dazu verleitet, Roberticos Entwürfe zu stehlen."

Ulanda hob kaum merklich die Brauen, ging jedoch nicht weiter auf das Vergehen ein. „Hat er dir auch gesagt, wie dies vonstattengehen soll?"

Sage schüttelte den Kopf. „Er wollte es mir sagen, wenn ich den Job erfolgreich ausgeführt hätte. Dazu kam es, wie du weißt, nicht mehr."

Ulanda seufzte tief. Ich hoffte, dass sie uns erklären würde, was es mit dieser Fähigkeit auf sich hatte, denn dann wäre es für Sage leichter, auf Leonardos Anwesen nach der Quelle zu suchen.

Eine Stimme aus dem Hintergrund kam ihr zuvor. „Ich weiß, wie es vonstattengeht. Und ich bin schuld daran."

Zu dritt wandten wir uns dem Sprecher zu. Es war Snyder.

„Snyder?! Was hast du damit zu tun?", fragte Ulanda.

„Das war also der Grund für dein Saufgelage?", fügte Sage hinzu.

Snyder nickte. „Leonardo hatte mich in der Hand. Er hat mir in der Vergangenheit Jobs verschafft und mich einige Male gedeckt, als er mich bei nicht ganz legitimen Auftragsarbeiten erwischt hat." Hilflos zuckte er die Achseln. „Ich muss in diesem Kreis wohl nicht erwähnen, dass man Leonardo besser nichts schuldet. Dieser Deal war meine Chance, mich freizukaufen. Ich hatte gehofft, dass Ulanda ihm schnell auf die Schliche kommen und ihn aufhalten würde."

Ich verstand bisher nur Bahnhof, weil ich keine Ahnung hatte, um welchen Job es hier ging.

Ulandas bestürzter Gesichtsausdruck verhieß jedoch nichts Gutes. „Du hattest keine Ahnung, welches Ausmaß deine Tat haben würde, nicht wahr?"

Die Vollstreckerin klang nicht im Mindesten drohend, was mich angesichts der Tragweite dessen, was hier im Raume stand, überraschte. Snyder senkte betroffen den Blick und schüttelte den Kopf. Ulanda seufzte leise.

„Ähm, ich will ja nicht neugierig wirken, aber könntet ihr es so erklären, dass ich einfaches Menschlein begreife, worum es hier geht?"

Sage nahm meine Hand und drückte sie sanft. „Ich weiß es nicht, aber ich glaube, Snyder hat etwas getan, das Leonardo die Art von Macht verleiht, die er mir angeboten hatte. Wenn ich geahnt hätte, welchen Preis diese Gabe fordert, hätte ich offen gestanden von vornherein darauf verzichtet."

Ulanda schien mit ihren Gedanken weit weg. Da es sinnlos war, eine Erklärung erzwingen zu wollen, entschied ich, zuerst für eine kleine Stärkung zu sorgen. Der Frühstückstisch war schon gedeckt und auch eine Vollstreckerin brauchte sicher hin und wieder etwas zu essen. Vor allem, wenn sie derart mitgenommen war wie jetzt

Sie nahm das Frühstück dankend an und gewann allmählich die Fassung wieder. Schließlich berichtete sie uns von ihrer Schwester, die eine Naga war. Ich verkniff mir die Frage, was ich mir darunter vorstellen sollte. Nagas, erfuhr ich, bewachten die Übergänge zwischen den Welten. In unserem konkreten Fall, bei dem es um Ulandas Schwester ging, betraf dies die Spiegel zwischen der Menschen- und der Schattenwelt und gleichzeitig die Fähigkeit der Gestaltwandler, sich zu transformieren. All das war an Ulandas Schwester gekoppelt, der die Macht über diese Spiegel oblag. Jeder, der sich ihrer bemächtigte, konnte damit potentiell die Kontrolle über die Spiegel an sich reißen, was Leonardo offenbar gelungen war.

„Aber was genau will Leonardo damit?", fragte Sage. „Ich dachte, er will vor allem an die Spitze der Modewelt. Wie passt die Kontrolle über Spiegeltore dazu?"

Ulanda seufzte. „Liegt das nicht auf der Hand? Wenn er die Spiegel beherrscht, gibt ihm das die uneingeschränkte Macht der Gestaltwandlung. Zuerst die meiner Schwester, sich selbst in jede Gestalt zu transformieren. Und nun hat er über sie die Verbindung zu mir und kann anderen einen Spiegel und damit dessen Gestalt zuweisen. Er kann alles und jeden verwandeln, in was er will und in diese Gestalt bannen, so wie ich dich gebannt habe, Sage. Meine Macht schwindet, weil sie an meine Schwester gebunden ist."

War das nun gut oder schlecht für Sage? Im Hinblick auf die Wirkung des Halsbandes und Ulandas Zauber? Verlor er eher seine menschliche oder seine tierische Gestalt, wenn Ulandas Kräfte vollends auf Leonardo übergingen? Damit konnte er meine Modepräsentation boykottieren, obwohl dieses Problem derzeit unser geringstes war.

„Das einzig Gute daran ist, dass seine Macht räumlich begrenzt bleibt. Er kann sie nur in einem gewissen Radius aktiv ausüben. Er kann zwar Spiegel blockieren, doch andere Wesen nach seinem Willen verwandeln gelingt ihm nur, solange er sich in entsprechender Nähe zu meiner Schwester aufhält. Die Übertragung ihrer Kräfte funktioniert nicht unbegrenzt. Ich habe anhand dieser Fakten versucht, sie zu finden und bin ihm gefolgt, aber als ich mich seinem Anwesen nähern wollte, hat er mich bedauerlicherweise entdeckt und es haben sich mehrere Falken auf mich gestürzt. Ich kann nur vermuten, dass einer davon er selbst war. Auf jeden Fall musste ich mich zurückziehen, da ich nicht einmal, wie sonst üblich, meine Gestalt in der Nähe des Anwesens wechseln konnte. Das beweist mir, dass meine Schwester dort ist, aber ich komme nicht an sie heran. Ich fürchte, diesmal wird er gewinnen."

„Mhm." Slade rieb sich nachdenklich das Kinn. „So langsam begreife ich. Jetzt ergibt alles einen Sinn."

Mit dieser Erkenntnis war er uns allen einen Schritt voraus, denn wir – vor allem ich – verstanden noch nichts. Aber er klärte uns umgehend über seine Vermutung auf. „Der Modeevent, den er plant, findet auf diesem Anwesen statt. Wenn er deine Schwester dort versteckt hält und somit vollen Zugriff auf euer beider Macht hat, solange sich seine Zielobjekte ebenfalls dort befinden, dann ist klar, warum er diese Riesenshow in seiner Villa aufzieht und seinen Konkurrenten damit eine Plattform auf seinem eigenen Anwesen einräumt. Das hatte mich die ganze Zeit schon gewundert, aber jetzt leuchtet es mir ein. Er lädt all seine Konkurrenten ein, um sie dort mithilfe seiner neu gewonnenen Kräfte in Tiere zu verwandeln und in diese Gestalt zu bannen. Umkehr ausgeschlossen. Dann gäbe es keine Konkurrenz mehr für ihn und alle würden nur noch seine Mode tragen. In die er sicher weitere Zauber einweben wird, um bald die ganze Welt zu kontrollieren. Von der Schattenwelt einmal abgesehen, denn die stünde dann gänzlich unter seinem Befehl, sobald er alle Tore kontrollieren kann."

Dieser gerissene Fuchs. Das mussten wir auf jeden Fall verhindern. Nur, wie? Während ich mich mit dieser Frage quälte, breitete sich auf Sages Gesicht ein zufriedenes Grinsekatzen-Grinsen aus.

„Leute, ich habe einen Plan. Gemeinsam halten wir ihn auf und befreien Ulandas Naga-Schwester."

Kapitel 14

Die Höhle des Löwen

Hinter uns lag eine anstrengende Woche. Leonie hatte gezeichnet wie eine Wilde, die Wichtel hatten Stiefel geschustert und Snyder und Boris hatten die Nähmaschinen glühen lassen. Ulanda konnte derzeit lediglich Schadensbegrenzung betreiben, denn ohne ihre Schwester schwand ihre Kraft zusehends. Ich verstand, dass es für sie nicht einfach gewesen war, uns um Hilfe zu bitten und uns einen derart tiefen Einblick in die Hintergründe ihrer Kräfte zu gewähren. Das machte sie verletzlich. Ich honorierte diesen Vertrauensbonus, was ich damit zum Ausdruck brachte, dass ich nicht einmal fragte, ob sie mich von dem Halsband und dem Bann befreite. Dafür war später Zeit. Irgendwie fühlte es sich für mich richtiger an, wenn ich mir meine Freiheit verdiente.

Georgio war zu unserem Pressesprecher avanciert, der Leonie einen wachsenden Background als gefragte Designerin verschaffte, an dem Leonardo nicht vorbeikam. Er sollte sich in dieser Woche schwarz ärgern über die Aufmerksamkeit, die ihr zuteilwurde. Nur so hatte ich eine Chance, dass mein Plan funktionierte.

Ich selbst hielt mich zurück, tauchte nicht mehr in Leonies Nähe auf – jedenfalls nicht offiziell. Was in unserem Schlafzimmer passierte, war privat und topsecret. Eines war mir inzwischen vollkommen klar. Sie war die Frau meines Lebens, meine Prinzessin, nein: meine Königin. Alles was ich tat, tat ich für sie und um ihr zu beweisen, dass ich ihrer wert war. Kein Mensch hatte in meinen Augen einen einwandfreieren Leumund. Das wenige, was man ihr hätte zur Last legen können, war auf meinem Mist gewachsen. Von selbst hätte sie niemals solche Dinge auch nur in Erwägung gezogen.

Am Tag des Events trug ich dafür Sorge, dass mein Halsband voll geladen war. Ich konnte nicht abschätzen, wie viel Energie ich brauchen würde. Das lag nicht zuletzt an Leonardo. Ich würde fast den ganzen Tag in meiner menschlichen Gestalt verbringen müssen, das gefährdete meinen Auftritt auf dem Catwalk am Abend, war aber nicht zu ändern. Ich musste Leonie den Weg bereiten. Das fing bereits im Kleinen an. Und zwar mit einem Anruf bei der Druckerei, die Leonardos Einladungen für das große Event gefertigt hatte.

„*Creative Glam – Design & Commercial*, was können wir für Sie tun?"

Die freundliche Damenstimme hätte fast meinen Plan vereitelt, denn es tat mir in der Seele weh, dass ein solch bezauberndes Wesen meinen Unmut abbekam. Aber was sein musste, musste sein.

„Was Sie für mich tun können?", polterte ich sogleich los. „Sie könnten ordentliche Arbeit abliefern, das wäre schon mal ein Anfang." Perplexes Schweigen am anderen Ende der Leitung. „So eine Stümperei ist mir noch niemals untergekommen. Finden Sie es etwa witzig, mit Namensähnlichkeiten herumzuspielen, wie es Ihnen beliebt? Oder sind Sie tatsächlich so unfähig, dass Sie die beiden angesagtesten Designer der Saison nicht voneinander unterscheiden können?"

„W…w…was meinen Sie? Es tut mir leid, aber … aber ich weiß gerade nicht …"

„Dass Sie nichts wissen, das habe ich schon gemerkt. Das war das letzte Mal, dass ich Einladungen direkt von Ihnen nach dem Druck verschicken lasse! Ach was, es war das letzte Mal, dass ich Sie überhaupt gebucht habe. Ich bin fassungslos."

Ich konnte förmlich sehen, wie die Dame auf ihrem Stuhl kleiner wurde. Und noch immer hatte sie keine Ahnung, wovon konkret die Rede war.

„Sir, ich versichere Ihnen, dass wir alle unsere Aufträge nach dem Vier-Augen-Prinzip bearbeiten. Wenn uns ein Fehler unterlaufen sein sollte …"

„Ihnen *ist* ein Fehler unterlaufen. Ob bei der Annahme des Auftrags oder bei der Ausführung ist mir scheißegal. Wie kann man nur auf die Einladungen zum Megaevent des Jahres der gefeierten Newcomerin Leo Felice den Namen des Designers Leonardo drucken? Ist Ihnen überhaupt klar, in welche Schwierigkeiten uns das bringt? Ich habe erst heute früh durch einen der Gäste davon erfahren. Wie soll ich das Leo nur erklären? Dass ihr Abend dank Ihnen ausgerechnet ihrem größten Konkurrenten gewidmet wurde? Sie wird mir den Kopf abreißen. Sie wird Ihnen den Kopf abreißen. Wir werden Sie verklagen. Wir …"

„Oh neinneinneinnein, Sir!" Ich ließ zu, dass sie mich unterbrach, denn am Tonfall ihrer Stimme erkannte ich, dass ich sie genau da hatte, wo ich sie haben wollte. „Wir werden das in Ordnung bringen, Sir. Geben Sie mir nur eine Minute."

Es klickte in der Leitung und man versuchte, mich mit sanften Mozartklängen zu besänftigen, während vermutlich gerade eine Krisensitzung mit Brainstorming einberufen wurde, um zu klären, wie man diese Kuh wieder vom Eis bekam. Hätte sie mich gefragt, wären wir schneller am Ziel gewesen, aber ich gönnte ihnen den Versuch, selbst auf die Lösung zu kommen. Es dauerte nur fünf Minuten, ehe ich eine männliche Stimme in der Leitung hatte. Eindeutig der Chef.

„Sir, mit wem spreche ich?"

Das war genau die Frage, die ich hören wollte. Ich lief erneut zu Hochtouren auf. „Mit der Presseabteilung von Leo Felice. Herrgott noch mal, wie oft muss ich das denn erklären? Langsam wundert es mich nicht mehr, dass Ihnen so ein Anfängerfehler unterlaufen ist, wenn sich Ihre Angestellten nicht einmal merken können, mit wem sie telefonieren. Wie wollen sie sich dann telefonisch angenommene Aufträge merken?"

Ein Räuspern erklang. „Ja, Sir, tut mir leid, Sir. Linda hat mich schon in Kenntnis gesetzt. Ich bedaure diesen Fehler zutiefst. Die Bestellung hat leider ein Praktikant entgegengenommen ...''

Ja, ja, immer wurde alles auf die Praktikanten abgewälzt. Als ob man einen derart wichtigen Auftrag ohne Überprüfung von einem Praktikanten abwickeln lassen würde.

„... wir werden eine Breaking News in Auftrag geben. Bis zum Event heute Abend wissen alle Bescheid."

Na bitte, geht doch. Natürlich hätte ich selbst eine Breaking News in Auftrag geben können, aber da ich es im Namen der Druckerei hätte tun müssen, wäre dort eine Rückfrage wegen der Kostenübernahme erfolgt. Blöd, wenn die dann von nichts wussten. So war es wesentlich effektiver und sicherer.

„Das ist auch das Mindeste. Wenn nur irgendjemand heute Abend noch denkt, er würde zu Leonardo kommen statt zu Leo Felice, mache ich Sie höchstpersönlich dafür verantwortlich!"

In diesem Moment bedauerte ich das Zeitalter der Mobiltelefone. Wie effektvoll war doch früher das Knallen des Hörers auf die Gabel gewesen. Nun, man konnte nicht alles haben.

Ich warf einen Blick auf die Uhr. Mir blieben geschätzt anderthalb Stunden, um Leonardos Landsitz zu erreichen. Danach würde die erste Breaking News über die Kanäle laufen. Bis dahin musste ich Leonardos Aufmerksamkeit voll und ganz auf mich lenken.

Gut, wenn man einen Sportwagen in seinem Fuhrpark hatte. Ich war schon lange nicht mehr mit dem Cabrio unterwegs gewesen.

„Sehen wir uns heute Abend?" In Leonies Stimme schwang Sorge mit. Ich hätte ihr gerne gesagt, dass die unbegründet war, doch das wäre eine glatte Lüge gewesen. Ich hatte offen gestanden keine Ahnung, wie Leonardo auf meinen Besuch reagieren würde. Vielleicht zerquetschte er mich wie eine Made. Dieses Risikos war ich mir bewusst.

„Wenn alles gut geht, wird das heute Abend dein großer Durchbruch", antwortete ich daher.

Ulanda trat hinter sie und legte ihre Hand auf Leonies Schulter. „Ich passe auf sie auf. Und egal, wie es ausgeht, ich bin dir unendlich dankbar. Euch allen. Dass ihr mir und meiner Schwester helft, ist nicht selbstverständlich."

Ich drückte ihre freie Hand und lächelte. Dann wandte ich mich an Georgio. „Ist alles vorbereitet?"

Er nickte mit maliziösem Grinsen. „Alles perfekt! Die Kollektion ist für die große Show vorbereitet und ich werde die gesamte Fracht sicher anliefern."

„Gut. Dann werde ich mal dafür Sorge tragen, dass ihr durchkommt."

Zu diesem Zweck würde ich ebenfalls die Magie des Halsbandes brauchen. Das bereitete mir ein wenig Sorge. Aber darauf zu verzichten, wäre ein unkalkulierbares Risiko.

Bisher war noch nie jemand auf Leonardos Landsitz gewesen. Er residierte dort wie ein König und absolut anonym. Der Kerl wusste schon warum. Wir hegten keinen Zweifel daran, dass er vor allem die Naga lange genug abschirmen wollte, bis er ihre Kraft gebündelt einsetzen konnte. Das verschaffte uns die Möglichkeit, allen Gästen glaubhaft weiszumachen, dass nicht Leonardo dort wohnte, sondern Leonie. Zumindest wollten wir das versuchen.

Das Anwesen wurde von einer riesigen Außenmauer eingerahmt und von der Außenwelt abgeschirmt. Vom Haupttor war man etwa drei Minuten mit dem Wagen unterwegs, bis man das Palais erreichte. Dort wartete meine erste Hürde auf mich. Wenn ich die erst überwunden hätte, konnte ich zuversichtlicher sein.

„Halt!", sagte der Torwächter und versperrte mir mit seinem bulligen Körper den Weg. Er hatte Glück, dass mir mein Cabrio so wichtig war und ich eine Beule im Kotflügel unbedingt vermeiden wollte.

Mit dem Van hätte ich überlegt, ihn über den Haufen zu fahren. Der Kerl war in Wergestalt bestenfalls Gorilla, das hielt das schwarze Schlachtschiff schon aus. Mein rotes Schmuckstück hingegen weniger. Also der klassische Weg.

Ich parkte ordnungsgemäß neben ihm und ließ mich von seiner sauertöpfischen Miene nicht beeindrucken. Manche Leute konnte nur eine Mutter lieb haben. Zumindest mit viel gutem Willen. Der Gorilla war so ein Exemplar. Kurzer Army-Schnitt, breite Schultern, bulliger Brustkorb und krumme O-Beine, wobei ich bezweifelte, dass dazwischen sonderlich viel Platz in Anspruch genommen werden musste. Ähnlich dürfte es dem Schädel gehen, der praktisch ohne Hals auf seinen Schultern saß.

„Einen wunderschönen guten Tag", säuselte ich. „Wem gehört denn dieser Garten Eden?"

Der Typ blinzelte verblüfft und knurrte dann. Vermutlich vor Frustration, dass er in seinen grauen Zellen keine Definition von Garten Eden fand.

„Hier wohnt Leonardo. Der größte Designer unserer Zeit."

Ich schenkte ihm ein süffisantes Lächeln. „Nein, völlig falsche Antwort", widersprach ich. Er hob schon zu einer deutlichen Überzeugung an, ich kam ihm jedoch zuvor und ließ den Edelstein an meinem Halsband aufleuchten, woraufhin seine Augen eine beeindruckende Ähnlichkeit mit denen der Schlange Kaa aus dem Dschungelbuch erlangten. „Dieses Anwesen hier, das Palais in seinem Zentrum und alles Land darum herum bis hin zu der großen Einfassungsmauer gehört Leo Felice. Der größten Designerin aller Zeiten. Hast du das verstanden?"

Er nickte wie ein geistloser Zombie, was – das möchte ich an dieser Stelle mal festhalten – nicht an meinem Halsband lag. Es war vorher schon nicht nennenswert mehr Verstand vorhanden gewesen. „Braver Junge. Also wiederhole mal schön. Was antwortest du, wenn jemand fragt, wer hier residiert?"

„Leo Felice, die größte Designerin aller Zeiten."

Na das klappte ja wie am Schnürchen. Ich tätschelte King Kong liebevoll die Wange und lenkte mein Cabrio dann schnurstracks an ihm vorbei. Eine Weile fuhr ich eine von Bäumen gesäumte Allee entlang und begegnete keiner Menschenseele. Schließlich machte sich ein gebeugter älterer Herr am herunterfallenden Laub zu schaffen. Auch neben ihm hielt ich an.

„Einen wunderschönen Tag, guter Mann. Wären Sie so freundlich, mir mitzuteilen, wem diese herrliche Zufahrtsstraße gehört?"

Der Alte verzog missmutig das Gesicht. „Na, dem ollen Geizkragen Leonardo. Kein Geld, dass sich ein anständiger Landschaftsreiniger wie ich mal ein Steak leisten kann, aber eine Protzparty für diese reichen Schnösel schmeißen." Er spuckte auf den Boden. War wohl kein Fan. Hier kam ich womöglich ohne Halsbandenergie aus.

„Mhm! Würden Sie sich dann eventuell zu einem kleinen Streich überreden lassen?" Ich zog ein Bündel Geldscheine hervor, bei dem die trüben Augen zu leuchten begannen.

„Also Streiche hab ich schon lange nicht mehr gespielt. Das wäre mal was."

Mit maliziösem Lächeln reichte ich ihm einige Scheine. „Die reichen Schnösel werden in ein paar Stunden allesamt hier entlangfahren. Sollte irgendjemand fragen, ob der Laden Leonardo oder Leo Felice gehört, was werden Sie ihm zur Antwort geben?"

Das Grinsen des Grauhaarigen reichte fast von einem Ohr bis zum anderen. „Natürlich Leo Felice, was denken Sie denn?"

„Ich hatte keine Zweifel", lobte ich und ließ einen weiteren Fächer aus Scheinen in seine Hand gleiten.

Hinter der Allee erstreckten sich bunte Blumenrabatten, zwischen denen sich kunstvolle Springbrunnen in Szene setzten. Hier traf ich auf eine Heerschar von Gärtnerinnen, die allesamt eifrig damit beschäftigt waren, die letzten Hälmchen Gras zurechtzustutzen, jeden Flecken von den Wasser speienden Marmorfiguren zu wischen und die winzigsten Pflänzchen Unkraut auszuzupfen.

Ich blieb mitten in dem Reigen stehen. „Guten Tag, die holden Damen. Was für ein wunderschöner Garten dank Ihrer begabten Hände. Wem gehört er denn?"

Eine rundliche Frau streckte ihren schmerzenden Rücken durch und lachte mir höhnisch ins Gesicht. „Habt ihr das gehört? Fragt der doch glatt, wem der Garten gehört. Leonardo natürlich. Lässt sich zwar nie hier blicken, aber trotzdem gibt es sofort Ärger, wenn hier nicht alles perfekt ist."

„So, so", gab ich mich verstehend. „Nun, soweit ich gehört habe, wandelt die Designerin Leo Felice für ihr Leben gern durch diese Gärten und holt sich neue Inspirationen, nicht wahr?"

Der grüne Stein erglomm in leuchtendem Feuer und die Augen der fleißigen Damenschar nahmen einen vernebelten Ausdruck an.

„Ja, richtig. Leo Felice wandelt durch diese Gärten", bestätigten sie mir im Chor.

Als ich weiterfuhr, konnte ich schon das Haupthaus sehen. Ein Catering-Service war damit beschäftigt, Speisen und Getränke für den Abend ins Innere zu bringen.

„Wer hat denn all diese Köstlichkeiten in Auftrag gegeben?", wollte ich wissen und schnappte mir den Lieferschein, um meinen Zeigefinger kurz darüber kreisen zu lassen.

„Die sind für Leonardo und seine Gäste", gab einer der Fahrer, dessen Gesicht ein buschiger Bart zierte, mürrisch zu verstehen, da schüttelte ich den Kopf.

„Aber nicht doch. Sie müssen lesen, was hier auf der Lieferung steht. Sehen Sie, das ist alles für Leo Felice. Die Designerin hat heute hier ihren großen Modeevent."

„Potzblitz", entfuhr es dem Bärtigen. „Da steht ja wirklich Leo Felice. Na, das wäre aber peinlich geworden."

„Durchaus. Was haben Sie für ein Glück, dass ich Sie darauf hingewiesen habe."

Die Cateringleute bedankten sich überschwänglich, ich durfte jedoch keine Zeit verlieren. Eilig erklomm ich die Stufen und machte mich auf die Suche nach Leonardo. Sicher weilte er in seinen Räumen und war dabei, sich für den Abend herauszuputzen. Seine Gemächer waren nicht schwer zu finden. Immer dem protzigsten Weg nach. Die Goldflügeltüren mussten es sein. Die Dinger würden wir austauschen lassen, wenn wir erst hier einzögen. So was Dekadentes brauchte kein Mensch und auch kein Kater. Apropos Kater: Zeit, in meine tierische Gestalt zu schlüpfen. Und das Halsband abzustreifen, so bedauerlich dies auch war. Riskant noch dazu. Aber Leonardo sollte denken, dass ich bei Ulanda und Leonie in Ungnade gefallen war, weil ich zurück auf seine Seite wechselte.

Einen Moment blieb ich stehen und sammelte mich. Noch mal tief Luft holen. Jetzt musste alles perfekt laufen. Wenn irgendwo tief in mir ein Schauspieler schlummerte, dann war es jetzt an der Zeit, ihn aufzuwecken.

„Leonardoooooooooooooo!" Ich versuchte, möglichst viel Dramatik und Panik in meine Stimme zu legen und stolperte in sein Schlafzimmer hinein, um mich augenblicklich vor ihm auf den Boden zu werfen. Demut imponiert solchen Typen immer. Ich atmete heftig, so als wäre ich seit Stunden um mein Leben gerannt, nur um ihn zu erreichen. Ich musste bloß aufpassen, dass ich dabei nicht zu hyperventilieren begann.

„Sage", krächzte er abfällig. Die Säure in seiner Stimme musste ihm praktisch den Kalk aus den Zähnen ätzen. „Was für eine Überraschung. Was willst du Verräter denn hier? Für Versager habe ich keine Zeit."

Ich hob den Blick, duckte mich aber weiter ergeben, was in diesem Moment schon einer Meisterleistung glich, denn mich überkam das heftige Bedürfnis, in schallendes Gelächter auszubrechen. Der Kerl hatte eindeutig zu viele schlechte Kinofilme gesehen, sonst hätte er sich nicht freiwillig in einen sternbedruckten Anzug gehüllt und einen Umhang um die Schultern geworfen, der aussah, als habe er ihn von Graf Zahl gestohlen. Aber ich riss mich zusammen. War schließlich seine Sache, wenn er sich lächerlich machen wollte. Mit etwas Glück würde es gar nicht mehr dazu kommen.

„Ja, ich weiß", tat ich zerknirscht. „Vergib mir, ich bin soooo unwürdig, großmächtiger Leonardo." Okay, das war dick aufgetragen, aber Speichellecken war in der Historie schon immer eine gute Strategie gewesen, wenn man es mit Scheusalen zu tun hatte. Ich rollte mich unterwürfig auf dem Boden. Im Rollen war ich gut – jedenfalls in Katergestalt. „Ich hätte mich niemals von einem Menschen derart benutzen lassen und gegen meine eigene Art intrigieren dürfen. Lass es mich wiedergutmachen, ja?"

Leonardo blickte verächtlich auf mich herab. „Woher der Sinneswandel? Hat dir Ulanda nichts mehr zu bieten, seit ich ihr die Flügel gestutzt habe?"

„U… Ulanda? Die Flügel?" Ich spielte den Überraschten. „Oh, ich habe dich völlig unterschätzt. Aber ach, wer, wenn nicht du, könnte die Vollstreckerin in ihre Schranken weisen? Ich erkenne, es war die richtige Entscheidung, zu dir zu kommen und dir meine Dienste wieder anzubieten."

Er verzog die schönen Lippen zu einem abfälligen Lächeln. „Ich wüsste nicht, welche Dienste du mir zu bieten hättest."

„Na ja …" Ich wand mich noch ein bisschen mehr. „Es ist natürlich nur so ein Gedanke. Ich weiß nicht einmal, ob du das kannst, aber wer, wenn nicht du, hätte solche Macht?"

„Wovon redest du? Spuck es aus, bevor du daran wie an einem Haarballen erstickst."

Haarballen! Dem würde ich gleich Haarballen geben. Aber ich musste meine Unterwürfigkeit weiterspielen. Trotzdem rappelte ich mich auf die Füße. Zu viel rollen war ja auch nicht gut für die Bandscheibe.

„Nun ... es gäbe da eine einfache und absolut nicht nachweisbare Möglichkeit, Leonies Kollektion zu zerstören. Ich weiß, dass sie es geschafft hat, sich für heute bei dir einzuschmuggeln. Sie will dir die Show stehlen, Leonardo. In deinem eigenen Reich."

„Was?" Seine Augen funkelten, Leonardo zeigte deutliches Interesse. War mir klar. Ich wusste schließlich, wie der Scheißkerl tickte. „Wie? Das wird es mir büßen, dieses unverfrorene Menschengör."

Yes!, dachte ich. Jetzt nur nicht zu viel Freude darüber zeigen, dass er den Köder geschluckt hatte. Verschwörerisch schlich ich mich näher und strich Leonardo um die Beine. Ich würde an der Stelle ja gerne lästernd behaupten, dass er Käsefüße hatte, aber das wäre gelogen. Der Kerl duftete leider so gut, dass es fast schon wieder ekelerregend war. „Na ja", begann ich unverfänglich. „Also ... wenn du dich in eine Motte verwandeln würdest ..."

Sofort war die Verachtung zurück. „Ich?!", fragte Leonardo in einem Tonfall, als hätte ich den Verstand verloren.

„Jaaaa. Siehst du, ich kann es leider nicht. Ich bin in diese Gestalt gebannt. Als ich mich nach dem Modeevent Anfang der Woche weigerte, weiterhin für Leonie als Model zu laufen, hat man mir das Halsband wieder abgenommen und nun bin ich nichts als ein armer, schwarzer Kater. Aber ich dachte, du ... nach allem, was du mir erzählt hattest ... oh, ach so, ich verstehe. Du kannst es doch nicht. Hast dich wohl geirrt. Es noch nicht geschafft, das Rätsel zu lösen und dich völlig zu befreien. Mist. Das hätte ich jetzt nicht erwartet. Ich habe wirklich gedacht ..."

„Selbstverständlich kann ich mich in etwas so Lächerliches wie eine Motte verwandeln. Ich wüsste nur nicht, warum ich etwas derart Einfältiges tun sollte."

„Nun ... wäre es nicht die größte Genugtuung, wenn du selbst die Kreationen der anderen Designer zerstörst, die sich heute in deinem Ruhm sonnen wollen? Allen voran die von Leonie? Rache ist doch erst süß, wenn man sie voll und ganz auskosten kann. Im wahrsten Sinne des Wortes."

Leonardo schürzte nachdenklich die Lippen. „Mhm. Das stimmt."

„Siehst du", beeilte ich mich, seine Begeisterung für diese Idee wachzuhalten. „Und ich verspreche dir, es sind rein natürliche Stoffe.

Richtig leckeres Zeug für eine Motte. Nicht solche bitteren Kunstfasern. Ich kann dich hinbringen. Ich kenne ihre Modelle. Sobald sie angeliefert werden, zeige ich dir den Kleiderschrank und dann darfst du all deiner Wut freien Lauf lassen."

Kapitel 15

Wer andern eine Falle näht

Es war eng und stickig in dem doppelten Boden des Vans. Ich fühlte mich wie Schneewittchen in ihrem Sarg, nur dass der wenigstens aus Glas und nicht so dunkel gewesen war. Dafür hatte das schöne Kind alleine darin gelegen, während ich mich an Ulanda kuscheln durfte, was die Gesamtumstände etwas verbesserte. Aber wenn wir unbemerkt ihre Naga-Schwester suchen wollten, mussten wir uns einschmuggeln. Der doppelte Boden in Sages Van – dessen üblichen Verwendungszweck ich wohlweislich nicht hinterfragt hatte – war dafür bestens geeignet.

Der Wagen holperte über den Kiesweg und ich machte mir eine gedankliche Notiz, sollte ich jemals solch ein Anwesen mein Eigen nennen, würde ich sämtliche Zufahrtswege ordentlich pflastern lassen. Ich atmete erleichtert auf, als der Wagen endlich anhielt und die Rüttelei ein Ende fand. Ulanda und ich lauschten mucksmäuschenstill, was draußen geschah. Georgio brachte unsere Kleider hinein, wo sie – genau wie die Kollektionen der anderen Designer – in hochmodernen, hermetisch abgedichteten Wandschränken untergebracht werden sollten, bis sie für die Show gebraucht wurden.

Draußen entfernten sich die Stimmen von Georgio und einem Angestellten, der ihm den Weg zu den Kleiderschränken weisen würde. Ulanda und ich warteten einen Moment, dann betätigte ich den kleinen Riegel neben meinem linken Knie und ein Teil des Unterbodens glitt lautlos auf.

Ulanda verwandelte sich kurzerhand in eine Eidechse, die aus der Bodenluke fiel und in Windeseile die wenigen Meter zwischen Auto und Hauswand überbrückte. So leicht würde ich es nicht haben. Es war schon eine akrobatische Herausforderung, überhaupt lautlos aus der Luke zu klettern, aber wie um alles in der Welt sollte ich ungesehen bis zum Haus gelangen? Die Antwort gab mir Ulanda. Ehe ich mich versah, hatte ich einen glatten, grauen Körper, krumme Beine und einen langen Schwanz, der mich präzise steuerte, als ich in Höchstgeschwindigkeit zu ihr unter den Rand der Treppe huschte. Hätte sie diese Verwandlung nicht früher vornehmen können? Dann wäre es nicht so eng im Unterboden gewesen und ich hätte mich nicht so verbiegen müssen, um wieder herauszukommen. Moment mal, warum konnte sie uns überhaupt verwandeln? Hier auf dem Anwesen?

„Leonardo weiß nicht, dass wir hier sind, also blockiert er auch nicht meine Macht", erklärte sie mir geduldig. „Und jetzt folge mir."

Ich wäre froh gewesen, wenn man mir zumindest einen kurzen Moment gewährt hätte, um mich an eine andere Körperform zu gewöhnen. Ich war in meinem Leben nie etwas anderes als ein Mensch gewesen. Dieses zuckende Anhängsel an meiner unteren Wirbelsäule machte mich nervös. Die Saugnäpfe an meinen Füßen noch viel mehr.

„Ulanda, bitte verwandle mich zurück." Ich wollte es ihr gegenüber nicht zugeben, um sie nicht zu verletzen, aber ich hatte eine Scheißangst, dass sie den Vorgang nicht revidieren konnte. Wenn ich an die Probleme mit den Spiegeln dachte, von denen Igor Sage erzählt hatte, und dass auch Boris nicht mehr zwischen Mensch und Tier hin- und herwechseln konnte. Ihre Beteuerung, Leonardo wisse nichts von unserer Gegenwart, beruhigte mich nur minimal, denn schließlich konnten wir unverhofft entdeckt werden oder seine Kräfte so sehr wachsen, dass es keine Rolle mehr spielte.

„Unsinn. In dieser Gestalt wird das ein Kinderspiel. Wir kommen überall rein und raus, ohne dass uns jemand bemerkt. Und ich bin nicht an Spiegel gebunden, also kann Leonardo mich nicht blockieren, solange er mich nicht enttarnt und sich auf mich konzentriert. Das wird Sage hoffentlich zu verhindern wissen."

Sie klang beinahe fröhlich, aber vielleicht wirkte es auch bloß so. Ihre Stimme hörte sich völlig anders an in meinen Ohren. Hatte ich überhaupt Ohren als Eidechse?

Ulanda fand ein kleines Loch zwischen den Steinen und zwängte sich ohne Zögern hindurch. Ich folgte ihr mit gemischten Gefühlen. Da drinnen konnte alles Mögliche lauern. Kellerasseln, Schimmel, Spinnweben – *Spinnen!* Wäre ich nicht schon halb in der Mauerritze gewesen und von der Panik vorangetrieben worden, ich hätte mich nicht mehr überwinden können, hineinzugehen. Ich war heilfroh, als ich auf der anderen Seite in einen feuchten Keller plumpste. Verdammt, das mit den Saugnapffüßen hatte ich noch nicht so drauf. Anders als die Vollstreckerin, die auf der gegenüberliegenden Seite senkrecht an der Wand hochkletterte.

„Meinst du, sie ist wirklich hier?", fragte ich. „Ich meine … spürst du ihre Nähe?"

Das taten Geschwister doch für gewöhnlich.

„Er wird sie so weit unter der Erde wie möglich verstecken", meinte sie zuversichtlich.

„Warum?"

„Weil sie dort niemand hören kann. Und weil es dort feucht ist. Eine Naga braucht Wasser."

Ah ja! Erklärte sich fast von selbst nach allem, was mir Sage über Nagas verraten hatte. Früher hatte man sie für Wasserdrachen gehalten und völlig falsch war das nicht. Sie bewachten die Übergänge. Jede Wasseroberfläche war einer davon. Spiegel waren Übergänge. Seelen waren Übergänge. Und noch vieles mehr. Sie konnten ihre Gestalt jederzeit ändern und sich unter die Menschen mischen. Wenn dem so war, fragte ich mich, warum Ulandas Schwester nicht einfach ihre Gestalt änderte und ihrem Gefängnis entfloh. Als Eidechse zum Beispiel.

Ein Aufschrei von Ulanda ließ mich die kleinen, krummen Beine in die Hand nehmen. Wo war sie nur hin? Verdammt, ich hätte sie nicht aus den Augen lassen dürfen. „Ulanda? Ulanda!"

Nur ein leises Wimmern war die Antwort. Mein Gott, hoffentlich war ihr nichts passiert. Wie sollte ich sonst in meinen richtigen Körper zurückkehren?

Mein Wunsch wurde mir schneller erfüllt, als mir lieb war, nämlich just in dem Moment, wo ich durch die letzte Mauerritze huschte. Fast wäre ich mit dem linken Zeh darin hängen geblieben.

„Aua!"

„Ich habe sie gefunden!"

Ulandas Erklärung war überflüssig, denn trotz meines lädierten Zehs hatte ich die Naga ebenfalls entdeckt. Im Gegensatz zu Ulanda, die – nun wieder in menschlicher Gestalt – ihre Hände um die Gitterstäbe aus einem komisch schimmernden Metall gelegt hatte, sah ich mich, nachdem ich wieder transformiert war, im Raum um. Offenbar hielt sich Leonardo gerne hier auf, denn der große Schreibtisch war übersät mit Modeskizzen, Stoffmustern und allerhand Büchern. Das Papier rollte sich ob der Feuchtigkeit an den Rändern zusammen und mich wunderte, dass die Tuchwaren keine Stockflecken aufwiesen. An den Wänden hingen Bilder von ihm und seinen bisherigen Kollektionen. Auf dem Steinboden waren Felle verteilt, die unangenehm rochen. Ich hoffte inständig, dass sie nicht von irgendwelchen in Ungnade gefallenen Gestaltwandler-Komplizen stammten. Allerdings war mir der Gedanke, dass sie von richtigen Tieren waren, auch nicht angenehmer. Es brannten Kerzen in großen Eisenhaltern, aber vor allem in einer mystischen Anordnung auf dem pechschwarzen Wasser unterhalb des Naga-Käfigs.

„Weißt du, wozu das dient?", fragte ich Ulanda. Sie nickte. „Es ist ein Verbindungszeichen. Er muss einen Zauber gesprochen haben, um die Zauberkraft meiner Schwester zu bündeln. Wir hatten recht. Er will heute Abend die gesamte Gesellschaft verwandeln."

Mein Blick fiel auf die Felle am Boden und wieder zurück auf die Entwürfe auf der Arbeitsplatte, die er alle von Hand mit seiner Signatur versehen hatte. In meiner Kehle bildete sich ein dicker Kloß. Mein Magen rebellierte. Arbeitete ein Kürschner für ihn? Mich schauderte bei der Vorstellung, dass in Kürze womöglich einige Felle mehr dieses Verlies auskleiden würden. Oder gar Teil der kommenden Winterkollektion werden sollten. Wahrhaftige Designerstücke. Dieser Kerl war ein Psychopath. Ein abgebrühter Sadist. Vermutlich hatte er sogar Spaß daran, sämtliche Arbeitsschritte selbst zu übernehmen. „Oh Gott, ich glaube mir wird schlecht."

„Das kommt von den Dämpfen. Wasser aus der Finsterquelle. Das einzige, das so düster ist, dass es kein eigenes Spiegelbild erzeugt. Sonst hätte meine Schwester sich längst befreit. Das wusste Leonardo."

Vom Wasser kam meine Übelkeit garantiert nicht. Und entweder ahnte Ulanda nicht, wie perfide Leonardos Pläne in Wirklichkeit waren. Oder sie wollte es sich nicht eingestehen.

„Hilf mir mal. Wir werden den Käfig mithilfe der Haken von dem Wasser wegziehen. Dazu müssen wir diesen Mechanismus dort oben erreichen, mit dem der Käfig in der Decke befestigt ist und bewegt werden kann."

Meine Hand fühlte sich taub an, als Ulanda eine der beiden langen Holzstangen hineindrückte, an deren Ende sich eine kleine Halbsichel befand. Ich sah zur Naga empor. Hatte sie eigentlich einen Namen? Das Geschöpf sah gar nicht aus wie ein Drache, sondern wie eine wunderschöne Elfe mit glatter Haut. Ähnlich der eines Delfins. Nur schillernder. Als Wasserbewohner zeichnete sie die gespaltene Schwanzflosse aus. Sie sagte kein Wort, sah uns auch nicht an. Nicht einmal ihre Schwester.

„Er hat sie gebannt."

Sie deutete auf die Bücher auf dem Schreibtisch. „Zaubersprüche. Er muss sich mit sehr dunklen Kräften eingelassen haben. Das erklärt, warum er sich so verändert hat."

Ich runzelte die Stirn. „Willst du damit sagen, dass er nicht immer so ein egoistischer Teufel war?"

Ulanda hielt in ihrem Versuch inne, den Haken in den Käfig zu fädeln. „Das fragst du nicht ernsthaft? Kein Wesen auf der ganzen Welt – in keiner Welt – wird böse geboren. Er hat sich verändert, wurde gieriger, je erfolgreicher er wurde. Irgendetwas hat ihn die Grenze nicht mehr sehen lassen."

Sie klang traurig.

„Tut mir leid. Du fühlst dich verantwortlich, nicht wahr?"

Sie schüttelte den Kopf und legte mir ihre Hand an die Wange. „Leonie, ich *bin* verantwortlich. Für jeden von ihnen. Manchmal reagiere ich nicht schnell genug. Darum war ich so streng mit Sage in der letzten Zeit. Ich hatte Sorge, dass er mir auch noch entgleitet. Und er ist ein feiner Kerl. Tief in seinem Herzen."

Jetzt erwiderte ich ihr Lächeln. Das wusste ich. Vom ersten Augenblick an.

„Jetzt zieh, so fest du kannst."

„Meinst du, wir bekommen die Gitterstäbe auseinandergedrückt?" Dieser komische Käfig besaß weder Schloss noch Tür.

„Nein, er wird allein von Leonardos Macht intakt gehalten. Aber wenn wir ihn von der Wasseroberfläche wegziehen, schwächen wir seine Kräfte. Dann kann er sich nicht mehr so schnell verwandeln. Im Zweifelsfall verschaffen wir Sage damit vielleicht den alles entscheidenden Vorteil."

Ich hielt unvermittelt inne. Eine kalte Faust schloss sich um mein Herz.

„Denkst du, Sage schafft es?" Ich hatte Angst, dass Leonardo ihn durchschaute und er es büßen musste.

„Aber sicher." Ulanda lachte und es klang gar nicht aufgesetzt. „Sage könnte den Teufel davon überzeugen, dass er ein Feuerzeug braucht. Ich bin sicher, er hat Leonardo längst in der Hand."

Alle Designerkleider waren geliefert worden und hingen in ihren hermetischen Schutzschränken, damit nicht ein einziges Staubkorn heute Abend die edlen Roben verunzierte. Meine Outfits hingen sorgsam aufgereiht nebeneinander. Ich hatte den richtigen Schrank sofort gefunden. Georgio hatte ihn mit einer kleinen bunten Feder aus seinem Hut markiert. Wehe, wenn Leonardo auch nur ein einziges Loch in meine Lederstiefel fraß! Das würde ich ihm persönlich übel nehmen. Wieder musste ich ein Kichern unterdrücken. Als ob das eine Rolle spielte.

„Hier, Großmeisterlicher. All ihre Kreationen. Sie war fleißig. Bedien dich nur, das Büfett ist eröffnet."

Einladend wies ich mit meiner Pfote zu den Kleiderbügeln empor. Ein sanfter Duft von Lavendel entströmte dem Schrank. Fast so lieblich wie Leonie.

Ich sah die Gier in den facettenhaften Mottenaugen. Hätte einem Falter der Geifer aus dem Maul laufen können, wäre sicherlich eine Pfütze vor dem Schrank entstanden, in der er hätte ertrinken können. So aber hob er trockenen Fußes ab und stürzte sich gierig auf die Modelle. Ich nutzte die Gelegenheit und sprang gegen den Schrank, sodass sich die Tür mit einem zischenden Laut hermetisch verschloss. Das geballte Aroma des Lavendels nur für ihn. Als Tarnung war der Duft perfekt. Chrysanthemen stanken nunmal ... tödlich.

„MOTTENKUGELN! WUAAAHHHHH!"

Ich bin kein gläubiger Kater, aber in diesem Moment schickte ich ein schnelles Stoßgebet gen Himmel oder wohin auch immer, dass es Leonie und Ulanda derweil gelungen war, die Naga zu befreien, sonst würde Leonardo gleich Hackfleisch aus mir machen. Zur Sicherheit holte ich mein Halsband aus der Dekovase hervor, wo ich es zuvor versteckt hatte, und lehnte mich (nachdem noch immer kein wutschäumender Löwe den Schrank sprengte) entspannt in meiner Menschengestalt mit dem Rücken an die Schranktür. Eigentlich überflüssig, denn aufgrund des Verschlussmechanismus gab es ohnehin kein Entkommen für zartgeflügelte Wesen wie Motten, solange niemand von außen die Tür aufzog.

„Du räudiger Flohfänger! Was hast du getan? Du hast mich belogen! Mich betrogen! Mich in eine Falle gelockt!" Seine Stimme klang hysterisch und schrill, das Geräusch seiner flatternden Mottenflügel war so hektisch, dass man hätte meinen können, im Schrank wäre ein ganzer Schwarm von den Biestern. Beweis, dass seine Nerven völlig überreizt waren von dem Nervengift, mit dem die Mottenkugeln präpariert waren. Lavendelduft allein wäre zu nett gewesen. Außerdem sorgte die Nervenreizüberflutung dafür, dass ihm die nötige Konzentration für eine weitere Verwandlung fehlte, sonst hätte ich echt alt ausgesehen. Katze gegen Raubkatze? Schlechte Voraussetzung. Zum

Glück hatten wir dem vorgebeugt und ich war guter Dinge, dass die Naga inzwischen befreit und Leonardo somit sämtlicher Verwandlungsfähigkeiten beraubt war.

„Wie du mir, so ich dir", sagte ich daher süffisant. Aber musste er so ungerecht sein? Belogen hatte ich ihn nicht. Genaugenommen. Nicht mal geflunkert. Nur ein paar Detail ausgelassen.

„Ich habe nur gesagt, dass die Kleidung erste Sahne ist. Von dem Dekor war nicht die Rede." Eine gehörige Portion Schadenfreude musste in diesem Falle erlaubt sein. Geschah ihm so was von recht. Das nannte ich buchstäblich am eigenen Stolz ersticken. Es dauerte etwa zehn Minuten, bis das Flattern im Schrank kaum noch zu hören war und sich das keuchende Husten in ein leises Röcheln verwandelte. Ich wartete zur Sicherheit ein paar weitere Minuten, dann öffnete ich die Tür. Leonardo lag als goldblonde Kleidermotte am Boden des Schrankes auf dem Rücken. Nur die krummen Beinchen zuckten. „Du hast schon mal besser ausgesehen", meinte ich in gespieltem Mitleid. Aber man sollte Todgeweihte nicht lange leiden lassen. Das – so fand ich – war ich ihm schuldig. Rasch verwandelte ich mich wieder in meine Katzengestalt und tat das, was Katzen so mit Motten tun. Patsch! Mit der Pfote mitten drauf. „Ihhh! Igitt! Wie eklig." Diesen Brei konnte ich unmöglich ablecken, Katzenmanier hin oder her. „Wo ist hier das Waschbecken? Oder wenigstens eine Serviette!"

Ich verwandelte mich vorsichtshalber wieder in einen Mann zurück, bevor meine Katzennatur über mich kommen und ich Leonardo, der noch schwach mit den Resten seiner Flügen zuckte, doch noch verzehren würde. Nicht auszudenken, wenn dadurch sein Charakter auf mich abfärben würde. Irgendwie kam mir bei dem jämmerlichen Anblick, den er jetzt bot, die Analogie mit einem gefallenen Engel in den Sinn, aber das wäre zuviel der Ehre.

Angewidert spreizte ich die Finger auseinander. Bah! Das klebte wie Pattex. Musste daran liegen, dass er immer so honigsüß getan hatte. So was blieb nicht ohne Folgen. Als ich eine der vielen Türen aufstieß, um einen Wasserhahn ausfindig zu machen, fielen mir Ulanda und Leonie mit einer Naga bepackt regelrecht in die Arme. Ich hielt vorsorglich meine Hand mit den Mottenresten außerhalb ihrer Reichweite. Genügte ja, wenn ich mit diesem klebrigen Zeug besudelt war.

„Oh, Sage, du hast es geschafft. Als sich der Käfig endlich öffnen ließ, wusste ich, Leonardos Macht ist gebrochen."

Ich beäugte den Schmodder auf meinen Fingern. „Nicht nur seine

Macht. Der Rest von ihm wohl auch", bemerkte ich zynisch. „Ihr habt nicht zufällig irgendwo Wasser gefunden? Ich hab das dringende Bedürfnis einer Grundreinigung."

Fürsorglich reichte mir Ulanda ein parfümiertes Feuchttuch und befreite mich von dem zerpflückten Möchtegern-Designer.

„Um den kümmere ich mich", versprach sie. „Für die nächsten hundert Jahre wird er andere Sorgen haben als die Weltherrschaft."

EPILOG

Eines musste ich Leonardo lassen. Einen Event planen konnte er. Pardon: Hatte er gekonnt. Ich war froh, dass die Kosten für dieses Spektakel mit seiner Kreditkarte bezahlt worden waren. Allerdings war ich noch viel glücklicher darüber, dass all die wundervollen Gäste, die sich hier ein Stelldichein gaben, nicht in irgendwelche Pelztiere oder Reptilien verwandelt wurden, um das Material für Leonardos kommende Kollektion zu liefern und ihn zum größten – und einzigen – Designer der Welt zu machen.

Aber von dem einstigen gefeierten Star der Mode sprach an diesem Abend kaum jemand. Meine erste Lektion dahingehend, wie schnell man in diesem Business in Vergessenheit geriet.

Meiner bescheidenen Meinung nach waren alle vorgeführten Kollektionen gleichwertig, auch wenn Georgio nicht müde wurde mir zu versichern, dass meine mit Abstand die beste sei. Ich konnte das Konkurrenzdenken überhaupt nicht nachvollziehen. Die Models hatten Spaß daran, auf dem riesigen, eigens für das Event in der Haupthalle erbauten Catwalk, der in Serpentinen an einer Sahnetorte verlief, herumzustolzieren und zu posen. Wein und Champagner flossen in Strömen und die sonst als Kontrahenten fungierenden Designer standen in harmonischer Eintracht beieinander, um sich über Stoffe, Muster, Farben und die Professionalität der Models auszutauschen.

Sage stand voll und ganz im Mittelpunkt mit der verwegenen Musketier-Uniform und den roten Stulpenstiefeln, die ich so sehr an ihm liebte. Der grüne Stein baumelte lässig zwischen den obersten, geöffneten Knöpfen auf seiner Brust. Er musste längst leer sein, doch ich hatte das Gefühl, dass seine Gestaltwandlerkräfte nicht länger an das Schmuckstück gebunden waren.

Als Dank für meine Mithilfe bei der Rettung ihrer Schwester hatten Ulanda und die Naga sich in weibliche Supermodels verwandelt, die meine Damenkollektion zu einem Verkaufsschlager machten.

Nachdem alle Outfits präsentiert worden waren, nahm eine Band ihren Platz auf der Torte ein und unterhielt die Modegesellschaft mit stimmungsvoller Musik.

„Dass du meine Schwester eingefangen hast, hätte ich dir nicht zugetraut", gestand Ulanda dem immer noch schuldbewussten Snyder, der zusammen mit Boris ebenfalls zur Feier erschienen war. „Ich gebe zu, ich hatte Boris in Verdacht, weil nur er einen Beutel nähen kann, in dem sich Morgentautropfen sammeln lassen und ein Netz flechten, das eine Naga zu bannen vermag."

Snyder trat verlegen von einem Fuß auf den anderen. „Es tut mir wirklich leid, Ulanda. Ich wusste mir sonst keinen Ausweg, um Leonardos Einfluss endlich zu entgehen. Die Sachen hat Boris zwar für mich hergestellt, aber er hatte wirklich keine Ahnung, wofür ich sie verwenden wollte. Seine Kenntnisse sind mehr auf die russische Märchen- und Sagenwelt beschränkt."

Sie tätschelte beiden beruhigend die Arme. „Reden wir nicht mehr darüber. Vergeben und vergessen. Schlussendlich habt ihr ja alle mitgeholfen, die Sache wieder zu bereinigen und Jana …"

„Jana?", kam es fragend aus fünf Mündern. Die Naga hatte einen Namen!

„Ja. Jana, meine Schwester. Sie ist vorhin durch Leonardos großen Schlafzimmerspiegel an ihren See zurückgekehrt, wo sie erst mal auftanken wird. Ab morgen läuft dann alles wie gehabt. Alle Spiegel funktionieren wieder."

Eine beruhigende Neuigkeit.

Ich sah Robertico durch die Menge auf mich zustreben. Der große Designer küsste mich auf beide Wangen und schüttelte Sage die Hand.

„Ich muss schon sagen, ich bin froh, dass du dir einen anderen Arbeitgeber gesucht hast, Sage. Es war schon ein sehr schmerzlicher Anblick, dich für Leonardo laufen zu sehen."

Sage winkte ab. „Das waren doch nur eine Handvoll Shows. Wir waren einander schnell überdrüssig."

Suchend blickte sich Robertico um.

„Mhm … dennoch ist es verwunderlich, dass Leonardo heute Abend nirgendwo zu sehen ist. Er hat nicht mal seine Kollektion präsentiert. Schwer vorstellbar, dass er sich solch einen Event entgehen lässt. Oder hat es ihn zu sehr verärgert, dass man erst versehentlich seinen Namen auf die Einladungen geschrieben hat und dann alles in einer stündlichen Breaking News Einspielung wieder revidiert?"

Sage schmunzelte und auch ich konnte mir das Grinsen nicht verkneifen.

„Oh, ich glaube, von Leonardo werden wir in Zukunft nicht mehr viel hören", meinte mein Herzkater. „Soweit ich mitbekommen habe, ist ihm die Luft ein bisschen zu dünn geworden in der Modebranche. So was verträgt eben nicht jeder."

Für einen Moment runzelte Robertico irritiert die Stirn, doch dann schüttelte er lächelnd den Kopf und mischte sich wieder unter die anderen Gäste.

„Na, meine kleine Märchenfee", raunte Sage mir zu.

„Mhm", schnurrte ich wohlig und schmiegte mich in seine Arme.

In einer Woche vom No-Name zur gefeierten Stardesignerin. Wenn das kein Märchen war, dann wusste ich auch nicht. Und den Prinzen gab es noch als Bonus obendrauf, mochte er zuweilen auch bloß ein schwarzer Kater sein.

„Sag mal, wenn du nicht mehr von deinem Halsband abhängig bist, dann haben wir heute Nacht doch keinerlei zeitliches Limit, oder?"

Er machte schon wieder dieses Gesicht wie die Katze vor dem leeren Sahnetopf. Ich schmolz buchstäblich dahin.

„Nein, haben wir nicht. Und Leonardos Bett ist frisch bezogen und sieht sehr bequem aus."

„Perfekt", befand ich. „Und, Sage ..."

„Ja?"

„Lass die roten Stiefel an, wenn du zu mir ins Bett kommst."

Das Sahnetopfgrinsen konnte kaum noch breiter werden.

Schlussbemerkung Ulanda: Kinder, was war das wieder aufregend. Und da sag einer, Märchen wären was für Kinder! Wollen Sie Ihren Kleinen etwa von der Kreuzung aus Jack the Ripper, Hannibal Lecter und dem Roten Drachen zum Einschlafen vorlesen? Du meine Güte, ich war mir über Leonardos Abgründe überhaupt nicht im Klaren. Und soll ich Ihnen was sagen: Ich bin froh darüber. Für die nächsten zwei- bis dreihundert Jahre hat der jedenfalls genug zu tun und wird nicht mehr auf dumme Gedanken kommen. Solange dürfte er brauchen, bis er die Dornenhecke rund ums Rosenschloss zu Nähzwirn versponnen hat. Das derbe Gewächs hat eine fiese Eigenart. Es wächst verdammt schnell wieder nach. Aber Stroh zu Gold kann ja jeder, da musste schon eine andere Herausforderung her. Bei gutem Betragen und entsprechend qualitativem Zwirn überlege ich mir dann vielleicht, ihn zu begnadigen, und ihm wenigstens zu erlauben, einen Fingerhut bei seiner Arbeit zu tragen. Wir werden sehen. Nur seine Werkräfte wird er zeitlebens nicht mehr wiederbekommen. Bei aller Nachsicht bin ich kei-

neswegs lebensmüde und eine Wiederholung dieser Episode braucht keine Seele.

Aber gottlob war, ist und bleibt diese Geschichte ja einfach nur ein Märchen. Und Sie wissen doch, wie die immer enden. Das Böse ist besiegt, alle haben sich wieder lieb und Leonie und Sage leben glücklich bis ans Ende ihrer Tage. Was sicher noch eine Weile hin ist. Wer weiß, was bis dahin alles geschieht ...

www.fabylon.de

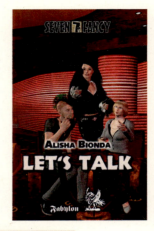

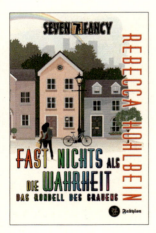

*Fabylon – Der Verlag mit
dem Faible fürs Fabelhafte*

Namenverzeichnis

Hier sind die Vornamen, die im Buch teilweise öfter beispielhaft erwähnt werden, in alphabetischer Reihenfolge aufgeführt.

Im Schaubild sieht das folgendermaßen aus:

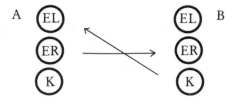

»Erwachsene« Kreuzung

Hier hat B vom Kind-Ich aus das Eltern-Ich bei A erreichen wollen, aber A hat mit dem Erwachsenen-Ich geantwortet, und damit ist die Möglichkeit eines Streichelaustauschs abgebrochen.

Als Therapeut muß ich manchmal, um meine Klienten zu bestimmten Erkenntnissen zu bringen, komplementäre Transaktionen bei ihnen von meinem Erwachsenen-Ich aus durchkreuzen. Therapeutisch kann das von beträchtlichem Nutzen sein, wenn man weiß, auf was man sich einläßt. Ich empfehle dieses Vorgehen aber keinesfalls für private oder berufliche Beziehungen – es sei denn, Sie wollen den Partner mit Krach loswerden. In persönlichen Beziehungen soll man dann »erwachsene« Kreuzungen nur mit Vorsicht herbeiführen, das heißt, nur im Notfall (wie beim Einparken des Autos). Sonst wählen Sie besser einen Moment, in dem sich der Partner ebenfalls im Erwachsenen-Ich befindet oder bereit ist, ins Erwachsenen-Ich zu wechseln, damit Sie informatorische Fragen oder Entscheidungen besprechen können.

»Liebst du mich?« fragt der eine Partner vom Kind- oder Eltern-Ich aus. Antwortet der andere vom Erwachsenen-Ich mit Informationen zum Thema »Projektionen in der Liebe« und entsprechender Literatur, so wird das die Beziehung der beiden nicht gerade weiterbringen. Wenn Sie Spaß daran haben, können Sie selbst eine kleine Übung machen: Aus welch verschiedenen Ich-Zuständen kann man fragen: »Liebst du mich?« Aus welchen Ich-Zuständen heraus kann man sie beantworten? Zeichnen Sie die dazugehörigen Schaubilder. Können Sie sich nun auch die Umstände vorstellen, die zu Änderungen im Ich-Zustand führen, bei dem einen und beim anderen Partner?

des anderen anspricht). Er hatte nicht bemerkt, daß sich der Partner nicht im angesprochenen Ich-Zustand befindet.

Gekreuzte Transaktionen lassen sich mit Telefonverbindungen vergleichen, die nicht funktionieren. Auch da kann es verschiedene Gründe geben, weshalb der Kontakt nicht zustande kommt oder nach gewisser Zeit abbricht.

1. Man ruft an, erhält aber *keine Verbindung:* Jemand versucht, eine Transaktion zu eröffnen, aber kein Ich-Zustand der angesprochenen Person reagiert. So eine Verweigerung auf der ganzen Linie wirkt sich äußerst frustrierend aus. Für Kinder, die so etwas öfter erleben, kann es schädlichere Folgen haben als jedes Schimpfwort, denn das bedeutet immerhin Zuwendung, wenn auch negativer Art.

2. *Falsche Nummer:* Eine fremde Stimme antwortet. Mit anderen Worten: es wird nicht derjenige Ich-Zustand »angerufen«, in dem sich der Partner befindet. Die Antwort kommt daher unerwartet aus einem anderen Ich-Zustand.

3. *Die Verbindung* ist gut, *bricht* aber *plötzlich ohne ersichtlichen Grund ab.* Dem entspricht: einer der beiden Partner wechselt überraschend in einen anderen Ich-Zustand. Dafür gibt es viele mögliche Gründe: die Qualität der Streichelzuwendung entspricht nicht den Erwartungen des anderen; oder einer reagierte spontan mit Kampf/Flucht, so daß er unvermittelt vom bisherigen zum entgegengesetzten Ich-Zustand umgeschaltet hat und darum den komplementären Streichelaustausch nicht fortsetzen kann.

Ganz gleich, weshalb die Kreuzung zustandekam: abgebrochener Streichelaustausch verursacht bei beiden Partnern eine schockartige Erschütterung und Enttäuschung, zumindest bei dem, der die Fortsetzung dieses Austauschs erhoffte.

Eine Transaktion kann auch *vom Erwachsenen-Ich* eines Partners aus *durchkreuzt* werden: die betreffende Person hat sich ansprechen lassen oder ist bei vorangegangenen komplementären Transaktionen mitgegangen; nun aber will sie aufgrund einer bewußten Entscheidung nicht mehr weitermachen und antwortet mit einer Information statt mit der erwarteten Streichelzuwendung. Sie verharrt im Erwachsenen-Ich, auch wenn der Partner bei ihr einen anderen Ich-Zustand anspricht.

entwickelt sich ein ganz anderes Verhalten als bei Inge und Fred, die zu plötzlichen Kampf/Flucht-Umschlägen fliehen mußten. Auch wenn es dabei etwas sachlicher zugeht, nehmen Lore und Jan öfter ihr Erwachsenen-Ich zu Hilfe. Sie haben erkannt, daß ihnen das die Möglichkeit verschafft, einander Informationen darüber mitzuteilen, wie sie reagieren und sich fühlen: z.B. was sie freut oder ärgert bei Mahlzeiten, Ausflügen, Wohnungswahl, bis hin zu ihrer sexuellen Beziehung. Um so mehr Befriedigung verschafft ihnen anschließend der Streichelaustausch zwischen ihren anderen Ich-Zuständen.

Wenn wir nur einzelne Transaktionen – auch mithilfe von Schaubildern – betrachten, wissen wir noch nicht, ob es sich um »typische« Transaktionen für A oder B handelt. Vielleicht befinden sich A oder B nur gerade zufällig und ausnahmsweise in dem betreffenden Ich-Zustand. Da hilft eine Serie solcher Schaubilder weiter, die Transaktionen zwischen einzelnen Partnern unter verschiedenen Umständen und auch in Krisensituationen darstellt.

Transaktionen über Kreuz: Wenn es nicht weiter geht

Damit komme ich zu den *»gekreuzten«* oder *»Überkreuz«-Transaktionen*. Hier bricht der Streichelaustausch, vom einen oder anderen Partner eröffnet, sehr schnell oder nach einiger Zeit ab. Das heißt: die komplementären Ich-Zustände ergänzen einander nicht mehr. Die Beteiligten kommen miteinander nicht zurecht. Die »gekreuzte« Transaktion wird so veranschaulicht:

Gekreuzte Transaktion

Dieses Schaubild mit gekreuzten Transaktionslinien läßt erkennen: der Streichelkontakt wurde abgebrochen, obgleich einer der beiden Partner eine komplementäre Transaktion einzuleiten versuchte (gewöhnlich eine diagonal komplementäre Transaktion, die den ergänzenden Ich-Zustand